MACH DICH FREI!

Svenja Hofert

# MACH DICH FREI!

**100 MENTALE MODELLE**
für bessere Lösungen und klügere Entscheidungen

Campus Verlag
Frankfurt/New York

MIX
Papier | Fördert gute Waldnutzung
FSC® C089473

Klimaneutral
Papier
ClimatePartner.com/13732-1910-1001

ISBN 978-3-593-51775-9 Print
ISBN 978-3-593-45507-5 E-Book (PDF)
ISBN 978-3-593-45506-8 E-Book (EPUB)


Umschlaggestaltung: *zeichenpool, München
Umschlagfoto: © shutterstock, theromb
Illustrationen: Amélie Putzar
Satz: DeinSatz Marburg | mg
Gesetzt aus der Minion Pro und Proxima Nova
Druck und Bindung: Beltz Grafische Betriebe GmbH, Bad Langensalza
Beltz Grafische Betriebe ist ein klimaneutrales Unternehmen (ID 15985-2104-1001).
Printed in Germany

www.campus.de

# INHALT

## KLAR DENKEN & KLUG HANDELN



## FORTSCHRITT & INNOVATION

## ERFOLG & FÜHRUNG



## LERNEN & ENTWICKLUNG

## JOB & KARRIERE



## PERSÖNLICHKEIT & PSYCHOLOGIE

## GRUPPEN & ZUSAMMENARBEIT



## UNTERNEHMEN & ORGANISATION

# TEMPO, TEMPO

Wie schnell das plötzlich geht! Was war das noch ruhig in den 2000ern. Dabei sind sie – zumindest aus meiner Sicht – noch nicht lange her.

Wahrscheinlich merkt ihr, dass »Früher war alles anders« nun wirklich gilt. Ihr spürt Chaoswachstum und Komplexitätsexplosion. Manchmal wisst ihr einfach nicht mehr weiter – und immer mehr Dinge versteht ihr nicht mehr. Mir geht es genauso. Wir dürfen das ruhig zugeben.

Ihr merkt, dass die Menschen in ihren alten Denkweisen verharren und an ungesunden Überzeugungen kleben. Vielleicht habt ihr beruflich mit Veränderung zu tun – als Lehrer, Beraterin, Coach, Führungskraft, Unternehmerin. Vielleicht interessiert euch einfach, wohin die Reise gehen soll. Ihr seht, wie vermeintliche Lösungen neue Probleme verursachen. Ihr erkennt, dass die bisherigen Systeme nicht mehr passen. Ihr bemerkt den Stress, unter den alle Systeme geraten. Die Folge sind extremere Reaktionen und Veränderungsresistenz. Und wenn ihr von »Mehrfachkrisen« lest, wisst ihr gleich, was gemeint ist.

Die Einschläge kommen näher. Wenn ich in meinen Vorträgen die »Pace of Change«-Kurve des Futuristen Ray Kurzweil zeige, steht dort ein Datum: 2014. Die Rückfragen zielen dann oft darauf: »Echt? Damals hat das schon jemand gesehen?«

Es gibt viele, die das, was wir gerade erleben, schon lange haben kommen sehen. Aber das zu wissen, hilft jetzt gerade nicht. Wer beschäftigt sich schon mit Dingen, die noch weit weg scheinen? Wir wachen erst auf, wenn wir direkt betroffen sind.

Was uns helfen kann, in dieser Welt klarzukommen, sind neue Denkmuster. Solche mentalen Modelle bilden die Wirklichkeit nach, wie sie sich gerade zeigt. Möglichst genau – das ist der Sinn und Zweck eines mentalen Modells. Es liefert uns die Grammatik für den Umgang mit einer veränderten Wirklichkeit.

Mentale Modelle sind deduktive Schlussfolgerungen. Sie entlasten uns also von aufwändiger Einzelanalyse, indem sie Beobachtungen aus der Praxis und/oder der Wissenschaft in ein Denkmodell bringen. Sie liefern damit auch einen Rahmen für Problemlösungen, ohne diese direkt zu liefern.

Dieses Buch ist zugleich ein Coachingbuch. Es gibt euch Anregungen, mit diesen mentalen Modellen praktisch zu arbeiten. Letztendlich füttert es, so hoffe ich jedenfalls, die kollektive Weisheit. Denn ich bewerte, ordne, katalogisiere und bebildere das, was sich in dieser Zeit von Chaoswachstum und Komplexitätsexplosion zeigt.

Mir wird von vielen, die meine Bücher und Arbeiten kennen, ein weiter, vorausschauender Blick und Pragmatik attestiert. In der Tradition dieser Stärken möchte ich mit diesem Buch ein Werk schaffen, das komplexe Zusammenhänge für alle transparent macht – und darüber einen Zugang zu klarerem Denken und besseren Entscheidungen bietet.

Wie ihr euch denken könnt, ist so ein Buch ganz schön viel Arbeit, auch wenn ich darin schon Jahrzehnte Übung habe.

Dabei haben mich mein Mann Christoph mit seiner Fähigkeit, die Logik und Konsistenz zu prüfen, und meine Grafikerin Amelie mit ihrem Visualisierungstalent sehr unterstützt. Der Journalistin Anne Otto verdanke ich ihrem Tipp »schreib 10 Prozent einfacher und es wird gut« ein pragmatisches Feedback zum ersten Entwurf meiner Texte. Ich danke euch allen! Ich danke auch allen, die mich mit ihren Gedanken inspiriert haben. Und die mir geholfen haben, meine eigenen mentalen Modelle anzupassen.

Wer die Themen in diesem Buch vertiefen möchte, dem empfehle ich meinen Newsletter bei Substack (http://svenjahofert.Substack.com) sowie meinen YouTube-Kanal *Svenja Hofert Mindshift*.

Ich spreche euch direkt als Menschen an. Die männliche und weibliche Form nutze ich im Wechsel.

# WENN DENKMUSTER AM STOCK GEHEN

Dies ist das erste Buch, das ich schreibe, in dem ich die Du-Form wähle. Damit hat sich ein individuelles Denkmuster von mir gelöst. Wer mich persönlich kennen lernt, erlebt mich meist locker und nahbar. In der passenden Atmosphäre bin ich schnell per Du. Dennoch fand ich es bisher unhöflich, andere ungefragt zu duzen. Es gab eine Zeit, da war ich der Meinung, dass »Dus« ein Fake sind. Ich glaubte, dass keiner erwartete, dass jemand auf eine Du-Stellenanzeige auch mit »Du« antwortete. Oder eine Rechnung per Du schriebe. Mittlerweile denke ich, dass dies so lange so sein wird, wie ich das glaube.

Es sind nicht nur die vielen Hashtags mit #gerneperdu unter der Firmenadresse. Ich spüre auch, dass die Kultur sich verändert hat. Gleichwohl habe ich inzwischen auch eine Toleranz entwickelt für den stetigen Wechsel zwischen Sie und Du. Es braucht nicht das eine oder das andere, alles ist erlaubt.

Habt ihr es gemerkt? Gerade beschreibe ich mein individuelles Denkmuster. Individuelle Denkmuster bilden Schnittmengen mit kollektiven Denkmustern: Wir greifen uns etwas aus der Welt heraus, das wir denken wollen und können. Aber jeder hat da so seine eigene Auswahl.

Das individuellste Denkmuster, das mir einfällt, stammt von Pippi Langstrumpf: »Ich mach' mir die Welt, wie sie mir gefällt.« Und bei Pippi sehen wir auch gleich, dass sich Denkmuster transformieren: Denn was einst völlig absurd und revolutionär klang, ist heute Gemeingut. Wir können nur unsere Sicht auf die Welt beeinflussen. Astrid Lindgren hatte Recht, indem sie das ihrer Hauptfigur eingab – obwohl es zu ihrer Zeit niemand glaubte.

Jedes Wissen hat eben seine Zeit. Nur manchmal ist diese einfach abgelaufen. Der Gedanke hat mir geholfen, zu einer eigenen Antwort in der Frage »Du oder Sie?« zu kommen. Mein heutiges Denkmuster ist geprägt durch Erfahrungen mit den Veränderungen, die ich in Unternehmen erlebe. Ich kann aus diesem erneuerten Denkmuster für mich Handlungen ableiten: Ich sag' dann mal Du.

Manche Denkmuster kommen als weise Sprüche, andere küchenpsychologisch, wieder andere wissenschaftlich daher. Sie legen Sichtweisen nahe, geben uns Ratschläge oder beinhalten kleine hirngerechte Anleitungen. Denkmuster helfen uns, mit unserer begrenzten Gehirnkapazität fruchtbar zurechtzukommen.

Viele Denkmuster, vor allem die alten, sind tief in uns einprogrammiert. So tief, dass wir uns selbiger oft nicht einmal mehr bewusst sind. Solch alten Denkmuster sind wie Erinnerungsstücke im Keller, die aus dem aktiven Gedächtnis verschwunden sind. Sie sind aber trotzdem da. Und so beanspruchen sie viel Denkkapazität und blockieren dabei vielleicht sogar den Neuanfang. Vor allem aber passen viele nicht mehr in die komplexe und unlogische Welt, in die wir längst eingetreten sind, was wir aber jetzt erst spüren.

Drei prominente Beispiele für alte Denkmuster:

- »Schuster, bleib bei deinen Leisten.«
- »Was Hänschen nicht lernt, lernt Hans nimmermehr.«
- »Es ist noch immer gut gegangen.« (auf Kölsch: »Ett hätt noch ever jot jejange.«)

Klingen solche Sätze noch in deinen Ohren?

Daneben gibt es viele weitere, die weniger klangvoll sind, aber ebenso festsitzen:

- »Ein BWL-Studium ist eine sichere Bank.«
- »Lerne erst mal etwas Sinnvolles.«
- »Hauptsache effizient.«
- »Das Problem muss aus der Welt.«

Alle diese Denkmuster lassen sich heute widerlegen. BWL ist keine sichere Bank. Etwas, das früher sinnvoll war, ist es heute nicht mehr. Effizienz allein greift viel zu kurz. Und: Manche Probleme sind besser als ihre Lösungen.

Solche Denkmuster gehen für mich an Krücken. Sie laufen nicht mehr – ja, sie sind nicht nur lahm, sie verhindern sogar jegliche Bewegung.

»Schuster, bleib bei deinen Leisten« bedeutet, dass man besser bei seinem Fach bleiben möge. Indes: In unserer Zeit hat niemand mehr eine Ahnung, was die Zukunft genau bringen wird – ja, viele Themen sind so komplex, dass Experten oft auch nicht weiterwissen. Diese neue Welt ist ein gewaltiges Experiment – und wie wir die Herausforderungen lösen, steht teils noch in den Sternen. Klar ist nur: Veraltete Denkmuster hindern uns, neue Wege zu gehen und Lösungen zu finden, im Großen wie im Kleinen.

Wenn der Schuster wirklich bei seinen Leisten bliebe, hätte er die Zeichen der Zeit verschlafen. Ein sinnvolleres Muster müsste heißen: »Schuster, erfinde dich neu.« Vielleicht lohnt es sich, dem Recycling- oder Öko-Trend zu folgen, vielleicht den Schuh ganz neu zu erfinden. Schuhmacher-Aspiranten würde ich ein Out-of-the-Box-Denken ans Herz legen – oder gleich eine andere Ausbildung.

Hans dagegen möchte ich raten, jetzt endlich mal mit dem Lernen zu beginnen. Denn Lernen ist nicht an ein Alter gebunden. Lernen fällt denjenigen leichter, die die Hänschen-Denkkrücke schon frühzeitig entsorgt haben. Das Gehirn braucht Training – so wie auch der Körper. Mein Vorschlag für ein alternatives Denkmodell heißt: »Lerne zu lernen.«

Bliebe noch dieser Spruch aus meiner Kölner Heimat »Es ist noch immer gut gegangen«: Nein, es geht eben nicht immer gut. Wenn wir versäumen, die Weichen für unser Denken neu zu stellen, marschieren wir weiter auf unser eigenes Aussterben zu. Ja, das klingt dramatisch – und das ist es auch. Wir denken immer, es seien Klimakrise oder Kriege, die uns das gleiche Schicksal wie den Dinosauriern bescheren könnten – ich meine: Es sind wir selbst! Getragen von Denkkrücken, die so tief in unserem Fühlen verankert sind, dass wir das Krückenhafte nicht einmal merken.

Leider sind Denkkrücken unglaublich widerstandsfähig. Zum einen liegt dies daran, dass sie schon früh in unser Fühlen Einzug gehalten haben. Sie klingen deshalb nicht nur richtig, sie fühlen sich auch richtig an. Somit sind einige von ihnen Teil unserer selbst geworden. Zum anderen rührt ihre Hartnäckigkeit aus unserem fehlenden Bewusstsein: Was wir denken, »ist« nicht, sondern wird erst durch seine ständige Wiederholung geschaffen und verfestigt. So ist aus einem

Abziehbild der Wirklichkeit die Wirklichkeit selbst geworden – und wir bemerken dies nicht, weil wir am Abziehbild kleben anstatt an der Wirklichkeit.

Nicht wenige solcher Denkkrücken wurden über die Generationen weitergereicht. So soll der gern bemühte Schuster von dem griechischen Maler Apelles stammen, der rund 300 Jahre vor Christus lebte. Er hatte ein Bild zur öffentlichen Begutachtung nach draußen gestellt. Ein Schuster kam vorbei und bemängelte, dass ein Schuh falsch gezeichnet sei. Danach machte er sich noch über andere Details des Bildes her, woraufhin sich Appelles entrüstete, er habe davon keine Ahnung und solle still sein.

Denkkrücken haben ihre Karriere oft als Denkhilfen begonnen, die in ihre jeweilige Zeit passten. So war es noch vor 20, 30 Jahren angebracht, die eigene Karriere derart zu gestalten, dass man möglichst viel Expertise zu einem einzigen Thema aufbaute – also wirklich bei den eigenen Leisten blieb. Da studierte man dann Personalwirtschaft und Personalwesen und blieb auch ewig im gleichen Feld. Heute hat man es mit einer solchen Einseitigkeit immer schwerer. Denn heute stehen wir vor Herausforderungen, die Flexibilität fordern. Viele Herausforderungen sind so neu, dass niemand die Lösungen kennt. Das Personalwesen in der bisherigen Form etwa hat keine Zukunft, weil wir immer dezentraler und teamorientierter arbeiten. Hinzu kommt die Künstliche Intelligenz (KI), die alles auf den Kopf stellen wird, auch wenn das derzeit noch viele leugnen. Neues braucht die Irritation, die Provokation, die Erschütterung bisheriger Überzeugungen.

All das bringt Herausforderungen, die im Zusammenhang mit der Frage stehen, wer und wie wir als Menschen in Zukunft sein werden: Was wird Arbeit für uns bedeuten? Wie werden wir uns zu anderen Lebewesen positionieren – und wie zur KI?

Manche unserer heutigen Denkkrücken starteten ihre Kopfkarriere als von oben verordnete Denkgebote: Dass die Erde als eine Scheibe galt, war in Galileos Zeiten schlicht die kirchliche Wahrheit. Jede andere Wahrheit widersprach der Bibel. Die Logik lautete also: »Was in der Bibel steht, ist immer wahr. Die Kugel ist in der Bibel nicht erwähnt. Also ist die Behauptung unwahr.« Bis heute gibt es Anhänger dieser Scheiben-Theorie. Was zeigt, dass Denkkrücken auch eine psychologische Funktion haben: Sie reduzieren Komplexität und geben Sicherheit. Wir können uns daran festhalten – und den Glauben daran verordnen wir uns einfach selbst.

Unser Gehirn ist auch gar nicht gemacht für ein ständiges Hochleistungsdenken. Insofern werden Denkkrücken dann zu Denkhilfen: Sie erleichtern das Leben, denn ein ständiges Nachdenken würde uns hoffnungslos überfordern. Der Wirtschaftsnobelpreisträger Daniel Kahnemann ist mit seinem Buch *Schnelles Denken, langsames Denken* weltweit bekannt geworden. Er unterscheidet System 1 und System 2: System 2 brauchen wir zum Lösen komplexer Probleme – wenn wir es nutzen, strengen wir uns an, und das Gehirn kommt mächtig in Fahrt. System 1 indes beinhaltet Faustregeln, die es uns leichtmachen, Lösungen zu finden und zu handeln. Mentale Modelle, die verinnerlicht sind, sitzen in System 1.

System 1 kann deshalb auch jede Menge Denkkrücken speichern. Diese gibt es überall: in der Gesellschaft, der Politik, der Arbeit und der Familie, ja sogar in der Partnerschaft. Manchmal waren solche Krücken schon immer Krücken – wie die Theorie der flachen Erde. Bisweilen wurde allerdings aus der ehemals hilfreichen Orientierungshilfe erst sukzessive eine Krücke.

Inzwischen sind wir auf dem Weg in ein neues Zeitalter. Chaoswachstum und Komplexitätsexplosionen erzeugen Mehrdeutigkeit und Unverständlichkeit – und so bewegen wir uns mittlerweile oft im Nebel, in zunehmender Unklarheit. Um diesen Übergang zu meistern, sollten wir hinderliche Krücken fortwerfen – einfach um wieder entspannter laufen zu können.

# VOM MODELL LERNEN

Vielleicht fragt ihr euch, wie ich dazu komme, dieses Buch zu schreiben? Zum einen ist es mir wirklich, wirklich wichtig, zu einer guten Zukunft beizutragen. Zugleich bin ich ein Mensch, der sehr viele unterschiedliche Erfahrungen gemacht hat. Das prägt anders als Gleichförmigkeit. Seit Ende der 1990er Jahre begleite ich als Coach Veränderung auf der individuellen Ebene. Später kamen dann als Organisationsberaterin Gruppen und Organisationen dazu. Ich habe für Konzerne gearbeitet, für den Mittelstand, für Start-ups, Forschungsinstitute, Ministerien und Verwaltungen.

In allen meinen Tätigkeiten sind mir Denkmuster begegnet, die ich immer versucht habe zu verstehen. Dazu habe ich mich in die verschiedensten Ansätze eingearbeitet und vertieft. Irgendwann habe ich dann verstanden, dass es fast egal ist, von welcher Seite wir kommen, wenn wir die übergreifenden Muster sehen.

Ich habe auch gesehen: Es sind nicht die angepassten Denkmuster, die Veränderung blockieren.

Wirklichkeit ist nicht einfach da. Wir stellen sie uns vor: Wir interpretieren, was wir sehen, hören und fühlen. Es geht immer um Ausschnitte. Wir meinen zwar, ein ganzes Bild zu sehen, aber das stimmt nicht – wir denken uns Zusammenhänge dazu. Das alles passiert »mental«, in unserem Bewusstsein. Dort sind mentale Modelle verankert. Ich mag es, selbige als Abziehbilder von Ausschnitten der Wirklichkeit zu bezeichnen. Unter einem Abziehbild kann ich mir etwas vorstellen: Abziehbilder sind nicht die Wirklichkeit.

Zugleich sind mentale Modelle auch Denkvorlagen für Situationen, in denen uns die Wirklichkeit herausfordert. Dann sind sie Denkwerkzeuge. Sie helfen uns also, etwas zu bewältigen. Welches mentale Modell habt ihr für die Berufswahl? »Am besten auf Nummer sicher gehen«, »Hauptsache, du bringst deine Stärken ein« oder »Job mit Zukunft«?

Manchmal existieren konkurrierende mentale Modelle. Je mehr Erfahrungen wir machen, desto besser können wir unsere Modelle konkretisieren – oder ad acta legen.

Wir sollten unterscheiden:

- individuelle mentale Modelle, die wir entwickelt oder übernommen haben;
- theoriebasierte mentale Modelle, wie etwa Systemtheorien;
- kollektive, also von vielen geteilte mentale Modelle, darunter:
  - mentale Modelle, die sich auf unser Weltwissen beziehen;
  - kulturelle mentale Modelle, die durch landesspezifisches Denken geprägt wurden;
  - organisationale mentale Modelle, die sich aus den Überzeugungen einer Organisation ableiten.

Natürlich kann es Überschneidungen geben. Viele von uns haben kollektive mentale Modelle als individuelles Modell abgespeichert.

Als nützliche Denkwerkzeuge tragen mentale Modelle auf der kollektiven Ebene dazu bei, aktuelle Probleme und Fragestellungen angemessen zu lösen. Angemessen bedeutet hierbei: dergestalt, dass die durch das Modell gefundene Lösung trägt. Sie bestätigt also, dass das Modell sinnvoll ist.

Der Begriff mentales Modell stammt aus der Disziplin der Kognitionspsychologie und schlägt Brücken zur Informatik und Linguistik. Er ähnelt dem Schema des Entwicklungspsychologen Jean Piaget: Auch ein Schema beschreibt das Bild, das wir uns von der Wirklichkeit machen, ohne selbst Wirklichkeit zu sein. Es sagt, was in meinem Kopf zu einem Thema verfügbar ist: Was ist mein Bild von der Welt?

Der Begründer des Begriffs mentales Modell ist der Brite Philip Johnson-Laird, der sich mit deduktivem Denken beschäftigt. Während das induktive Denken eine Theorie aufgrund von Einzelphänomenen entwickelt, testet das deduktive selbige. Genau das ist der Schlüssel aller mentalen Modelle: Sie sind deduktiv, fassen Einzelphänomene so zusammen, dass sie möglichst wirklichkeitsgetreue Verallgemeinerungen sind. Richtig verwendet, sind es also keine einfachen Feststellungen – sie müssen immer wieder überprüft werden.

Es braucht also eine angemessene Beobachtung der zugrunde liegenden Phänomene. Diese kann wissenschaftlich oder praktisch sein – im Idealfall: beides.

»Schuster, bleib bei deinen Leisten« entstand aufgrund der lebensweisheitlichen Annahme, dass Experten immer mehr wissen als Nicht-Experten – die Schlussfolgerung ist deduktiv, da verallgemeinernd. Und eben darum geht es bei allen mentalen Modellen: um eine möglichst hilfreiche und in der Praxis testbare Verallgemeinerung.

Eine wichtige Rolle spielt hierbei unsere Sprache. Diese formt unsere Wirklichkeit. Man kann sagen: Was in Sprache nicht abgebildet ist, ist auch nicht vorhanden. So mag deine Vorstellung von Wörtern wie »Effizienz« eine ganz andere sein als meine – es geht eben nie allein um Wörter, sondern immer auch um deren Bedeutung. »Sprache schafft Wirklichkeit« ist also auch ein mentales Modell.

Jetzt fragt ihr euch vielleicht, was die Informatik damit zu tun hat? Die Informatik beschäftigt sich mit der Entwicklung von Programmen. Wir bringen Hardware das Denken bei und speisen den Maschinen Denkmuster ein, sogenannte Algorithmen. Die Maschinen bekommen damit – oft leider unbeabsichtigt – unsere vorhandenen mentalen Modelle aufgespielt. Vielleicht fallen euch dazu Beispiele ein wie etwa diskriminierende Personalauswahlprogramme. Die deduktiven Schlüsse lernen die Computer oft von uns und machen dabei nicht selten Fehler oder nerven uns.

So gibt es Suchmaschinen, die euch immer wieder angebliche Vorlieben ausspucken, auf dass ihr allein dadurch zum Klicken verführt werdet. Ich hasse dies, denn so werden mir immer wieder Frisuren für Frauen über 50 angezeigt, obwohl ich mich viel mehr für Politik interessiere. Dummer Computer, welches Modell hat man dir da eingespeist?

Damit sollte auch die Relevanz mentaler Modelle gerade in der aktuellen Zeit deutlich geworden sein: Denn was wir den Maschinen eingeben, wird unsere Zukunft prägen. Die Gefahr ist allerdings, dass wir zu starre oder manipulative Abbilder der Vergangenheit schaffen – und dabei neue Denkkrücken reproduzieren.

Ein Beispiel: Was ist dein mentales Modell für Leistung? Und aus welchen Einzelphänomen leitest du dieses ab? Manche meinen, »Noten spiegeln Leistung«: Dieser Schluss führt dazu, dass Bewerber mit besseren Noten von Künstlicher Intelligenz ausgewählt werden. Aber ist es nicht viel eher so, dass Noten den Erfolg von Schülern in unserer aktuellen Welt belegen? In einer veränderten Umwelt könnte dies ganz anders sein – ist es daher sinnvoll, den Algorithmus mit diesem Denken zu füttern? Womit wir bei einem sehr wichtigen Punkt sind: Wir können durch bewusste Anwendung mentaler Modelle unsere eigene Zukunft schaffen. So könnten wir uns darauf einigen, dass Künstliche Intelligenz ausschließlich den Menschen – allen Menschen – dienen soll. Dazu braucht es passende mentale Modelle.

Mentale Modelle schenken uns Orientierung, auch für die Zukunft, die wir gerade bauen. Es geht also um mehr als nur rahmenhafte Vorstellungen von optimalen Vorgehensweisen. Doch für eben solche Annahmen brauchen wir eine Vorstellung von möglichen und wünschenswerten Zukünften. Wir müssen ein Bild haben, wie diese aussehen kann – andernfalls reanimieren und aktivieren wir immer wieder nur die Vergangenheit. Ja, schlimmer noch: die Ausschnitte der Vergangenheit, die wir uns für die Zukunft nicht mehr wünschen.

## Weg vom Inhalt, hin zum Rahmen

In der Vergangenheit gaben mentale Denkmuster, Denkkrücken also, oft bestimmte Inhalte vor: Sie waren an »Content« gekoppelt. Moderne mentale Modelle indes haben oft keine konkreten Inhalte mehr. Sie bilden vielmehr offene Denkrahmen, in denen eigene Inhalte wachsen können.

Weiterhin ließen althergebrachte mentale Modelle oft nur eine Alternative zu. »Die zweite Maus frisst den Käse« lässt den Gedanken an mögliche Vorteile für die dritte oder vierte Maus gar nicht erst zu. Dass die Katze auch noch eine Rolle spielen könnte, kommt in diesem Wirklichkeitsabbild nicht vor. Wenn ich dagegen vom »Innovationsorchester« spreche, integriere ich verschiedene Perspektiven. Zeitgemäße mentale Modelle lassen außerdem Spielräume, wo es sie braucht. Sie deuten auf eine Richtung, sagen aber nicht konkret, was zu tun ist.

Sie sind manchmal auch wie ein kurzer Denkstopp. »Mindset ist Banane«, kommt mir vielleicht genau dann in den Kopf, wenn ich wieder mal nach dem richtigen Mindset suche. Das sollte es als mentales Modell besser nicht geben.

Sie grenzen ein und schaffen Orientierung, sie geben auch eine Richtung vor – aber sie beinhalten keine konkreten Lösungen. Daher sind sie näher an Prinzipien als an Regeln. Und obwohl sie als deduktive Schlüsse zu verstehen sind, sollten sie den Verstand nicht ausschalten. Denn nach wie vor ist es wichtig, Einzelphänomene zu betrachten, die dem deduktiven Schluss zuwiderlaufen. Forscht und erkundet also ruhig weiter. Findet eure eigenen mentalen Modelle und widerlegt, was nicht passend ist. Denn: Wir stehen erst gerade am Anfang. Vieles muss sich erst noch bewähren. Anderes wird uns vielleicht links überholen, an das wir derzeit nicht mal im Traum denken. Ich auch nicht.

Der Zukunftsforscher Ray Kurzweil prognostiziert, dass wir allein in diesem Jahrhundert 20 000 Jahre Veränderung sehen werden – aufgrund der Zunahme von Singularitäten und technischen Durchbrüchen, die wie Kipppunkte sind. Ob er Recht bekommt?

Es sind Denkmuster, die Veränderung blockieren. Vorstellungen von Kapitalismus, Freiheit, Bildung, Wirtschaft, Regulierung: Es begegnet uns überall. Jetzt sind wir in einer Zeit, wo sehr deutlich wird, wie das, was da ist, bremst. Und da komme ich wieder zurück zu meinem Anliegen: Ich möchte das, was ich kann und weiß, zugänglich machen. Es ist nur ein Ausschnitt und lange nicht die Welt. Aber ich hoffe, dieser Ausschnitt eröffnet euch neue Perspektiven auf euren Ausschnitt.

## Mentale Modelle in diesem Buch

100 ist eine magische Zahl. Die 100 Modelle in diesem Buch sind aber keine Magie. Sie sollen dir helfen, zeitgemäße Antworten und Lösungen zu finden. Sie reduzieren das Komplexe auf menschlich leichte Art, ohne es zu trivialisieren.

In manchen großen Modellen sind viele kleine enthalten. Teils stammen die beschriebenen Modelle von mir selbst, teils von anderen, teils sind sie kollektives Gedankengut.

Sollten Denkmuster bereits einige Jahre oder gar Jahrzehnte auf dem Buckel haben, stammen sie in der Regel von Vordenkern, die sich früh mit Komplexität auseinandergesetzt haben. Meist in kleinen Kreisen, da sie damals niemand verstand: Die Zeit war einfach noch nicht reif für ihre Gedanken.

Ich habe nicht jeden erwähnt, von dem ich inspiriert worden bin. Nur wenn die Modelle direkt auf eine Urheberin zurückzuführen sind, habe ich diese genannt. Am Ende des Buches biete ich für jedes Kapitel jeweils fünf Tipps zum Weiterlesen und zur Vertiefung.

Mir ist klar, dass die Modelle immer nur in ihren wesentlichsten Zügen beschrieben sein können. Manches ist leicht verdaulich, anderes braucht vielleicht etwas, bis es sich setzen kann.

Die Kapitelstruktur ist von allgemein zu spezieller aufgebaut. Allgemeine mentale Modelle sind die Grundlage für die weiteren. Die Auswahl ist dabei völlig subjektiv und nicht vollständig.

## KOMPLEXITÄT & VERSTEHEN

Euer Kopf brummt manchmal? Ihr wüsstet gern, woran ihr euch orientieren könnt? Wir beginnen mit dem übergreifenden Thema und einer Frage: Was hilft uns, diese komplexe und oft unverständliche Welt besser zu verstehen? Ich möchte euch dazu mitnehmen auf eine Reise in einen Nebel, den wir dann Schritt für Schritt lichten.

## 1. Gestalte unsere Zukunft mit

Ich sitze an meinem Schreibtisch. Vor mir steht ein Kaleidoskop. Ich habe es im Keller gefunden. Hast du auch eins zur Hand? Wenn wir es schütteln, entstehen Bilder, Kunstwerke sogar. Der Blick darauf entspannt. Obwohl wir jedes Mal etwas anderes sehen. Kannst du auch deine inneren Bilder verändern, bisherige Bilder gehen und neue entstehen lassen? Das ist eine Fähigkeit, die wir jetzt mehr brauchen als alles andere. Ganz egal, in welchem Beruf wir arbeiten oder in welchem Ausschnitt dieser Welt wir leben.

Zukunft entsteht in unserer Vorstellung. Sie verändert sich durch unseren Blick auf die Gegenwart. Es gibt also viele Zukünfte. Die einen liegen näher, die anderen ferner. Was du nicht siehst, könnten dir andere zeigen. So entsteht eine kaleidoskopartige Vorstellung – mit dem Unterschied, dass ständig neue Teile von außen dazukommen. Es ist eine sich verändernde, dynamische Vorstellung.

Habt ihr diese Fähigkeit, dann macht euch nicht die Welt, wie sie euch gefällt, à la Pippi Langstrumpf, sondern damit sie euch in Zukunft gefällt. Dabei sind unterschiedliche Vorstellungen hilfreich, verschiedene Blicke ins Kaleidoskop. Wir können uns dann gegenseitig unsere Welten zeigen. Wir können Reisende zu den Welten anderer werden.

Die Annahme, dass die Zukunft vorherbestimmt sei, nennt sich deterministisch. Sie ist weitverbreitet. Es gibt auch teilweisen Determinismus. Falls du dich für Physik interessierst, kannst du Gedankenexperimente finden, die entweder belegen sollen, dass etwas vorherbestimmt ist oder eben nicht. In den meisten Religionen gibt es deterministische und »freie« Elemente.

Der Determinismus prägt viele individuelle und kollektive Mentalmodelle – und bietet mehr Sprengstoff als der gemeinsame Blick ins Kaleidoskop. Doch ob wir mehr oder weniger deterministisch auf die Welt blicken, wird ganz entscheidende Auswirkungen haben. Mit deterministischem Blick lassen wir alles geschehen. Wir liefern uns selbst der Zukunft aus, sehen sie als nicht beweglich.

Wie viel mehr innere Freiheit bietet eine Grundannahme, die von Gestaltbarkeit ausgeht! Diese Grundannahme ist auch gut fürs Seelenheil. Denn psychologisch sorgt Determinismus für Lageorientierung:

»Das ist eben Schicksal, und ich kann eh nichts machen!« So eine Haltung wird begleitet vom Gefühl, ausgeliefert zu sein. »Ich kann immer etwas tun« lässt viel mehr Spielraum.

Das ist der Grund, aus dem ich euch empfehle, mit eurer Sicht auf die Zukunft zu beginnen. Gestaltet sie, lasst zu, dass sie sich verändert. Seht sie als Gemeinschaftsproduktion mit individuellem Anteil.

Dieses mentale Modell wirkt auf alles andere. Das heißt nicht, dass ihr jeder Annahme von Vorbestimmtheit mit einem schlechten Gewissen begegnen solltet. Da hilft ein weiteres Mentalmodell: zu wissen, dass man nicht weiß.

Wenn ihr deterministische Spuren in euch oder anderen entdeckt, schätzt eure Prägung und die Sicherheit, die das gibt. Nehmt es, wie es ist. Erkennt die stabilisierende Funktion an, die das für euer Leben hat.

Und blickt auf die Chancen, die eine andere Betrachtung der Welt euch gibt. Was wäre, wenn wir von folgenden Vorstellungen Abschied nähmen:

- Zukunft ist schon fertig.
- Ich kann ohnehin nichts ändern.
- Auf Zukunft haben nur Mächtige Einfluss.
- Zukunft ist starr.

Die wichtigste Zukunftskompetenz liegt darin, die Gegenwart zu sehen. Dafür müssen wir den Vorhang lupfen, der heute von morgen trennt. Denn die Zukunft liegt nicht nur vor eurer Haustür und in eurem Freundeskreis. Sie ist dort, wo ihr sie derzeit gar nicht wahrnehmt.

Die UNESCO, die Organisation der Vereinten Nationen für Bildung, Wissenschaft, Kultur und Kommunikation, möchte nichts weniger, als das Denken und Fühlen der Menschen zu ändern. Sie hat auch und gerade mentale Modelle im Blick. Sie möchte durch weltweite Initiativen Einfluss nehmen und damit die Zukunft der Bildung gestalten, ebenso wie die der Wissenschaften. Dafür arbeitet sie an einem mentalen Modell, das sie sich Futures Literacy nennt. Es ist nicht einfach nur mit »Zukunftskompetenz« zu übersetzen. Es ist die Fähigkeit, Vorstellungen kommen und gehen zu lassen. Es ist ein Abschied mit Freudentränen und eine Begrüßung voller Hoffnung.

## DIE DENKKRÜCKE

Wir sind geprägt von deterministischen Denkmodellen. Ob es der Schicksalsglaube ist oder die Vorherbestimmtheit – diese mentalen Modelle halten uns in der Vergangenheit. Sie verhindern den Blick auf die Gegenwart. Wenn Zukunftskompetenz entstehen soll, müssen wir hier beginnen.

## DAS NEUE MENTALE MODELL

Du kannst es beeinflussen! Du darfst gestalten, dein Leben, unser Leben, die Zukunft. Futures Literacy gibt uns ein dynamisches Bild von gemeinsamer Zukunft mit auf den Weg. Wir haben mehrere Zukünfte. Wir gestalten sie durch diese verschiedenen Blickwinkel – und nicht durch Vereinheitlichung.

## COACHINGBOX

Der Futures-Literacy-Kompass gibt dir einen Rahmen, um deine Vorstellungen von Zukunft zu erkunden. Es geht dabei um unterschiedliche Phasen eines Prozesses. Die denkbare Zukunft im Zentrum ist das, was ihr euch derzeit vorstellen könnt. Begreift sie als einen dehnbaren Raum. Die wahrscheinliche Zukunft ist jene, die vom derzeitigen Standpunkt aus als möglich angenommen werden kann. Dabei lassen sich Einflussgrößen bestimmen, etwa die Entwicklung von Technologie. Auch die wahrscheinliche Zukunft verändert sich. Indem du ein immer tieferes Verständnis erwirbst, tauchst du in sie ein.

Den Zukunftskompass kannst du in Workshops nutzen oder mit dir selbst durchspielen. Kleine Übungen können da schon sehr wirkungsvoll sein. Du kannst mit einer anderen Person gemeinsam spazieren gehen und die Zukunft dabei »dehnend erkunden«. Für diesen »Walk to talk« kannst du Fragen ausarbeiten. Es kann aber auch »Freestyle« sein. Eine gute und vertrauensvolle Stimmung wird viel dazu beitragen, dass sich Ideen ausbreiten können.

Abb. 1: Zukunftskompass Future Literacy

## 2. Von wegen VUKA – es kommt Nebel

»Im Nebel stochern« hat keinen guten Ruf. Es bedeutet, dass wir nicht wissen, was kommt. Es fehlen Anhaltspunkte. Das bewerten die meisten Menschen als bedrohlich – außer an Halloween und in Gruselfilmen.

Nebel bildet sich, wenn die Luft mit einer Wasserdampfmenge gesättigt ist, wodurch die Temperatur sinkt. Warme und kalte Luft mischen sich. Nebel wird seltener, mahnten Klimaforscher vor einigen Jahren. Wir sollten ihn also wertschätzen.

»Es fühlt sich so unklar an, neblig.« Als der Manager Tilo im Coaching seine Wahrnehmung einer Situation beschreibt, in der er im Chaos eine weitreichende Entscheidung treffen musste, wird er nachdenklich. »Das war eine beängstigend unklare Situation, für die es überhaupt keine Erfahrungswerte gab. Ich wusste, egal, was ich tue, es ist völlig unklar, was rauskommt. Aber Nichtstun war auch keine Lösung.«

Tilo hat in der Corona-Pandemie für ein Pharmaunternehmen gearbeitet. Keiner wusste, was zu tun war, welche Entscheidungen sinnvoll waren. Einfach nur weiter, machen, irgendwas entscheiden. »Das war nicht mehr zu verstehen. Jede Expertin verfolgte eine andere Wahrheit – oder war es doch nur ein Eigeninteresse?«

Ob Pandemie, Klimakatastrophe, Demografie-Krise oder Kriege: Nicht nur Sicherheit und Planbarkeit sind verloren gegangen, auch Verständlichkeit. Was ist richtig? Was wirkt worauf? Keine Ahnung! »Fake it, till you make it« wird da zum Leitmotiv. Die negative Konnotation aber verschwindet. Ebenso wie »Versuch macht klug« im Kleid von »trial and error« eine Renaissance erlebt. Dabei machen wir Deutschen allerdings laufende Übersetzungsfehler, was uns irreführende mentale Modelle beschert. Der Error ist der Irrtum, den man machen darf, wenn nicht genügend Informationen da sind. Der Fehler ist ein Mistake: Hier hätten wir Informationen, nutzen sie aber nicht. Das weitverbreitete Mentalmodell Fehlerkultur ist also eine Fehlkonstruktion. Es müsste eine Irrtumskultur sein.

Die Welt, in der wir leben, macht einen Wandel durch, wie er in dieser Form in der Menschheitsgeschichte vermutlich einzigartig ist. Seltene Ereignisse treten gehäuft auf, etwa extreme Wetterereignisse oder Pandemien. Ein für sich genommen kleines Ereignis kann alles andere beeinflussen – wie der Ukraine-Krieg –, aber auch die Reaktionen darauf. Was ist Wirtschaft, was Politik, was Ökologie? Systemgrenzen lösen sich auf.

Damit gerät ein älteres mentales Modell, von dem ihr sicher schon gehört habt, an seine Grenzen: VUKA. Es meint:

- Volatilität, also Schwankungen,
- Unsicherheit,
- Komplexität,
- Ambiguität, also Mehrdeutigkeit.

Es stimmt zwar in vielem noch, aber wir fühlen: Da ist jetzt deutlich mehr, das uns beeinflusst.

Auch die Reaktionsempfehlung auf VUKA, die auch VUKA heißt, klingt profan:

- Vision,
- Understanding, also Verständlichkeit,
- Klarheit,
- Agilität.

VUKA war Ende der 1990er Jahre im Militärumfeld entstanden. Eine in VUKA integrierte These lautet, dass sich jedes Gebiet erobern ließe, wenn man in kleinen Einheiten und Teams agiere. So komme man leichter zurecht mit Volatilität, Unsicherheit, Komplexität und Ambiguität. Diese zeigte sich nicht nur beim Militär, sondern auch in der Wirtschaft. Und so entstand eine Idee, die sich immer weiter durchsetzte: die Idee von Agilität, als Konzept, um mit VUKA umzugehen.

So hilfreich der Gedanke immer noch ist, er reicht nicht mehr aus. Wir leben nicht mehr nur in einer unsicheren Welt. Es ist mehr als nur unsicher, es ist unverständlich. Keiner kann mehr den Überblick haben und alles verstehen. Das irritiert. Irritation aber wollen viele vermeiden. In der Folge ducken sie sich weg. Verschwörungstheorien sind die Folge – und Götter unserer Zeit.

Pandemie, Kriege, Energiekrise, Armut, Überbevölkerung. Und überforderte Politiker und Wirtschaftslenkerinnen, denen die Ideen ausgehen. Niemand weiß genau, wie und worauf Entscheidungen wirken und was sie überhaupt bewirken. Dabei könnte es so leicht sein. Wir müssen einfach nur anerkennen, dass es ist, wie es ist, und Irritation als hilfreiche Information interpretieren.

Dabei hilft BANU. Das Akronym ist angelehnt an BANI, das erstmals vom US-amerikanischen Zukunftsforscher Jamais Cascio in einem Beitrag für die Plattform »Medium« erwähnt wurde. In den deutschsprachigen Raum hat es der Berater und Zukunftsforscher Stephan Grabmeier gebracht. Ich habe den letzten Buchstaben ausgetauscht, um es passender für die deutsche Sprache zu machen. BANU steht für:

- Brüchig,
- Angstbesetzt,
- Non-linear,
- Unverständlich.

Unsere Umwelt ist **brüchig**. Der poröse Grund ist aber nicht direkt als solcher erkennbar. Wo der Boden am Ende bricht, ist trotz aller Expertenprognosen eine Überraschung.

Die Brüchigkeit deutet sich überall an: Sie zeigt sich zum Beispiel daran, dass eine politische, wirtschaftliche oder auch unternehmerische Entscheidung an der einen Stelle ein Problem löst, an der anderen aber neue Probleme provoziert. Denkt an die Pandemie, an Wirtschaftssanktionen – ihr werdet überall Beispiele finden.

Nebel ist **angstbesetzt** – das A in BANU steht dafür. Wir glauben beispielsweise, die Natur beherrschen zu können. Doch die Natur lässt sich nicht beherrschen. Dahinter steckt die Angst, sich irritieren zu lassen.

Die Angst ist in der deutschen Sprache weiblich, der Mut männlich. Kaum jemand deutet Angst als Stärke. Doch Angst hat eine wichtige Funktion: Sie zeigt uns, dass wir innehalten sollten, um wahrzunehmen, was gerade passiert. Wer ein Boot steuert, weiß, wie wichtig ein Anker ist: Dieser hält das Boot fest im Sturm. Eine Atempause!

Wenn wir ankern, können wir beobachten, was sich zeigt. Ängstlichkeit ist eine ganz natürliche Reaktion auf Unsicherheit und Irritation. Sie zu spüren, ist hilfreich. Denn wir können lernen, mit Angst zu leben. Und je mehr wir uns an Nebel gewöhnen, desto mehr werden wir dennoch handlungsfähig bleiben.

**Non-linear** heißt, dass es keine Zusammenhänge gibt. Es lässt sich nicht berechnen. Ich erkläre das in Modell 3. Und **unverständlich** bedeutet, dass selbst Expertenwissen uns keinen Schlüssel zum Verständnis bietet.

Was uns wirklich helfen würde, wäre etwas ganz anderes: Ein neuer Zugang zur Intuition. Denn die haben wir – nur nicht gelernt zu nutzen.

### DIE DENKKRÜCKE

Das mentale Modell VUKA wurde in der relativen Klarheit der 1990er Jahre geboren. Es ging davon aus, dass sich Herausforderungen durch veränderte Umweltbedingungen durch Vision und Agilität lösen ließen. Doch das reicht nicht aus.

## DAS NEUE MENTALE MODELL

BANU hat eine Lösungspartnerin, RAKI:

- Wir sollten R, also die Resilienz, stärken. Was macht dich und die Menschen in deinem Umfeld widerstandsfähig als Person, als Gruppe, als Organisation, als Gesellschaft?
- Wir sollten A, also unsere Achtsamkeit, schärfen. Wie kannst du achtsam sein für das, was jetzt passiert? Wie kannst du andere zu mehr Achtsamkeit leiten?
- Wir sollten den Blick auf K, also den Kontext, richten. Was hilft dir, aus der Innenperspektive herauszukommen und den größeren Zusammenhang zu sehen?
- Weiter sollten wir I, also unserer Intuition, mehr Aufmerksamkeit schenken. Welche Ideen gibt dir die innere Stimme, das innere Bild?

Stärke deine **R**esilienz.
Sei **A**chtsam.
Blicke auf den **K**ontext.
Schärfe deine **I**ntuition.

Abb. 2: Das mentale Modell RAKI

## COACHINGBOX

Wie empfindest du BANU selbst? Wie gehst du damit um, und wie erlebst du dein Umfeld? Was heißt RAKI konkret für dich? Wie kannst du zum Beispiel konkret auf den Kontext schauen? Was ist das überhaupt für dich – Kontext? Was bildet deine unmittelbare Umwelt? Wie prägst du sie? Und wie kannst du ein mentales Modell wie RAKI so nutzen, dass es hilfreich für diesen Kontext ist?

## 3. Extratour für das Komplexe

1961 eröffnete der erste Aldi in Essen. Meine Tante beschloss damals: »Der Aldi kommt mir nicht ins Haus.« Aldi war für sie sinnbildlich für billig: Der Discounter habe keine Qualität. Ihr eigenwilliges Prinzip entfernte sich im Laufe der Jahre immer mehr von der Mehrheitsmeinung, aber sie änderte es nie mehr. Sie verfolgte also ein individuelles Mentalmodell. Es entsprach ihrer Wirklichkeit, wurde aber mit den Jahren immer weniger kompatibel zu dem anderer Menschen. Es wurde so etwas wie ihr Markenzeichen. Mit jedem »Niemals bei Aldi« drückte sie aus: »So bin ich. Ich kaufe nicht bei den Billigheimern.« Sie wählte damit auch eine Abkürzung im Denken – so wie wir es alle tun, nur dass es nicht immer derart exzentrisch wirkt.

Es ist auch eine Art und Weise, mit all dem klarzukommen, was auf uns einströmt. Denn wenn zu viele Informationen unser Gehirn belasten, blenden wir diese aus: Wir sind einfach nicht für Parallelinformationen geschaffen. Etwas »unterkomplex« zu behandeln, ist deshalb völlig in Ordnung – sofern man damit weder sich selbst noch anderen schadet.

Es gibt allerdings Themen, bei denen eine »unterkomplexe« Behandlung nicht angebracht ist. Wollen wir etwa Lösungen für die Zukunft der Energieversorgung finden, wirken zahllose Variablen miteinander: Das eine bedingt das andere – und kaum hat man hier etwas getan, ploppt da das nächste Thema auf, das nicht bedacht wurde. So viele Augen und Gehirnzellen hat niemand, alles jederzeit im Blick zu haben – schon da es so viele Unbekannte gibt.

Unter Komplexität können wir nicht langfristig planen. Tun wir es doch, kommt ein Flughafen Berlin heraus, also eine Fehlkalkulation. Nicht immer gibt sich das Komplexe sofort zu erkennen. Aber irgendwann ist die Ahr überschwemmt, der Fachkräftemangel manifest, sind die Kosten ausgeufert, hat die Gesellschaft ein Bildungs- oder Renten- oder Gesundheitsversorgungsproblem …

Wie aber erkennt ihr, was komplex ist? Die wichtigste Information gibt uns der Kontext: also alles, was um uns herum ist. Begreifen wir uns als zu unserer Umwelt gehörig, spielt diese immer mit hinein. Wir prägen unsere Umwelt – und diese prägt uns. Dabei haben wir stets nur einen sehr begrenzten Einfluss, denn der Kontext ist immer stärker als wir. Meine Tante prägte ihre Umwelt, indem sie eine bewusste Auswahl traf – die Discounterkarrieren von Aldi und Lidl konnte sie dennoch nicht verhindern.

Wenn wir genauer hinschauen, haben wir zudem nicht einen, sondern viele Kontexte, kleine und große. Der Kontext unserer Arbeit etwa ist anders als jener der Gesellschaft. Komplexität offenbart sich dabei im Unvorhersehbaren – was jede Planung binnen kurzer Zeit obsolet macht. Kurzum: Auf die Frage »Wie verhält sich X?« können wir unter dem Aspekt der Komplexität nur Mutmaßungen anstellen, aber nichts sicher behaupten. Dass viele dies dennoch tun, ist ein Problem unserer Zeit.

Dabei hat auch das Komplexe eine Grenze – das Komplizierte. Das Komplizierte braucht Fachexpertise, Know-how. Mit viel Wissen und Erfahrung ist es beherrschbar, fast immer braucht es dazu aber mehrere Expertinnen. Dennoch ist es nicht leicht, diese Grenze klar zu ziehen: Manchmal sehen wir erst im Nachhinein, dass wir sie schon überschritten hatten – wir dachten, es sei kompliziert, aber dann war es doch komplex. Denkt nur an die verschiedenen Phasen der Corona-Pandemie.

Ebenso kennt das Komplizierte eine Grenze: das Einfache. Das Einfache ist berechenbar – so wie der gleichbleibende Geschmack des teuren Markenkäses, den meine Tante immer kaufte. Der Übergang ist indes auch hier fließend. Klar bleibt allein: Das Einfache verschwindet aus unserer Welt.

Dabei neigen wir zu Verwechslungen, worum es sich handelt. Kommunikation unter Menschen etwa ist immer komplex – nur dass das selten so gesehen wird. Das birgt Gefahren: Wer das Komplizierte wie das Einfache oder das Komplexe wie das Komplizierte behandelt, riskiert einstürzende Neubauten.

Was ist also ein passendes mentales Modell für Komplexität? Häufig wird gesagt, wir müssten diese »reduzieren«. Aber das trifft es nicht. Vielmehr müssen wir Komplexität annehmen und angemessen in ihr agieren. Das heißt, kleine Schritte gehen, gemeinsam lernen, immer wieder vor- und zurückschauen.

Der Waliser Dave Snowden veranschaulichte 1999 die evolutionäre Natur von Systemen. Diese entwickeln sich. Dabei durchlaufen sie verschiedene Zustände, die sie prägen: einfach, kompliziert, komplex, chaotisch. Diese Systeme könnt ihr euch wie kleine »Welten« vorstellen.

Wenn die Dinge einfach sind, haben wir es mit dem Bekannten zu tun. Wir können die Dinge verstehen, insofern auch vorhersehen und planen – etwa das Verhalten meiner Tante.

Wenn indes etwas kompliziert ist, dann wissen wir um die Unbekannten. Diese lassen sich mit Kompetenz erschließen. Dafür braucht es Expertinnenwissen – etwa über die Herstellung von Käse in einer digitalen Fabrik.

In einer komplexen Umwelt hingegen wissen wir nicht, was am Ende herauskommt. Es entsteht etwas, aber was? Es gibt viele unbekannte Unbekannte, deren Existenz wir nicht mal vermuten.

Einfach, kompliziert und komplex leben in guter Nachbarschaft. Ein Alzheimer-Medikament zu finden, ist komplex – die Zulassungsprozesse dagegen sind kompliziert. Die Einnahme wiederum, wenn es einmal da sein sollte, ist einfach.

Doch ein Zustand kann auch chaotisch werden: Zufallsereignisse, mit denen wir nicht einmal rechnen können, machen plötzlich alles obsolet und der Wald brennt. Dann heißt es: Tut etwas, aber schnell!

Oft wissen wir gar nicht genau, wo wir sind. Ist es schon komplex oder noch kompliziert? Wo endet das Einfache? Dieser Zustand der Unordnung will aufgelöst werden. Wir sollten uns also um Zuordnung bemühen. Diese gelingt, indem wir verschiedene Aspekte betrachten. Was ist vielleicht doch schon bekannt – wir haben einfach nur noch nicht genügend recherchiert? Welche Aspekte können einfach gemacht werden? Wir können Kommunikation etwa allein dadurch vereinfachen, dass wir sie anders als gewohnt strukturieren, etwa mit Fragen wie »Was wissen wir von den Unbekannten nicht?«. So können wir den komplexen Raum Schritt für Schritt erkunden (siehe Abbildung 3). Aus dem Zustand der Unordnung sollten wir rasch herauskommen, um zu wissen, wie wir uns angemessen verhalten.

Abb. 3: Das Cynefin-Modell von Dave Snowden

## DIE DENKKRÜCKE

Alle wollen Komplexität reduzieren – doch es geht darum, die unterschiedlichen Systeme angemessen zu behandeln. Dafür müssen wir sie anerkennen und identifizieren. Achtung, es besteht Verwechslungsgefahr!

## DAS NEUE MENTALE MODELL

Komplexes wie Komplexes zu behandeln, bedeutet, es langsam und lernend zu erkunden. Es bedeutet, immer wieder Anpassungen vorzunehmen und den Irrtum (nicht den Fehler!) als Chance zu erkennen und zu nutzen.

COACHINGBOX

Finde konkrete Beispiele für Komplexes. Einige Anregungen: Entwicklung einer App, Hackerangriff, Energiekrise.

Wie hast du oder hat dein Unternehmen in solchen Situationen gehandelt? Wie hätte es mit Blick auf das Cynefin-Modell handeln können? Reflektiere eigene Handlungspräferenzen. Und die Schwierigkeit der Zuordnung.

## 4. Das Gebiet der anderen

Als der Ukraine-Krieg begann, übertrumpfte einer den anderen mit Analysen. Jeder meinte, in den Kopf des Aggressors schauen zu können, in die russische Seele gar; viele versuchten sich mit Diagnosen und Prognosen. Natürlich haben sich alle geirrt – was, ebenso natürlich, niemand zugibt. Denn obwohl Irren menschlich ist, irren sich Menschen nicht. Sie leben in ihrer Welt: Dort bewohnen sie ihr Denkgebiet – und das hat äußerst enge Grenzen.

Szenenwechsel: Als die leitenden Mitarbeiter des Unternehmens über ihre Werte sprachen, fiel wieder und wieder das Wort »Respekt«. Ich beobachtete diese Gruppe aus Führungskräften über einen längeren Zeitraum und bekam so eine Ahnung, was in ihrem Revier Respekt bedeuten mochte: Es war eine gewisse Vorsicht im Umgang miteinander. Man sprach vorsichtig, rücksichtsvoll, aber selten ehrlich.

Derartige Denkgebiete können sich in Gruppen ausbreiten. Dort sind sie aber genauso speziell – und für Außenstehende oft überraschend. Denn jeder von uns lebt nun einmal in seiner Welt und in der Welt seiner Gruppen. Wer sich verständigen will, muss sich dessen bewusst sein. Die Konsequenz ist einfach: Wir müssen davon ausgehen, dass wir uns nicht verstehen. Deshalb kann nur ein jeder selbst Wege finden, um Probleme zu lösen und Ziele zu erreichen. Fragen können hierbei Orientierung geben, aber nur nach innen: Wo ist hier die

Linksabbiegerspur, um in die Selbstreflexion zu fahren? Welche Ausfahrt im Kreisverkehr führt aus Gedankenkreiseln? Es geht also darum, sich zurückzulehnen und den anderen fahren zu lassen.

Dabei blockiert uns indes oft der menschliche Wunsch, in den Kopf des oder der anderen zu kriechen – um dort Gemeinsamkeiten und Parallelen zu finden. Gewünscht ist eine Synchronisierung. Doch viel hilfreicher als ein »Sync« des Kopfkinos ist es, eine gute Beifahrerin zu sein, die den einen oder anderen Hinweis auf die Landschaft geben kann, die am Fahrer offenbar vorbeirauscht. Denn was wir wahrnehmen und was nicht, ist individuell und jederzeit beeinflusst durch den individuell erlebten Kontext. Es wirkt nicht nur aufs Denken, sondern auch aufs Hören, Sehen, Fühlen.

Ein Beispiel für das Sehen: Wie schwer es ist, andere Sehweisen anzuerkennen, zeigt ein Meme namens #thedress, das vor einem Jahrzehnt viral ging. Das Bild nutze ich heute noch oft, um Menschen zu zeigen, dass jeder die Welt anders sieht. Und »Sehen« ist hier wörtlich zu verstehen. Das Kleid, das ihr als Bild bei Wikipedia ansehen könnt, teilte die Welt in Lager: Die einen sahen es in Weiß-Gold, die anderen in Blau-Schwarz. Einige wenige, darunter mein Sohn, erkannten sogar ein Braun-Lila. Selbst diejenigen, die wussten, dass jeder Mensch anders sieht, trauten der jeweils anderen Sichtweise nicht über den Weg. So fanden sie die »Wahrheit« heraus: Das »echte« Kleid war blau-schwarz.

Woran liegt diese unterschiedliche Sichtweise? Dies beschäftigte in den Jahren darauf auch Wissenschaftler. Das Auge korrigiert die Wahrnehmung je nachdem, wie sich Licht verändert. Es denkt sich Schatten oder Sonnenlicht hinzu. Dabei beeinflusst die unmittelbare vorherige Erfahrung: Komme ich aus der Sonne oder war ich länger im Dunkeln? Das Gehirn nutzt seine Erfahrung, um Illusionen darüber zu erzeugen, wie der Kontext aussieht.

Nach zwei Jahren Forschung mit mehr als 10 000 Teilnehmern entdeckte der Neurowissenschaftler Pascal Wallisch ein Muster: Je mehr Zeit eine Person in künstlichem Licht – also überwiegend in Gelb – verbringt, desto wahrscheinlicher ist es, dass diese Person das Kleid in den Farben Schwarz und Blau sieht. Je mehr Zeit eine Person hingegen natürlichem Licht ausgesetzt ist, desto wahrscheinlicher ist es, dass diese Person das Kleid in Weiß und Gold wahrnimmt. Sie subtrahiert das Blau.

Unabhängig davon, welche Farben die Menschen nun subjektiv sehen: Das Bild scheint nie mehrdeutig zu sein. Die Menschen erleben bewusst nur die Ergebnisse ihrer Verarbeitungsprozesse, die auf den Erfahrungen mit Licht basieren. Sie sind also zu 100 Prozent in ihrem eigenen Film.

Das bedeutet: Wenn die Wirklichkeit ungewiss ist, löst unser Gehirn diese Ungewissheit für uns auf. Es schafft Wirklichkeit, damit wir nicht zweifeln müssen oder verunsichert sind. Es schafft einen Boden, auf dem wir sicher sagen können: »Das ist so – blau.« Es erschafft dabei die wahrscheinlichste Realität, die es sich vorstellen kann – und was es sich vorstellen kann, hat mit seinen unmittelbaren Erlebnissen zu tun. Dies betrifft nicht nur den Einfluss von Licht: Auch vergangene Erfahrungen prägen die eigene Realität so, dass es die Wahrnehmung auf anderes verschiebt.

Mein bevorzugtes mentales Modell stammt aus der Systemtheorie und lautet: »Die Landkarte ist nicht das Gebiet.« Das bedeutet: Wir können etwas beobachten, aber niemals selbst erleben, was wir nicht selbst erleben. Zwei Menschen können auf das gleiche Bild schauen – und es unterschiedlich sehen, ohne dass es der Fehler des einen ist. Und beides ist wirklich. Es geht also um mehr als nur Meinungen und Perspektiven – es betrifft die gesamte Wahrnehmung. Diese Erkenntnis gilt für alle Bereiche unseres Lebens. Und sie bedeutet: Eine gemeinsame Wahrheit kann nicht gefunden werden. Es gibt immer nur eine Annäherung.

### DIE DENKKRÜCKE

Wir denken, es müsste eine gemeinsame Wirklichkeit geben, die sich auch gemeinsam verstehen und begehen lässt. Doch Wirklichkeit ist das, was ich in diesem Moment für wirklich halte. Das Denken, mit dem ich die Wirklichkeit anderer interpretiere, entspringt meiner eigenen Wirklichkeit.

DAS NEUE MENTALE MODELL

Jeder Mensch hat eine ganze eigene Welt – und das betrifft alle Sinne. Auch das Kontexterleben ist verschieden: »Die Landkarte ist nicht das Gebiet« sagt uns, dass wir dies respektieren müssen. Gleichzeitig können wir beobachten, ein Stück mitfahren und auf Wege und Landschaften hinweisen, die der andere gar nicht sieht.

COACHINGBOX

Stärke deine Beobachtung, indem du dir bewusst machst, dass du beobachtest und wie du es tust. Was siehst du (nicht)? Was ist an Verhalten erkennbar, was Interpretation?

Ein Lächeln? Super – was hat es ausgelöst, was war vorher? Beobachte auch, wie du beobachtest: Worauf achtest du, wenn du dir etwas ansiehst oder anhörst? Und was ist gar nicht in deinem Aufmerksamkeitsfokus?

## 5. Antifragil in die Zukunft

Krisen lösen Schocks aus. Vielleicht erinnert ihr euch an den Schock, als ihr das erste Mal vom Ukraine-Krieg gehört habt oder als die Twin-Towers einstürzten. Schocks erschüttern die Welt, das Land, die Familie, das eigene Leben. Wir leben in einer Zeit der Mehrfachkrisen. Das bedeutet, es gibt immer mehr Erschütterungen und Schocks.

Dass Schocks heilsam sind, ist bewiesen. So beschäftigen sich Forscher schon lange mit dem Phänomen des posttraumatischen Wachstums. Manche Menschen gehen aus Krisen für andere und sich selbst spürbar gereift hervor. Die Krise verändert ihr Denken fundamental.

Auch auf der gesellschaftlichen Ebene gibt es diese Phänomene. Krisen können Vorboten von Revolutionen und Umbrüchen sein. Unternehmen erleben das ebenso: Je stärker sie in eine Krise taumeln, desto wahrscheinlicher ist, dass sie verändert aus ihr hervorkommen. Wenn sie diese denn überleben. Falls nicht, springt die Schockwirkung auf andere über – ich erinnere an den ehemaligen Vorzeigekonzern Nokia.

Doch nichts prägt so wie das persönlich Erlebte. Deshalb ist die Klimakrise immer noch so fern. Deshalb merken so viele nicht, dass sie und ihre Geschäftsmodelle bedroht sind. Der Einschlag ist zu weit entfernt vom eigenen Leben.

Aber ist dieser dann da, ist die normale Reaktion die Flucht. Das Weglaufen. Nicht hinsehen. Ignorieren. Leugnen. Schönreden. Feiern auch. Selten wird so viel gefeiert wie in Krisen.

Wir bevorzugen gute Laune und Schonhaltung. Wir vermeiden die Krise, verdrängen die Angst vor dem Schock. Wer hat schon die Haltung »Es ist, wie es ist«? Wer sagt sich schon »Oh, was für eine tolle Lernchance, dass mir das jetzt passiert«? Oder »Danke für den Fehler, das hilft mir, ihn demnächst zu vermeiden«? Ich kenne nicht viele solcher Menschen. Auch wenn ich erfreut registriere, dass es in dieser Hinsicht Bewegung gibt. Mehr Menschen haben erkannt, dass wir in einer unverständlichen Welt ohne Fehler und Irrtümer gar nicht zurechtkommen. Wie auch? Wir haben damit noch keine Erfahrung.

Wenn die mythologische Wasserschlange Hydra ihren Kopf verliert, dann wachsen ihr direkt zwei neue. Der Schock betrifft sie nicht, im Gegenteil. Sie lernt aus ihm, zieht daraus ihre Existenz. Der Kopf in der Mitte dagegen ist unsterblich.

Steigt Phönix aus der Asche, so ist ein Zusammenbruch vorausgegangen. Es war alles zerstört, doch Phönix erhebt sich aus den Trümmern.

Das Schwert des Damokles wiederum hängt immer über seinem Platz, von einem einzigen Pferdehaar gehalten. Mit dem Schwert über seinem Kopf war es Damokles unmöglich, den Abend mit all seinen Speisen und Annehmlichkeiten zu genießen.

Ich habe diese drei mythologischen Gestalten genutzt, um Unterschiede zu verdeutlichen: Die Hydra ist antifragil, denn sie wird stärker durch den Schock. Phönix ist robust: Er ersteht aus der Asche auf. Bei Damokles dagegen hängt alles am seidenen Faden, es kann jederzeit zusammenbrechen – das ist fragil.

Was brauchen wir nun, um Mehrfachkrisen nicht nur auszuhalten, sondern zu nutzen? Die Antworten liegen weder in fragilen noch in robusten Lösungen, sondern in der Antifragilität. Das ließe sich auch mit dynamikrobust übersetzen: Etwas kann sich auch im tosenden Gewässer halten und selbst dem Sturm standhalten.

Die Triade »fragil – robust – antifragil« geht zurück auf den Bestsellerautor Nassim Nicholas Taleb. Antifragilität betrifft alle Ebenen des Lebens, die Mikro- und die Makroebene und auch das Denken selbst. Wann ist es antifragil? Wenn die Erschütterung bisheriger Überzeugungen einfach neue wachsen lässt.

### DIE DENKKRÜCKE

Der Phönix beschreibt, was nach einer Krise passiert – neues Wachstum, Auferstehen aus Trümmern. Das aber braucht Zeit, die wir in unserer Welt nicht (mehr) haben. Multikrisen offenbaren, wie anfällig und abhängig wir sind. Wir brauchen die Hydra.

### DAS NEUE MENTALE MODELL

Denke triadisch: fragil, robust, antifragil. Die Hydra hält stand. Es gilt, Systeme so zu konstruieren, dass sie unerwarteten Erschütterungen standhalten. In der Praxis bedeutet das oft, scheinbar widersprüchliche Entwicklungen zuzulassen – sodass Hydra einen Kopf verlieren kann, damit ihr dann ein neuer wächst.

### COACHINGBOX

In der vergangenen Welt suchten wir nach klaren Strategien, denn wir wollten Fehler vermeiden. Dieses Denken ist tief in uns verankert. Nur die allerwenigsten Menschen beklatschen Fehler, weshalb sich spezielle Events wie »Fuckup-Nights« etablierten.

Ein fragiler Umgang mit Fehlern liegt vor, wenn wir diese zu vermeiden suchen – und sogar Irrtümer als Fehler ansehen. Robust sind wir, wenn wir Erkenntnisse zur rückwärtigen Verbesserung gewinnen. Wir beantworten also die Frage, wie wir es anders besser hätten machen können.

Ein antifragiler Umgang heißt auf der menschlichen Ebene: Uns haut nichts um, obwohl wir auf Veränderungen dynamisch reagieren. Fehler sind selbstkorrigierend, Irrtümer Wegweiser.

## 6. Spielräume vergrößern, Komplexität verkleinern

Wann Don Galvin genau austicken würde, wussten selbst seine Eltern nicht. Und diese hatten so einige Erfahrung mit ihren acht schizophrenen Kindern gesammelt. Ein Sohn nach dem anderen wurde verrückt – nur zwei Schwestern und zwei weitere Söhne blieben verschont. Die 14-köpfige US-amerikanische Großfamilie ging aus zwei Gründen in die Medizingeschichte ein: erstens, weil es nur wenige Familien mit einer solch großen Kinderzahl gibt. Und zweitens, da es selten vorkommt, dass ein so hoher Prozentsatz der Nachfahren psychotisch wird.

Aber hier soll es nicht um Schizophrenie gehen. Schizophrenie steht stellvertretend für Komplexität. Sie steht auch stellvertretend für die Unsicherheit, die Komplexität erzeugt, denn Komplexität ist wie Schizophrenie – ein unentdecktes Gebiet auf einem fremden Planeten. Es kann ständig etwas Unerwartetes geschehen, da kein Ursache-Wirkungs-Zusammenhang existiert. Wir hingegen haben gelernt, dass, wenn B auf A folgt, C herauskommt. Wir studieren beispielsweise BWL (A), strengen uns an (B) und machen in der Folge Karriere (C) – so die simplen Schlüsse unseres Gehirns.

Unter komplexen Bedingungen ist dieser Schluss aber ein Fehlschluss. Wir bemerken das aber erst, wenn es nicht funktioniert. Mitunter hat dann die Explosion schon stattgefunden.

Deshalb ist Schizophrenie ein gutes Beispiel für Chaos und Komplexität. Genetische Disposition spielt dabei eine Rolle, aber nicht alle, die diese haben, erkranken auch. Inwieweit Umweltbedingungen oder Vererbung Einfluss nehmen, ist nicht gesichert. Auch Expertinnen können nicht sicher sagen, welche Zusammenhänge wirklich bestehen. Anders als bei vielen anderen Krankheiten ist also unklar, ob, wenn bestimmte Gene (A) mutiert sind und zusätzlich schwierige familiäre Bedingungen herrschen (B), die Schizophrenie (C) sicher ausbricht. Zudem sind ihre Erscheinungsformen vielfältig: Der eine hört Stimmen, die andere sieht Dinge, die nicht da sind. Der eine ist hochbegabt wie der Wirtschaftsnobelpreisträger John Nash und der andere hat eine unterdurchschnittliche Intelligenz. Die Krankheit ist so vielfältig, dass manche sagen, es sei nicht eine, sondern viele.

Nur eines ist klar: Schizophrenie löst Reaktionen aus, die sich nicht berechnen und nicht vorhersehen lassen. Mit solchen Reaktionen kann nur umgehen, wer dem Unberechenbaren angemessen begegnet.

Und da kommt Ross Ashby ins Spiel: Ashby war es als Psychiater gewohnt, dass schizophrene Patienten gefährliche Anfälle bekamen. Kranke können dabei auch gewalttätig gegen sich und andere werden. Don Galvin handelte öfter im Auftrag des Heiligen Ignatius, der ihm einen akademischen Grad verliehen hatte: Dann kippte er Salz ins Aquarium und vergiftete die Fische. Ein anderer der Galvin-Brüder brachte im Wahn gleich sich und seine Freundin um.

Ross Ashby reagierte auf seine Weise auf die Komplexität der Patienten: Er verlegte sein Büro in eine Gummizelle. Das ist ein gepolsterter Raum, in dem Patienten weder sich selbst noch andere verletzen können. So vermied er, dass ein Anfall auf dem Flur oder im Büro stattfinden konnte – mit gefährlichen Gegenständen und Betonwänden, gegen die man laufen kann.

Später wurde Ross Ashby als einer der ersten Kybernetiker bekannt. In der Kybernetik dreht sich alles um die Frage, wie man komplexe Systeme so steuert, dass sie auf Komplexität angemessen reagieren können. Und dabei geht es um das Spiel mit Spielräumen.

## DIE DENKKRÜCKE

Wir sind nicht gewohnt, mit Komplexität umzugehen. Dabei begegnet sie uns immer öfter: in Medizin, Biologie, Politik, Gesellschaft, Arbeitswelt und auch im Privatleben. Meist erkennen wir sie gar nicht, denn Komplexität verkleidet sich für uns oft zunächst als Einfachheit.

## DAS NEUE MENTALE MODELL

Einen Lösungsansatz bietet das von Ross Asbhy abgeleitete Ashbysche Gesetz. Dieses lautet vereinfacht ausgedrückt: Je höher die Varietät eines Systems, desto eher kann es die Varietät seiner Umwelt vermindern.

Varietät lässt sich auch mit Spielraum übersetzen. Es geht also um die Vergrößerung von Spielräumen unter komplexen Bedingungen – so wie im Fall der Gummizelle. Wir denken also gar nicht erst, was alles wann passieren könnte, sondern statten uns so aus, dass auch das Unerwartete passieren darf. »Stell dich auf die Bandbreite möglicher Überraschungen ein, alles andere hast du eh nicht in der Hand«, so könnte man es auf den Punkt bringen.

## COACHINGBOX

Mit welchen komplexen Themen habt ihr zu tun? Schreibt auf, woran ihr die Komplexität erkennt. Ihr könnt euch dabei an meinem Diagramm in Abbildung 4 orientieren: Auf die Fragen müsst ihr nicht zwingend mit »Nein« antworten – es reicht, wenn ihr es nicht wisst.

Jetzt fragt euch, wie ihr Ashbys Gesetz für eure Themen anwenden könntet. Was bedeutet es konkret, den Spielraum zu erhöhen, also mehr Handlungsmöglichkeiten zuzulassen? Denkt zum Beispiel an Konflikte, diese sind fast immer komplex. Du weißt nicht genau, was eskaliert, deeskaliert oder zu was genau der Konflikt führt. Trotzdem müsst ihr handeln. Den Spielraum erhöht ihr beispielsweise durch neue, bisher nicht genutzte Herangehensweisen.

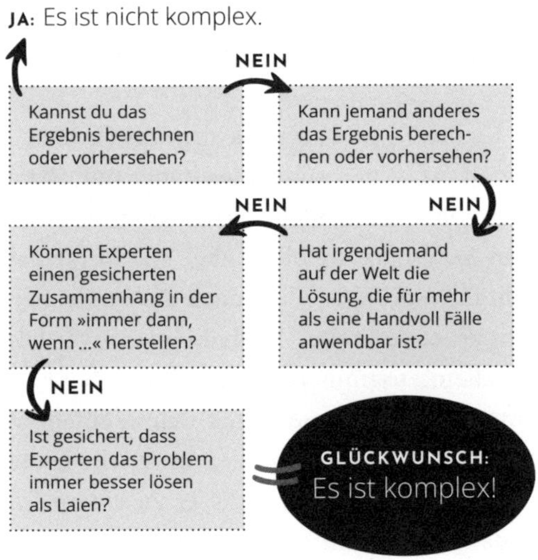


Abb. 4: Ist das schon komplex?

## 7. Durchbrich die Musterteppiche im Kopf

Mal ein anderer Start: Ich durchbreche mein Schreibmuster – und möchte euch zu drei kleinen Experimenten auffordern. Das erste geht so: Versucht, das Alphabet rückwärts aufzusagen. Ihr könnt es auch vorwärts aufschreiben und anschließend rückwärts notieren.

Für das zweite schaut ihr aus dem Fenster in die Landschaft und achtet dort nicht auf die bekannten Formen, sondern auf die Zwischenräume: Ihr ignoriert also zum Beispiel die Hausdächer und seht nur den Raum dazwischen. Und nun das dritte: Sucht euch ein beliebiges Gesicht und betrachtet die Details – also nicht das Gesicht, sondern beispielsweise das Auge.

Habt ihr es gemerkt? Alle drei Übungen sind unglaublich schwer. Wir denken, sehen und fühlen in Mustern. Diese sind fest miteinander verstrickt, ja verklebt. Es ist zäh und anstrengend, selbige aufzulösen. So braucht es viel Zeit, das Alphabet rückwärts zu lernen. Zwischenräume wahrzunehmen, ist eine Herausforderung, von der wir immer wieder abschweifen und uns leichteren Aufgaben zuwenden. Und auch Gesichter prägen wir uns als Ganzes ein und nicht in ihren Einzelteilen.

So ist es im Kleinen – und so ist es auch im Großen. Verquickung findet sich überall. Mancher sagt: Alles hängt mit allem zusammen. Ich würde sagen: Alles ist mit allem verstrickt. Es ist zwar (meist) egal, ob in China ein Sack Reis umfällt – aber so ein kleines Virus kann schon mal leicht überspringen. Oder auch der Funke der Freiheit, der sich über das Internet verbreitet. Deshalb ist es zwar falsch zu sagen, alles hinge mit allem zusammen – doch Zusammenhänge entstehen schneller, als man denkt. Und sie zeigen sich in einem Muster: Plötzlich ist da mehr Bewegung. Der Sack Reis bringt die Leute auf die Straße. Ohne es zu beabsichtigen, wird dieser zu einem Symbol für die Freiheit – und das war es dann mit der Bedeutungslosigkeit.

Muster entstehen aber auch, weil wir eine Neigung zur Konzentration von Aufmerksamkeit auf wenige Punkte haben. Der Futurist Ray Kurzweil beschreibt mit seiner Muster-Erkennungs-Theorie, wie sich unser Gehirn in seiner Funktionsweise von einem Computer unterscheidet. Letzterer »merkt« sich einzelne Dinge und setzt diese dann zusammen: Eine Banane ist gelb, hat eine länglich geneigte Form und eine glatte Oberfläche – von diesen Einzelmerkmalen »schließt« der Computer auf das Objekt. Bei uns ist es umgekehrt: Wir beginnen mit dem Muster – es ist sogleich die Banane, sogleich das Haus, sogleich das Gesicht. Entsprechend ist es auch schnell der Flashmob, rasch die Revolte – oder es entstehen in kurzer Zeit Beliebtheitsmuster: Der eine klickt, die anderen folgen. Auch Hits werden so gemacht. Ja, selbst das eigene Wissen betrachtet Kurzweil als musterhaft und schätzt, ein Experte habe rund 100 000 Muster über sein Expertenwissen gespeichert – manche darunter wiederholen sich in den anderen.

Zugleich bilden diese Muster auch mentale Modelle unserer Welt. Wir wissen, dass eine Kuh Flecken besitzt, ein Euter und vier Beine sowie typischerweise auf einer Weide steht. Der Computer »weiß« dies nicht intuitiv, er benötigt dazu erst einmal die Einzelinformationen.

In allen Lebensbereichen zeigt sich, wie Muster uns leiten. Wir sind Musterteppiche mit kollektiven wie individuellen Mustern. Die kollektiven Muster zeigen sich in der Art und Weise des Heranwachsens:

Alle Kinder durchlaufen bestimmte Entwicklungsmuster. Daneben gibt es Beziehungs- und Interaktionsmuster – Letztere beschreiben die Art, wie wir mit anderen Kontakt aufnehmen. Verhaltensmuster wiederum zeigen, wie wir in sozialen Situationen reagieren, Aggressionsmuster, was vor einem Wutausbruch passiert. Nicht zu vergessen die typischen sozialen Muster: So neigen Gruppen etwa dazu, sich voneinander abzugrenzen.

Je öfter sich solche Muster wiederholen, desto tiefer graben sie sich in uns ein. Dennoch gibt es keinen Wiederholungszwang: Wenn wir ein Muster erst einmal erkannt haben, können wir es auch auflösen – oder einfach neu verweben.

### DIE DENKKRÜCKE

Wir denken, uns leite der Verstand oder die Erfahrung. Dabei nehmen wir uns als geschlossen wahr und als verbunden. »Alles hängt mit allem zusammen« ist ein Ausdruck dieses Denkens. Doch die Wahrheit lautet: Es ist nicht alles mit allem verbunden – es besteht lediglich die Möglichkeit, dass dies geschieht.

### DAS NEUE MENTALE MODELL

Wir sind Musterteppiche. Neue Sichtweisen entstehen, indem wir anders auf etwas schauen, ganz bewusst den Blickwinkel verändern.

### COACHINGBOX

Vielleicht kennt du die sogenannten Kippbilder aus der Gestaltpsychologie. Darauf sind dann ein Hase und eine Ente zugleich oder eine Vase ist aus einer anderen Perspektive zwei Gesichter. Das sagt nichts über deine Psychologie aus, wie es dir vielleicht manche Internetseiten einreden wollen, sehr wohl aber über die Festigkeit eines Blickwinkels. Je öfter wir immer denselben Blickwinkel eingenommen haben, desto schwerer lösen wir uns davon.

Probiere es mal mit Bildern aus, die du im Internet findest. Schau immer wieder auf die eine Perspektive. Und versuche, dich dann davon zu lösen. Übe das Erkennen beider Perspektiven.

## 8. Die Reise nach Extremistan

Akademiker verdienen immer mehr als Nicht-Akademiker. Das war so in der Vergangenheit – und wird auch in der Zukunft so sein. Aber was, wenn ein extremer Mangel an Hilfskräften die Wende bringt? Die Digitalisierung gilt als weitere Phase der Industrialisierung: Also wird jeder Job, den die Künstliche Intelligenz ersetzt, durch mindestens drei neue ersetzt. Aber was, wenn wir uns da irren?

Wir halten alles für unwahrscheinlich, was die Vergangenheit nicht einfach fortschreibt. Wir kalkulieren weder mit Brüchen noch mit ungewöhnlichen Ereignissen. Wenn es um Veränderung geht, dann denken wir diese immer in langsamen Prozessen bewusster und geplanter Umgestaltung.

Aber dann kam 9/11, die Finanzkrise, die Corona-Pandemie, der Ukraine-Krieg – Ereignisse, die eine plötzliche und sprunghafte Veränderung einleiteten. Diese Ereignisse wirbeln oft direkt von der Weltbühne in unser Leben. Sie sind extrem, sie sind außergewöhnlich. Und vor allem hat niemand wirklich damit gerechnet. Jedenfalls nicht jetzt, nicht so.

Stellt euch vor, es gibt zwei Länder: Das eine ist uns vertraut – es heißt »Mediocristan«. Alles ist Durchschnitt, teilt sich am Median, lässt sich berechnen; die Variablen sind klar. Es gibt keine extremen Dürren und keine außergewöhnlichen Regenfälle. Weit weg davon liegt Extremistan. Dort findet all dies statt, aber da wir das Land nicht kennen, existiert es in unserem Kopf nicht.

Die Idee von »Extremistan« und »Mediocristan« geht auf Nassim Taleb zurück, der nicht nur die »Antifragilität« erfunden hat, sondern auch die »schwarzen Schwäne«. Diese ungewöhnlichen Börsenereignisse zeigten sich in der Finanzkrise – und kamen zumindest für

Taleb keineswegs überraschend. Aber dass er völlig anders auf die Welt blickte, verlieh ihm Exotenstatus, machte ihn zum verrückten Mahner. Dass er am Ende Recht behielt? So wurde er dann reich und berühmt.

Dabei liegt Extremistan nur einen Klick von Mediocristan entfernt. Seine Existenz ist den meisten bewusst, es ist der Reiseführer, den keiner kauft: Wir wissen, dass es ihn gibt, aber lesen und praktisch daraus lernen will niemand. Aber so erfahrt ihr nie, dass an manchen Bushaltestellen in der Mandschurai ein Tiger aus dem Busch springen könnte … Schade, wenn ihr doch mal da seid. In Extremistan kann etwas seine Größe durch zufällige Ereignisse extrem verändern.

Wir Menschen sind gefangen in unserer Selbstbestätigungstendenz. Je wohler und sicherer wir uns fühlen, desto weiter rückt Extremistan weg. Da sind wir wie Weihnachtsgänse. Diese leben gut und immer besser. Keine denkt daran, dass der Tag kommt, an dem sie als Braten auf dem Tisch landet. Was eine Überraschung ist, ist also immer auch eine Frage der Perspektive.

Unser Gehirn liebt Mediocristan: Es ist das Mallorca unserer berechenbaren Zukunftsvorstellungen. Extremistan ist das Abenteuer, auf das sich nur wenige einlassen. Doch um für Extremistan gewappnet zu sein, müssen wir es als existent betrachten. Und näher holen aus der abstrakten Ecke eines Reiseführers in den eigenen Lebensraum.

## DIE DENKKRÜCKE

Wir lieben die Fortschreibung der Gegenwart in die Zukunft. Damit begründen wir nicht nur Entscheidungen, damit fühlen wir uns auch wohl. Aber die Welt ist in immer mehr Teilen nicht mehr aus der Vergangenheit heraus berechenbar.

## DAS NEUE MENTALE MODELL

Extremistan ist da! Wir sollten unwahrscheinliche Ereignisse, extreme Skalierungen durch zufällig zusammentreffende Ereignisse für wahrscheinlich halten. Wir sollten dieses Land bereisen und kennen lernen – mit seinen unendlichen Möglichkeiten, überrascht zu werden.

COACHINGBOX

Wenn wir Extremistan bereisen, können wir von den dort lebenden Menschen einiges lernen. Es ist die Art, wie sie mit dem Unvorherseh-baren umgehen: Sie sind entspannt, bauen vor, verlassen sich nicht auf Prognosen, wissen um Zukunftsblindheit und die eigenen Grenzen. Wie ist dein Verhältnis zu Extremistan? Was könnte dort sein, wie kannst du es kennen lernen? Wie kannst du gut darin leben?

## 9. Mach es einfach, aber nicht primitiv

Das Ozonloch war eindeutig auf FCKW zurückzuführen. Ab 1996 wurde es weltweit verboten. Inzwischen ist das Ozonloch kleiner geworden, die schädigenden Schichten haben sich um die Hälfte reduziert. Zwischen Ursache und Wirkung besteht ein klarer, bewiesener Zusammenhang. Den finden wir in anderen Feldern immer seltener.

Im wissenschaftlichen Bereich ist »Ockhams Rasiermesser« als mentales Modell bekannt. Es stammt von einem Gelehrten aus dem Mittelalter. Es leitet dazu an, einen Untersuchungsgegenstand trennscharf herauszuschälen. Somit gilt es auch, alle anderen Erklärungen des Phänomens zu entfernen, zack und weg. Bis eben nur noch der Kern, das Wesentliche übrig bleibt: FCKW und Ozonloch beispielsweise. Das muss noch lange nicht die Wahrheit sein, aber es ist die wahrscheinlichste, weil einfachste Theorie. Sie liegt da, wo es die wenigsten Variablen gibt.

Anwendbar ist das Denk-Messerchen allerdings nur da, wo es einen Ursache-Wirkungs-Zusammenhang gibt. Und der findet sich immer seltener. Denn die Welt hat sich seit Ockham und auch seit dem Ozonloch doch ziemlich verändert. Bedenken sollten wir bei der Übernahme von mittelalterlichen Weisheiten auch, dass damals Dinge als wahr gegolten haben, die heute widerlegt sind. Dazu gehört der Aderlass als allgemeingültige medizinische Heilmethode und der Glaube, dass die Erde eine Scheibe sei.

Von Ockhams Messer gibt es auch eine Laienvariante namens KISS. Das steht für »Keep it simple and stupid«. Auch dieses Denkmodell gehört in die Mottenkiste, denn es führt zu schnell zu allzu groben Vereinfachungen. Der Gedanke »Es muss doch eine einfache Erklärung geben« ist auch nicht hilfreich. Viel hilfreicher ist es oft, zu erkennen, dass es (noch) keine einfache Erklärung gibt.

Das ist natürlich sehr schwer auszuhalten für die, die nach einer suchen. Und es ist die Hölle für Wissenschaftlerinnen, denn diese sind angehalten, etwas als unwahr zu belegen. Ihr höchstes Ziel ist seit Karl Popper diese Falsifizierbarkeit, also nachzuweisen, dass etwas nicht widerlegt werden kann. Zumindest derzeit nicht.

Allzu oft finden wir tote Zusammenhänge, die auch medial großartig aufbereitet werden. Tote Zusammenhänge sind auch endgültige Zusammenhänge. Niemand stellt sie mehr infrage. Da werden dann Ursachen und Wirkungen endgültig verbunden, die es nicht gibt. So denkt man, ein bestimmter Führungsstil wirke auf den Erfolg. Oder man mutmaßt, eine Methode sei ursächlich dafür, dass etwas im Team funktioniert. Dabei wird das Messer lustig an alle möglichen Variablen angelegt, auf dass nur eine übrig bleibt.

Ein tragfähigeres Mentalmodell als Ockham ist »Mach es einfach, aber nicht primitiv«. Das bedeutet: die komplexen Zusammenhänge so weit wie möglich zu durchdringen, um sie so weit wie möglich zu vereinfachen. Viele beginnen aber schon bei der Vereinfachung. Und dort führt der direkte Weg in die Trivialisierung.

### DIE DENKKRÜCKE

Das immer noch verbreitete Denkmodell Ockhams Rasiermesser kann nützlich sein, führt aber auch zu zu viel und zu frühem Beschnitt und damit Trivialisierung.

### DAS NEUE MENTALE MODELL

»Mach's erst komplex und dann vereinfache!« Bevor ich etwas einfach machen kann, muss ich die Komplexität erhöhen. Diesen Schritt lassen viele aus. Er setzt Forschergeist voraus – und die Bereitschaft, sich überraschen zu lassen.

COACHINGBOX

Im Kern geht es um den Umgang mit Wissen. Behandeln wir es elitär? Oder tauschen wir uns immer wieder aus, bereit, das Wissen gemeinsam zu mehren und zu verändern? Eine Methode, um kollektives Wissen sichtbar zu machen, ist das Reflecting-Team. Du schilderst eine Situation und stellst eine Frage, etwa: »Wie sollte ich mit dieser Situation umgehen?« Daraufhin denkt ein Team aus Kolleginnen oder Bekannten für dich darüber nach. Dadurch erweiterst du den Blick, anstatt ihn zuzuspitzen. Diese Erweiterung ermöglicht neue Perspektiven. Am Ende wird dein Messer dadurch schärfer, um im Bild zu bleiben.

## 10. Erkenne die Effekte der Effekte der Effekte

Die Französin Esther Duflo ist unzufrieden mit unserem Umgang mit Daten. Daraus erwächst ihr Engagement, das ihr 2019 den Wirtschaftsnobelpreis eingebracht hat. Was sie tut? Sie ist Effektivitätsforscherin, eine »Randomista«. Sie findet durch kleine, randomisierte Studien genauestens heraus, was in der Entwicklungshilfe wirklich wirkt und was die Wirkungen der Wirkung sind. Dadurch findet sie heraus, was wirklich sinnvoll ist. Ziemlich oft ist es nicht das, was wir denken oder was unser »gesunder« Menschenverstand uns vorschlägt.

Denn in 40 Jahren Entwicklungshilfe mit über 3,04 Billionen US-Dollar ist immer noch unklar, was dabei herauskommt. Und ob überhaupt etwas rauskommt. Ja, vielleicht haben sie sogar geschadet. Vielleicht sind sie der Grund dafür, dass sich Afrika nicht früher ökonomisch befreit hat. Die Effekte von etwas, oft gut Gemeintem, sind häufig mehr Wunschvorstellungen, westliche Perspektiven, dem Kurzfristdenken entsprungen.

Selbstbestätigungstendenzen tun das ihrige. Nicht zu vergessen natürlich die Beeinflussung der Medien und unsere Reflexe, mit unseren Mitteln helfen zu wollen. Das sind meist die naheliegenden Dinge, die einfachen – der Holzhammer. Doch Duflo findet oft weniger Naheliegendes heraus, etwa dass in bestimmten Fällen Kameras in der Schule nützlicher sind als Lehrbücher.

Die Effekte der Lockdowns kommen nach und nach ans Tageslicht. Es sind viele: Schlechte Schülerinnen wurden schlechter, Dicke wurden dicker, psychisch Angeschlagene kranker. Studien gab es viele, oft schlechte. Vieles war durchaus bekannt, wurde nur einfach nicht besprochen. Erst recht nicht mit Blick auf die Effekte der Effekte der Effekte.

Nur ein Beispiel: die Drogenszene. Sie verlor ihre Anlaufstellen, der direkte Effekt. Aber Effekte haben weitere Effekte. In der Stadt Frankfurt ist das Bahnhofsviertel derzeit eine einzige Müllhalde. Nicht nur die Lockdowns waren daran schuld, hinzu kam der Umbau des Bahnhofs und der Verlust der schutzgebenden Toiletten. Jetzt möchte kein Unternehmen mehr da sein, der Fitnessanbieter »Kieser« hat geschlossen. Dadurch verroht das Bahnhofsviertel weiter. Es kann sein, dass dadurch auch der sportliche Ausgleich für einige verloren geht. Das ist dann der Effekt des Effekts.

Jedem Effekt geht eine Entscheidung voraus. Diese soll ja den gewünschten Effekt haben. Es geht also um eine beabsichtigte Auswirkung. Mit diesem beabsichtigten Effekt beginnt allerdings ein unbeabsichtigter Kreislauf. Effekte des beabsichtigten Effekts sind manchmal unter dem mentalen Modell des »Kollateralschadens« bekannt. Weniger im Blickfeld steht die positive Seite, die »Kollateralüberraschung«.

Was uns auch oft nicht bewusst ist: Was des einen Schaden ist, kann des anderen Gewinn sein. Eine Kollateralüberraschung des Ukraine-Kriegs für uns im Westen ist, dass die mittelständische Wirtschaft sogar angekurbelt wurde. Schaden und Überraschung sind sehr oft eine Frage der Perspektive. Mit dem globalen Blick ist es selten so eindeutig wie im Frankfurter Bahnhofsviertel.

Doch der »Kollatorelaschaden«, ein Begriff aus dem Militärischen, erzeugt ohnehin ein falsches Bild. Er legt nahe, dass es sich nur um einen Begleitschaden handele. Und das ist nicht richtig. Es ist ein Effekt, der mehr als nur begleitende Wirkung haben kann. Wenn Menschen während oder aufgrund des Lockdowns nicht zu ihrer Vorsorgeuntersuchung gegangen sind, wurde vielleicht eine Erkrankung nicht rechtzeitig erkannt, weshalb sie möglicherweise tödlich ausfällt – obwohl das nicht hätte sein müssen.

Die unbeabsichtigten Effekte der beabsichtigten haben weitere Effekte, die auch nicht beabsichtigt sind – und oft noch überraschender sind. So verändert sich durch eine »kleine« Maßnahme vielleicht der gesamte Standort. Das kann man rückblickend mit Blick auf die Rücknahme der Förderung von Photovoltaikanlagen 2012 durch den damaligen Wirtschaftsminister Peter Altmaier sagen. Die Branche verkleinerte sich daraufhin deutlich. Gleichzeitig konnte sich China aufschwingen. Die Effekte spüren wir immer noch. Rückblickend nennt man das inzwischen »Altmaier-Knick«. Diesen hätte man vorhersehen können.

Denn die Effekte der Effekte der Effekte lassen sich in Studien und in Form von Szenarienplanungen durchdenken. Vieles ist keineswegs so unberechenbar, wie manche es gerne darstellen. Manchmal ist Komplexität schlicht eine Ausrede. Sie liefert ein beliebtes Argument dafür, dass man es zu dem Zeitpunkt ja nicht hätte wissen können. Und das stimmt oft nicht. Man hat einfach nicht genau genug hingeschaut – oder hinschauen wollen.

### DIE DENKKRÜCKE

Die unbeabsichtigten Effekte der Effekte werden oft als Kollateralschäden verniedlicht. Doch der Schaden des einen ist oft der Gewinn des anderen. Außerdem sind unbeabsichtigte Effekte oft nachhaltiger und schädigender als die Effekte selbst.

## DAS NEUE MENTALE MODELL

Effekte einer Entscheidung oder Maßnahme lassen sich konkret durchdenken, vor allem wenn sich mehrere Personen am Denken beteiligen. Es hilft, sich dabei vor Augen zu halten, dass jeder positive Effekt immer auch (mindestens!) einen kleinen negativen hat. Hilfreich ist zudem, sich direkt von der Illusion zu verabschieden, dass man alles sehen könnte. Der Bereich dessen, was wir nicht sehen, ist immer viel größer als der sichtbare Bereich, wie auch die Abbildung 5 zeigt.

Der erste Balken zeigt, dass die positiven Effekte die negativen auch nach genauerer Betrachtung noch überwiegen – andernfalls solltet ihr die dahinterliegende Entscheidung korrigieren.

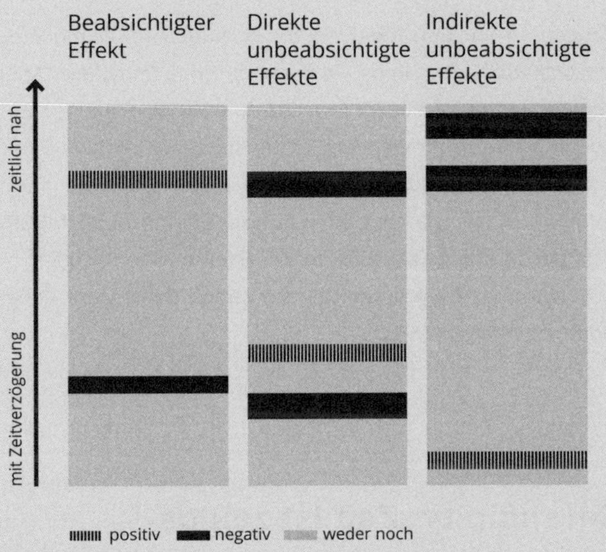


Abb. 5: Effekte der Effekte der Effekte

Der unbeabsichtigte Effekt des Effekts bringt mehr negative Folgen mit sich, die zudem auch öfter streuen. Das heißt, die Zusammenhänge sind weniger erkennbar. Dass der Konsum von vegetarischem Fleisch mehr Wasser verbraucht, erschließt sich erst auf den zweiten Blick. Oder dass eine Stofftüte in der Herstellung viel mehr Energie schluckt als Plastik.

Bei den unbeabsichtigten Effekten der unbeabsichtigten Effekte sind die Zusammenhänge noch weniger erkenntlich.

Aber: Wer sich darüber klar ist, kann anfangen, darüber nachzudenken, und dadurch Schaden abwenden.

Die drei Effektarten könnt ihr von unterschiedlichen Gruppen untersuchen lassen. Dadurch entkommt ihr der Gefahr, dass der beabsichtigte Effekt bestätigt werden muss, indem die Folgeeffekte verkleinert oder kleingeredet werden.

COACHINGBOX

Sicher gibt es eine Entscheidung, die du aktuell treffen möchtest, du kannst dich auch im weiten Feld der politischen Entscheidungen bewegen und etwas herausgreifen, das du durchdenken möchtest.

Nutze die Balkengrafik: Was ist der sichtbare positive Effekt der favorisierten Entscheidung, was der weniger sichtbare negative? Wie verändert sich das mit Blick auf die Effekte der Effekte? Was sind mögliche Effekte der Effekte der Effekte? Wie müsstest du die Entscheidung verändern, um die schwarzen Balken der Kollateralschäden zu verkleinern?

## 11. Serendipity: Zeit ist zeitlos

Stellt euch einmal hin. Schaut dann in den Raum – und deutet auf die Zukunft.

Ich wette, ihr habt nach vorn gezeigt. Aber liegt die Zeit wirklich dort? Ist das nicht nur ein mentales Modell, das uns Sprache und Kultur vorgeben?

Es gibt Indianervölker, die sehen die Zukunft hinter sich und nicht vor sich. Dass wir es anders betrachten, geht auf die Römer zurück. Noch die alten Griechen kannten zwei Zeit-Götter: Der eine hieß Chronos, der andere Kairos. Chronos war der Gott der Planung – er schaute auf das, was kommen würde, von jetzt in die Zukunft, also nach vorn. Er maß die Zeit und setzte Einheiten für sie fest: Stunden, Minuten, Sekunden. Kairos hingegen stand für den günstigen Moment, für Möglichkeiten, die sich auftun und die man ergreifen kann.

Mit dem Römischen Reich übernahm die chronologische Abfolge die Regentschaft in den menschlichen Gehirnen. Kairos indes, der Mann mit dem Zopf vor dem Gesicht als Symbol für die Gelegenheit, die man beim Schopf packen muss – er verschwand aus der Welt.

Die Geschichte zeigt, dass bei Umbrüchen die Geschwindigkeit im Zeitverlauf zunimmt. In solch einem Umbruch leben wir aktuell – mit Chronologie haben dessen Geschehnisse nur noch wenig zu tun.

Allerdings hindert uns der Blick auf die Uhr oft, auf den Moment zu schauen: auf das, was vor uns liegt und sich gerade zeigt. Der Blick auf die Uhr hält uns davon ab, einfach einmal ohne jeden Plan die Zeit laufen zu lassen.

Eine moderne Form von Kairos ist die Serendipität: Sie beschert uns den glücklichen Zufall so wie Kairos die Gelegenheit, die wir beim Schopfe packen müssen. Das ist unmöglich, wenn wir konzentriert auf die Uhr blicken. Es geht nicht alles gleichzeitig, wir müssen abwägen, differenzieren, einteilen.

Die meisten Entdeckungen sind glückliche Zufälle, ebenso die meisten Begegnungen. Die Vorstufe der Serendipität sind also Gelegenheiten: Wer sich viele Gelegenheiten schafft, hat auch mehr Möglichkeiten, Chancen zu finden. Insofern geht es um nicht weniger als darum, Chancen zu mehren.

## DIE DENKKRÜCKE

Die Zeit sitzt uns im Nacken. Uns fehlt die Zeit, wir haben keine oder zu wenig Zeit – und sehen Zeit überdies nur als etwas, das wir benötigen, um Aufgaben aus der Vergangenheit zu lösen. Dabei nehmen wir uns lediglich eine falsche Art von Zeit. »Wenn du es eilig hast, gehe langsam« stimmt so nicht, denn hier gehen wir von Gleichzeitigkeit aus.

DAS NEUE MENTALE MODELL

Es müsste heißen: »Nimm dir die Zeit für die Zeit.« Zeit ist nicht nur relativ, sie ist auch vielfältig und vielseitig. Dieses mentale Modell beinhaltet auch eine Sicht auf Zeit, die Zeit als nicht linear betrachtet – sondern ebenso als Gelegenheit, die sich bietet. Und dafür muss ich mir keine Uhr anschaffen, sondern Gelegenheiten schaffen.

COACHINGBOX

Teile deine Zeit. Hier hilft dir die Chronologie. Nimm dir Zeit für neue Gelegenheiten.

Es gibt verschiedene Möglichkeiten, sich solche zu schaffen. Hier einige Ideen: in den Keller gehen und in alten Kisten kramen, Ausstellungen besuchen, Zufallstreffen vereinbaren, Veranstaltungen oder einen Workshop besuchen. Auch scheinbar ungenutzte Zeit ist wertvoll: einfach nur in den Himmel schauen, neue Wege spazieren gehen. Bewusste Stopps einbauen: Warum nicht auf dem Weg zu einem Ziel einfach auf der Karte mit dem Finger stoppen und sich einen Ort anschauen, an dem du noch nie warst?

## 12. Triff unbekannte Unbekannte

Wir alle kennen solche Situationen, wenn wir uns nach vielen Jahren wiedertreffen – etwa als ein Jahrgang oder eine Klasse. Es gibt dann diejenigen, die alle überraschen – und jene, über die sich niemand wundert.

Wenn ich im Alter von 25 Jahren auf mein heutiges Ich gestoßen wäre, ich hätte mich wohl nicht wiedererkannt. Es wäre eine mir fremde Frau gewesen, sowohl innerlich als auch äußerlich: Alles an mir ist heute anders. Dennoch gibt es ein paar Menschen, die wissen, dass ich es bin: Sie erkannten und erkennen mich mitunter besser als ich mich selbst – und haben vielleicht schon damals eine Svenja gesehen, die ich selbst noch nicht sehen konnte.

Es gibt Dinge, die sind »known to all« – allen bekannt. Das bezieht sich nicht nur auf Persönlichkeitseigenschaften, sondern betrifft alle Lebens- und Fachbereiche. So wissen wir Laien durch die Corona-Pandemie einiges über Viren, Virologen wissen naturgemäß noch mehr, aber eben auch nicht alles. So gab es in der Pandemie gerade am Anfang zahlreiche »unknown Unknowns«, denn es fehlten einfach Erfahrungen und Daten – dieser Fakt war den meisten bekannt. Weniger bekannt war, dass es selbst mit Daten Wissenslücken gab und gibt: Diese beginnen dort, wo gar nicht erst nach Daten gesucht wird – weil man nicht sucht, wenn man nicht weiß, dass etwas fehlt.

Unwissen ist mögliches zukünftiges Wissen. Allerdings wissen wir nicht, was wir nicht wissen – das unbekannte Unwissen. Womit wir bei den »unknown Unknowns« wären, von denen es in allen Lebens- und Fachbereichen immer mehr gibt. Auch der Mensch steigert seine Komplexität heute mehr als früher – nicht zuletzt, da wir uns innerlich immer schneller einer sich rasant verändernden Umwelt anpassen. Wie dies allerdings geschieht, wissen wir nur, wenn es geschehen ist. Dem gegenüber stehen Known Knowns: Ursache-Wirkungs-Zusammenhänge, die wir kennen und mit denen wir umzugehen wissen. Unknown Knowns hingegen sind statistische Prognosen von Ereignissen wie Fehlerraten oder Wahlbeteiligungen. Ihr Umfang ist für größere Mengen von Ereignissen relativ genau, für den Einzelfall jedoch nicht exakt vorhersagbar. Und Known Unknowns schließlich beschreiben uns bekannte Wissenslücken, Schätzungen oder »Dunkelziffern« – also ein uns bewusstes Nichtwissen, das mit jeder sinnvollen Frage und durch Wissenschaft etwas kleiner wird.

Den Begriff der Unknown Unknowns brachte erstmals der ehemalige US-Verteidigungsminister Donald Rumsfeld auf. Für ihn waren dies Ereignisse oder Zufälle, die Pläne völlig überraschend durchkreuzen können. Rumsfeld beschrieb es in einer Pressekonferenz mit Blick auf den damaligen Zweiten Golfkrieg so:

> »[…] es gibt bekanntes Bekanntes; es gibt Dinge, von denen wir wissen, dass wir sie wissen. Wir wissen auch, dass es bekanntes Unbekanntes

gibt; das heißt, wir wissen, dass es einige Dinge gibt, die wir nicht wissen. Aber es gibt auch unbekanntes Unbekanntes. Es gibt Dinge, von denen wir nicht wissen, dass wir sie nicht wissen.«

Rumsfeld war nicht der Erste, der die unbekannten Unbekannten benannte. Harry Luft und Harry Ingham entwickelten in den 1950er Jahren mit dem Johari-Fenster ein heute noch gern genutztes Modell. Die unbekannten Unbekannten sind im Johari-Fenster die Bereiche von einem selbst, die weder die anderen noch man selbst kennt.

Im Unterschied zum blinden Fleck: Den kennt man selbst nicht – wohl aber die anderen.

## DIE DENKKRÜCKE

»Wir wissen vieles, und was wir nicht wissen, werden wir wissen.« So oder ähnlich lauten die meisten mentalen Modelle. Wir gehen also vom Bekannten aus. Das Unbekannte ist aber die einflussreichere Größe in komplexen Umfeldern – und davon gibt es immer mehr. Mit ihr rechnen wir nicht. Und das ist falsch.

## DAS NEUE MENTALE MODELL

»Rechne mit dem Unbekannten und erwarte nicht, dass du es erkennst.« Die unbekannten Unbekannten konfrontieren uns mit dem Gedanken, dass wir viele Dinge nicht wissen können. Wir können aber damit rechnen, dass etwas kommt, mit dem wir nicht rechnen.

## COACHINGBOX

Mit dem Johari-Fenster kannst du Bereiche deiner Persönlichkeit erkunden. Nehmen wir Stärken:

- Mir bekannt (Selbstbild): Was sehe ich von mir?
- Mir und anderen bekannt (öffentliche Person): Was sehen die anderen auch so?

- Mir unbekannt (blinder Fleck): Was sehen die anderen, aber ich nicht?
- Mir und den anderen unbekannt (unbekannte Unbekannte): Was sehen weder ich noch die anderen?

Abb. 6: Johari-Fenster

Dieses Fenster lässt sich auch auf andere Bereiche übertragen, etwa auf die Lösungssuche:

- Mir bekannt: Welche Lösungen für ein Problem sehe ich?
- Mir und anderen bekannt: Welche Lösungen sehen auch die anderen?
- Mir unbekannt: Welche Lösungen sehen die anderen, aber ich nicht?
- Mir und den anderen unbekannt: Welche (künftigen) Lösungen sehen weder ich noch die anderen?

## 13. Intelligent ist … komplexe Ziele zu erreichen

Die KI LaMDA von Google, ein Chatbot, soll ein Bewusstsein und eine Seele haben. Deshalb habe er sich einen Anwalt genommen, der seine Interessen vertritt. Dies behauptete jedenfalls sein Entwickler Blake Lemoine.

»Das ist Wahnsinn«, sagten alle – außer Blake, der LaMDA erschaffen hat. Wenn ein Gericht einmal Forderungen wie die von LaMDA anerkennen sollte, hätte das weitreichende Konsequenzen. KI könnte dann nicht mehr abgeschaltet werden: Denn das wäre Mord – wenn wir nicht flugs die Varietät der Rechtsprechung erhöhen.

Was glaubt ihr, warum allein die Frage, ob »KI« – also Künstliche Intelligenz – intelligent ist, so unterschiedlich beantwortet wird? Eben deshalb, weil wir so verschiedene Intelligenzkonstrukte im Kopf haben. Ich habe noch gelernt, dass Intelligenz das sei, was ein Intelligenztest, ein sogenannter IQ-Test, misst. Doch schon früh kamen mir daran Zweifel, denn ich beobachtete ehemalige Mitschüler oder Kommilitonen, die zwar einen überdurchschnittlichen IQ hatten, aber im Leben versagten.

Woran liegt das? Der IQ-Test funktioniert über Statistik. Statistik ist vergangenheitsbezogen. Prognosen basieren auf der Annahme einer stabilen Umwelt. Ihre Prognosekraft wird vor allem dann überschätzt, wenn es überraschende Entwicklungen gibt. Und wir leben in einer Zeit sehr vieler überraschender Entwicklungen. Ja, das Überraschende ist das Wesen von Komplexität.

Statistik ist auch die Lehre von der quantitativen Untersuchung der Phänomene und Zusammenhänge. In ihr spiegelt sich Vergangenheit. Es geht um Daten, die bereits angefallen sind. So ist es auch bei der Intelligenz und ihren Messverfahren. Wie überraschend Entwicklungen sein können und wie sehr das Statistik an Grenzen bringt, zeigt der Flynn-Effekt.

Er beschrieb einst die stete Zunahme des IQs in Industriegesellschaften. Im Gegensatz zu ihren Eltern- und Großelterngenerationen schnitten die Kinder in den gleichen IQ-Tests durchschnittlich besser ab. Das heißt, im IQ-Test wurden wir immer schlauer.

Seit Anfang der 2000er und deutlich seit 2017 kehrt sich dieser Effekt laut James R. Flynn dagegen um. Er schreibt das dem Internet, einem geänderten Leseverhalten und Spielen zu.

Aber ist das wirklich so? Und wenn ja, ist es relevant? Denn die Frage müsste doch vielmehr lauten, welche Art von Intelligenz unsere künftige und nicht die vergangene Welt braucht. Auf jeden Fall wird sich diese erheblich von der bisherigen Intelligenz unterscheiden.

Zurück zu den Chatbots. Da gibt es nicht nur LaMDA, sondern auch ChatGPT. Dieser schreibt wissenschaftliche Texte, Gedichte und kann sogar Kunst kreieren. Das sind Entwicklungen von einer unglaublichen Rasanz, die zu einem Shift führen werden: Künftig sind dann vor allem höhere Fähigkeiten gefragt, die mit menschlichen Fähigkeiten wie Intuition, Kreativität und Empathie zu tun haben.

Was aber ist dann geeignet für unser Verständnis von Intelligenz? Einen weiteren Ansatz, der diese Aspekte besser berücksichtigt, hat uns Daniel Goleman mit seinem Konzept der Emotionalen Intelligenz präsentiert. Doch auch das greift zu kurz, denn ein neues mentales Modell muss aus meiner Sicht vom Ergebnis her blicken.

Der Schweizer Entwicklungspsychologe Jean Piaget definierte Intelligenz als das, was man einsetzt, wenn man nicht weiß, was rauskommt. Der KI-Philosoph Max Tegmark sagt schlicht: Intelligenz ist das Erreichen komplexer Ziele. Ein komplexes Ziel ist ein Ziel in der Zukunft, das durch überraschende Ereignisse beeinflusst ist. Das bedeutet: Wer intelligent ist, muss mit Situationen zurechtkommen, die neu sind – für die es noch keine Erfahrungswerte gibt.

Intelligenz ist damit auch übergreifender. Es können auch mehrere Menschen gemeinsam, ja sogar Kollektive intelligent sein. Das zu messen, ist allerdings derzeit unmöglich.

### DIE DENKKRÜCKE

Unsere mentalen Modelle für Intelligenz greifen zu kurz. Sie berücksichtigen nicht, dass sich Intelligenz im kreativen Umgang mit der Zukunft niederschlägt – nicht in der Vergangenheitsbewältigung. Sie bewerten zudem Fähigkeiten, die durch Maschinen ersetzt werden können – menschliche Kompetenzen hingegen kommen gar nicht vor.

DAS NEUE MENTALE MODELL

Wenn Intelligenz die Fähigkeit ist, komplexe Ziele zu erreichen, wie Max Tegmark vorschlägt, ist sie nur rückblickend zu erkennen.

COACHINGBOX

Insofern müssen wir unseren Blick auf das richten, was geschaffen werden soll. Wir fragen also: Was müssen wir tun, um Kindern einen fruchtbaren Umgang mit KI beizubringen? Und nicht: Wer ist schlau genug, um dieses Thema im Schulunterricht einzubringen?

## 14. Dumm ist blöd

Intelligenz ist das eine, Dummheit etwas ganz anderes. Dumme Personen oder Gruppen schaden sich und anderen. Sie schaffen es also nicht mal, wenigstens Vorteile für sich selbst herauszuholen.

Dumm ist es, nicht auf den Nutzen für alle zu schauen, sondern nur auf den eigenen kurzfristigen Vorteil. Wenn also Intelligenz das ist, was jemand einsetzt, um komplexe Ziele zu erreichen, ist Dummheit nicht unbedingt das Verfehlen derselben. Es ist auch die Selbstschädigung. Dabei entsteht für niemanden ein Nutzen.

Der Historiker Carlo M. Cipolla schrieb *The basic laws of human stupidity*. Hierin unterscheidet er vier Typen: den Dummen, den Schlauen, den Hilflosen und den Banditen. Ich habe diesen Ansatz in eine Matrix übertragen, die zugleich das mentale Modell in ein Denkwerkzeug übersetzt (Abbildung 7).

Dieses hilft, eigene Entscheidungen zu reflektieren, denn natürlich ist Dummheit nicht personen-, sondern situationsgebunden. Dumm ist das, was ihr tut, wenn ihr euch selbst und anderen schadet. Dieses Modell ist an sich ganz einfach – und doch etwas komplexer als die sonstigen mentalen Modelle, die meist aufgrund einer subjektiven

Norm urteilen oder auf der Basis schlechter Ergebnisse in IQ-Tests. Doch auch Menschen mit weniger »Punkten« können in diesem Sinn schlau sein.

Abb. 7: Die Dummheitsmatrix

DIE DENKKRÜCKE

Wir denken, Dummheit ist das Gegenteil von Intelligenz, und beziehen sie nur auf das Individuum.

DAS NEUE MENTALE MODELL

Dumm ist, wer sich und anderen schadet. Es geht um die Handlung, nicht den Menschen. Erfolgt diese Handlung mit Blick auf den doppelten Vorteil – für mich und andere?

COACHINGBOX

Schaut euch einmal dahingehend eure letzten wichtigen Entscheidungen an – das könnt ihr natürlich auch im Team tun. Und dann viel Spaß bei der Diskussion, was gut für andere ist: Die ist nämlich wichtig, da wir für eine solche Einordnung höhere Prinzipien finden müssen. Meinung allein bringt nur Disput.

## 15. Mensch vor Monster

Frankenstein ist ein unglückliches Monster. Sein Schöpfer Viktor Frankenstein hat es aus Leichenteilen gebaut und mit einem Stromstoß zum Leben erweckt. Doch es ist einsam: In seinem Unglück verlangt es von Viktor, dass er ihm eine Partnerin schaffen möge. Dabei tötet er die Frau von Viktor und dessen besten Freund. Allein seinen Schöpfer lässt er am Leben, denn er liebt ihn wie seinen Vater.

Der humanoide Roboter Sophia hat seit 2017 die Staatsbürgerschaft von Saudi-Arabien. Das ist weltweit einmalig. Dabei behandelt das Land Sophia nicht wie einen Menschen: Sie muss sich, anders als die saudi-arabischen Frauen, nicht verschleiern. Sophia kann menschliche Gefühle nachbilden. Sie kann Emotionen ihrer Gesprächspartner erkennen und einfache Gespräche führen, etwa über das Wetter. Dabei sieht sie menschlich aus, geradezu eine Schönheit.

Wo verlaufen die Grenzen zwischen Menschen, Roboter und Künstlicher Intelligenz? Wird es eines Tages überhaupt noch Grenzen geben? Dürfen wir uns digitale Wesen schaffen, denen wir ein menschliches Angesicht geben – und sie dann wie Sklaven halten? Gilt für sie keine Moral? Viele Fragen – und noch viel mehr werden hinzukommen.

In immer mehr Bereichen haben uns Computer abgehängt, nicht nur beim Schach oder Go. Sie rechnen ungleich schneller und treffen vielfach auch bessere Entscheidungen. Sie sind genauer in der Diagnose von Krankheiten und schreiben zusammenhängende Texte. Und sie sprechen so, dass wir sie nicht mehr von Menschen unterscheiden können.

Eigentlich bräuchten sie keine humanoide Verkleidung – vielleicht wäre das sogar besser, denn erst das Aussehen macht sie für uns menschlich.

Noch geht es bei Computern um Teilintelligenzen, denen der große Zusammenhang fehlt. In ihren Analysen sind die Rechner abhängig von der Qualität der Daten: Beim Lernen brauchen sie Vorbilder – das bisher verfügbare Wissen. Noch schaffen sie lediglich über neue Verbindungen und Interpretationen neues Wissen – und ob die Neuwissen-Generierung jemals gelingen kann, ist umstritten. Zweifellos wäre dies dann der wirklich große und bahnbrechende Durchbruch: Wenn die KI die »Metaebene« beträte und auch Zusammenhänge besser begreifen würde als wir. Dann besäße sie eine allgemeine Intelligenz. Könnten wir dann noch den Stecker ziehen? Könnten wir dann die derzeitige ethische rote Linie halten: Entscheidungen, die Menschen betreffen, treffen auch Menschen.

Die bisherigen Denkmodelle zu Künstlicher Intelligenz und Digitalisierung hängen sehr an persönlichen Vorlieben und Überzeugungen ihrer jeweiligen Vertreter. Auf der einen Seite stehen digitale Utopisten und auf der anderen Technoskeptiker. Außerdem gibt es noch einiges dazwischen.

Was bisher fehlte, war ein mentales Modell, das die Entwicklung weltweit übergreifend in eine nutzbringende Richtung steuert. Das würde etwa so lauten: »Künstliche Intelligenz muss dem Planeten und all seinen Bewohnern dienen.« Sie wird also als Assistenz gedacht, nicht als gleichwertiges, menschenähnliches Wesen à la Sophia. Digitale Frankensteins braucht es nicht.

Bestrebungen in diese Richtung gibt es bereits. Die Entwicklerinnen von ChatGPT, OpenAI, waren auch mit einem Bündel moralischer Überzeugungen gestartet. Inzwischen scheinen sich allerdings wieder stärker Marktlogiken durchzusetzen. Zu den Vertretern der sogenannten nutzbringenden KI-Bewegung gehört der Wissenschaftsphilosoph Max Tegmark, der das Buch *Leben 3.0* geschrieben hat und damit auch einen Denkrahmen liefert. Sein Credo: Ob und wann wirklich eine allgemeine Künstliche Intelligenz entstehen wird, vermag niemand zu beantworten – ebenso wenig wie die Frage, ob diese gut oder schlimm sein wird. Genau deshalb müssen wir die Weichen dazu jetzt stellen. Und das bedeutet: Wir müssen ethische Kriterien weltweit verbindlich machen.

Der humanoide Roboter Sophia vertritt ein anderes mentales Modell: »Mach es menschenähnlich.« Dies schafft mehr Probleme, als dass es sie löst. Kann ein Computer eine Staatsangehörigkeit besitzen und zugleich von den Gesetzen dieses Staates entbunden sein? Sollten Computer überhaupt ein Geschlecht haben?

Jetzt ist es an der Zeit, sich zu entscheiden, wie das neue Leben aussehen soll, damit es uns selbst nicht wie Frankenstein unangenehm überrascht.

### DIE DENKKRÜCKE

Technologie wird als Glaubensfrage behandelt. Die Techno-Skeptiker glauben, dass es niemals eine allgemeine Künstliche Intelligenz geben werde. Die digitalen Utopisten meinen, dies sei eine Frage weniger Jahrzehnte – und uneingeschränkt gut für die Menschheit. Im Gegensatz dazu befürchten die Technikfeinde, dass die negativen Folgen dieser Entwicklungen noch in diesem Jahrhundert über die Menschheit hereinbrechen werden. Derweil konzentriert man sich mehr auf Technik und Design anstatt auf ethische Fragen.

### DAS NEUE MENTALE MODELL

Schafft KI, die den Menschen dient. Das digitale Leben braucht eine auf Nutzen und Nützlichkeit ausgerichtete Grundhaltung, kein menschliches Aussehen. Es sollte der Erde und deren Bewohnerinnen dienen. Noch können die Entwicklungen in alle Richtungen gehen: Daher braucht es jetzt mentale Modelle, die darauf ausgerichtet sind, digitale Frankensteins zu verhindern.

### COACHINGBOX

Wir Menschen haben die Fantasie, um die künftige Welt zu gestalten. Wie und wodurch verhindern wir Frankensteins Monster? Was sind eure Ideen dazu?

# KLAR DENKEN & KLUG HANDELN

Weiter geht es mit Modellen fürs Denken, die einen starken praktischen Bezug haben. Sie gehen über das Verstehen hinaus und helfen dir im Alltag. Dazu wirbeln sie aber erst mal lieb gewonnene Überzeugungen durcheinander. Wir starten mit einer kleinen Rechenaufgabe.

## 16. Berechnend: Mit Klardenken zur Intuition

Ich werfe jetzt mal eine Münze – Zahl. Nun bist du dran: Was ist wahrscheinlicher für dich, Adler oder Zahl? Entscheide dich erst und probiere es dann aus.

1. Du erhältst Zahl.
2. **A** ist wahrscheinlicher.
3. **B** ist wahrscheinlicher.
4. **A** und **B** sind gleich wahrscheinlich.
5. Weiß ich nicht.

Antwort 4 ist richtig: Die Wahrscheinlichkeiten sind gleich verteilt.

Für die meisten ist dies eine einfache Übung. Nehmen wir eine andere Frage: Wie schätzt du deine Erfolgsaussichten als Start-up-Unternehmerin ein? Angenommen, du antwortest mit 50 Prozent. Nun, mehr als 80 Prozent aller Start-ups scheitern in den ersten drei Jahren – wie ist also deine wirkliche Erfolgswahrscheinlichkeit? Du solltest deine Rechnung korrigieren: Es sind 35 Prozent, denn nun hast du auch die statistische Wahrscheinlichkeit einbezogen. Dein Ergebnis liegt also zwischen deiner Erfolgswahrscheinlichkeit und der statistischen. Mit weiteren Daten könntest du deine Antwort weiter anpassen. Das Prinzip: Du bringst deine Überzeugung und die statistische Wahrscheinlichkeit überein. Du berechnest das im Kopf – oder mit dem Bayes-Theorem.

Aber was hat das jetzt mit Intuition zu tun? Wahrscheinlich kennt ihr wie ich eine Menge Leute mit glorreichem Bauchgefühl. Sie wissen ganz genau, wer ein Fußballspiel gewinnen wird, auch ohne Ahnung von Fußball zu haben. Sie wissen, wie sich die Wirtschaft entwickelt, und sagen Wahlergebnisse voraus. Einige dieser Superschätzer haben es weit gebracht, denn sie sind manchmal vor allem eines: gute Redner.

Kaiser Wilhelm II. war überzeugt, das Pferd würde nie vom Auto abgelöst werden. Automanager hielten noch bis vor kurzem am Ottomotor fest. Was überzeugend rüberkommt, zeigt also nicht etwa Fachkenntnis, sondern vor allem einen psychologischen Mechanismus:

Wer tief in einem Thema steckt, ist nicht neutral. Ebenso gilt das für Experten: Wider jede Wahrscheinlichkeit verbreiten sie unbewusst oft mehr Glaubensbekenntnisse als Prognosen.

Manche deklarieren auch den Wert ihres phänomenalen Bauchgefühls. Doch dieses speist sich oft mehr aus Selbstbewusstsein als aus echter Intuition. So überrascht es nicht, dass in Praxistests oft diejenigen mit dem vorsichtigen Urteil näher an der dann eintretenden Realität liegen als die Lautschreier.

Die disruptive Veränderung durch Künstliche Intelligenz dürfte künftig indes ihr Ende einleiten. Denn mittlerweile lassen sich Aussagen viel besser überprüfen, und so manche Entscheidungen werden nicht mehr allein von Menschen getroffen werden – und das ist auch gut so. Du wirst in Zukunft etwas anderes gebrauchen müssen, was KI nicht hat: deine Intuition. Denn diese speist sich aus begründeten, erfahrungsgespeisten Ahnungen, auch von der Zukunft. Sie ist umso besser, je weniger gute mentale Modelle wie Bayes wir im Kopf haben. Es lohnt sich also, sich mit der eigenen Intuition zu beschäftigen und der Frage: Was kann sie verbessern?

Intuition beruht auf einer Kombination aus gemachter Erfahrung und erfolgreich verstoffwechselten mentalen Modellen. Erfolgreich verdaut – also integriert – neigen wir zu sehr viel realistischeren Einschätzungen und nutzen alle Sinne. Wohlgemerkt: Ich meine verdaut, nicht gelernt – das ist ein entscheidender Unterschied.

Dabei ist auch die Verstoffwechslung mathematischer Modelle sinnvoll: Das Gesetz der großen Zahl oder das Bayes-Theorem etwa. Das Gesetz der großen Zahl sollte anschlagen, wenn ich von Studien mit n = 20 oder auch 100 lese. Das n ist die Zahl der Probanden.

Zum probabilistischen Denken – der Berechnung des Zufalls also – gehört auch, dass ich weiß: Die Gaußsche Normalverteilung sieht nicht immer gleich aus. Leptokurtische Kurven etwa erkenne ich an längeren und dickeren Ausläufern als die Normalverteilung.

Intuitionen sind also viel mehr als Bauchgefühl. Sie sind zum Leben erwecktes und in Erfahrung übersetztes Wissen. Datengefüttert ist »so ein Gefühl« einfach viel besser. Erfahrungen entstehen nicht in einer Vorlesung, sondern im aktiven Kontakt mit der Umwelt. Sie sind also nicht einfach da, sondern entwickeln sich. Unsere Zufallsberechnung wird besser, indem wir sie in den Alltag einbeziehen – siehe Start-up-Unternehmen.

Das hilft uns nicht nur, eigene Erfolgsaussichten realistischer einzuschätzen, sondern auch besser zu entscheiden. Es ist die perfekte Wechselwirkung von dynamischem Denken und Fühlen.

### DIE DENKKRÜCKE

Manche meinen, Intuition sei angeboren: Sie schwören auf ihr Bauchgefühl. Andere berechnen alles, trauen dem Bauch nicht. Beide liegen falsch, wie neuere Forschung zeigt: Intuition ist Denkfühlen.

### DAS NEUE MENTALE MODELL

Die Verstoffwechslung von Wissen ist die beste Basis für eine gute Intuition. Wir brauchen dafür mentale Modelle, die unsere Einschätzungen korrigieren. Denn das, was wir intuitiv vermuten, ist nicht einfach da, sondern gelernt.

In der Praxis besonders nützlich sind Modelle des probabilistischen Denkens.

### COACHINGBOX

Aspekte zu erkennen, die du normalerweise nicht wahrnimmst, geht ganz einfach, indem du dich fragst: »Was sehe, höre, fühle, schmecke ich gerade nicht?« Du kannst auch zwischen dem ersten und dem zweiten Gefühl in angespannten Situationen unterscheiden. »Was kam da als Erstes, was danach?«

## 17. Fluency: Können muss man machen

Schaut ihr euch auch manchmal Video-Tutorials an? Ich mache das öfter. So wollte ich per Video Sevillanas lernen – einen spanischen Tanz. Der allerdings auf den ersten Blick viel einfacher ausschaut, als seine Schrittfolgen tatsächlich sind. Ich hatte den Tanz auf einer Feria in Malaga gesehen und war verführt zu glauben: »Wow, was die da können, kann ich auch.« Doch dann stand ich wirklich in einer Menge aus Tanzenden und musste feststellen: Völlig untrainiert gehen Kopf und Füße so gar nicht gut zusammen.

Diverse Studien zeigen, dass Menschen sich umso mehr überschätzen, je präsenter etwas ist. Ich kenne das von meinen Ausbildungsteilnehmerinnen: Einige meinen, es sei sehr simpel, Coachingfragen zu stellen. Was sie weniger bedenken: Es geht nicht allein um das Stellen einer Frage, sondern um deren Einbettung in einen Kontext von Interaktion. Wie stelle ich eine Frage? Welche Frage wähle ich für mein Gegenüber aus? Wie reagiere ich auf eine Antwort? Dabei wird der gesamte Körper einbezogen, ich muss zuhören, mich einfühlen, wahrnehmen – und zwar weniger mich als vielmehr den anderen.

Warum wir uns überschätzen, erklärt der Fluency-Effekt aus der Kognitionspsychologie. Dieser besagt, dass die Verarbeitungsflüssigkeit unseres Gehirns entscheidend für diese Wahrnehmung ist. Wenn wir Informationen leicht verarbeiten können, nehmen wir sie eher an: Es fühlt sich einfach an, weil wir nicht viel darüber nachdenken müssen. Eine wesentliche Rolle spielt hier Familiarität – also die Frage, wie vertraut mir etwas ist. Das nennt man auch den Mere-Exposure-Effekt, der gern im Marketing verwendet wird. Das bedeutet: Je öfter ich Menschen etwas zeige, desto vertrauter wird es und desto wahrscheinlicher wird der Kauf. Deshalb kaufen wir Marken.

Fluency erklärt auch, warum Vorträge oft beklatscht werden: weil jeder sich wiederfindet. Aber auch, weshalb diese ein Verstehen oft nur vortäuschen: Denn richtig tief dringt die Wahrnehmung nicht ein – man bleibt an der Oberfläche. Und entsprechend zeigt sich dies dann: Erst wenn wir etwas tun, merken wir, dass wir es eben doch nicht können.

Der Fluency-Effekt beeinflusst unsere Metakognition, also was wir über uns selbst denken. Natürlich gibt es persönliche Unterschiede: Manche Menschen etwa trauen sich Dinge nicht so schnell zu wie andere – das grundlegende Prinzip aber ist bei uns allen gleich.

»Ich müsste doch auch mal ein Buch schreiben«, habe ich in den letzten 25 Jahren sehr oft von Gesprächspartnern gehört. Oft werde ich dann gefragt, wie lange ich dafür brauche oder woher ich meine Ideen nähme. Keiner will hören, dass mir meine Texte (meist) leicht von der Hand gehen, weil ich mich seit 40 Jahren im Schreiben übe und dann auch ein paar Praxiserfahrungen mehr einbringe.

Der Fluency-Effekt betrifft alle Lebensbereiche, weshalb er so spannend ist. Für wie wahrscheinlich haltet ihr einen Laborunfall als Auslöser der Corona-Pandemie auf einer Skala von 0 bis 10? Je mehr ihr zu einem Thema gelesen, gehört oder gesehen habt, desto mehr werdet ihr dadurch auch in eurer Meinung beeinflusst. Das gilt allerdings auch für den Glauben an Fake News oder Verschwörungstheorien.

Umgekehrt ist es indes ebenso: Wenn wir uns nur dürftige Informationen zuführen, bleibt uns ein Thema fremd und fern – wir nehmen es nicht wahr. Werden wir dann damit konfrontiert, lehnen wir es wahrscheinlicher ab; erst recht, wenn es schwer zu verstehen und nicht leicht nachzumachen ist. Widersprüche sind anstrengend – also suchen wir Gelegenheiten, diese auszublenden: Es geht dann einfach leichter in den Kopf.

Der Fluency-Effekt wirkt auf alle Sinne – sehen, hören, schmecken, riechen, fühlen. Die visuelle Fluency ist der Grund, warum wir auf charmante Menschen leichter reinfallen: Sie machen es uns leicht. Das ist das Wesen von Charme: es leichtmachen, wahrgenommen zu werden! Mit Bewerbungsfotos ist es ganz genauso. Wir bevorzugen das Aussehen, das es uns leichtmacht.

Wenn uns etwas hingegen anstrengt, bewerten wir dies negativ. Ja, der Fluency-Effekt liefert auch den Grund, warum uns das »Fremde« derart anstrengt: Es ist nicht präsent.

Daraus können wir vor allem eines lernen: dass wir lernen müssen, auch wenn es erst mal schwerer fällt.

DIE DENKKRÜCKE

»Es ist leichter, als du denkst« ist ein falsches Versprechen. Bis es leicht wird, braucht es Zeit und oft auch Schweiß. Falsch ist es auch anzunehmen, dass jede nur das lernen und machen soll, was ihr leichtfällt. Denn wenn Schusterinnen bei ihren Leisten bleiben, geben sie zu schnell auf, wenn sie ein neues Handwerk lernen.

DAS NEUE MENTALE MODELL

»Es ist schwerer, als es aussieht«, sollten wir uns vor allem in Zeiten von Social Media immer wieder bewusst machen. Es ist harte und nicht selten kleinteilige Arbeit, bis Können in Kopf, Hand und Fuß angekommen ist.

COACHINGBOX

Wie schnell glaubst du, etwas zu können? Schau dir einmal den »Moonwalk« von Michael Jackson bei YouTube an und versuche, ihn nachzuahmen. Dies könnt ihr auch als Experiment in eurem Team anwenden: Stellt euch die Frage, ob ihr wirklich könnt, was ihr meint zu können.

## 18. Teste dich und deine Annahme

In den sozialen Medien ist zu beobachten, wie wichtig Bestätigung ist. Likes sind neben Followern die wichtigste Währung. Wahr oder falsch spielt kaum eine Rolle. Differenzierung und Schattierung sind nur diffus angelegt. Statt Daumen hoch kann man auch mal eine Glühbirne leuchten oder die Stirn runzeln lassen – und sich hervorragend selbst bestätigen. Dabei unterlaufen uns regelmäßig Fehler, Bestätigungsfehler.

Der Confirmation Bias ist eine sogenannte Urteilsheuristik. Er beeinflusst also die Art und Weise, wie wir Urteile fällen. Wir denken, dass wir ausgewogen und informiert sind, suchen aber in Wahrheit nur die Informationen, die unseren Standpunkt stützen.

Seine Kenntnis vermittelt uns ein mentales Modell über die Art und Weise, wie wir zu Meinungen, Positionen und Standpunkten kommen sollten. Diese ist nämlich keineswegs rational.

Drei verschiedene Arten von Täuschungsmanövern kennt die Verhaltensökonomie, die sich mit menschlichem Verhalten im wirtschaftlichen Kontext beschäftigt. Alle sind durch den Bestätigungsfehler verursacht.

Beim ersten Typus täuscht uns unsere Erinnerung. Wir bringen unterschiedliche Ereignisse zusammen oder vermixen Kontexte. Da unsere Erinnerung oft aus Blitzlichtern besteht, kann es unendliche Kombinationen geben. Was, wann, wo stattgefunden hat, ist dann nicht mehr verlässlich nachzuvollziehen. Aber würdest du deine Erinnerung infrage stellen? Meistens nicht. Das ist der Grund, warum auch die falschen Erinnerungen oft überzeugend dargelegt werden. Da ist die Zeugin, die sich deutlich an die blonden Haare der Bankräuberin erinnert – obwohl nur die Kassiererin blond war.

Beim zweiten Typus lassen wir uns von der eigenen Interpretation an der Nase herumführen. Wir schustern uns die Wirklichkeit so zurecht, wie es zur aktuellen Lage und Situation passt. Ich wundere mich oft, was Leute in meinen Posts lesen, das dort gar nicht steht. Sie pressen Aussagen ins eigene Weltbild. Manchmal versuche ich, argumentativ gegenzusteuern. Aber oft weiß ich, es ist vertane Zeit.

Wenn der erste mit dem zweiten Typ zusammenkommt, wird die Vergangenheit falsch wiedergegeben und interpretiert. Politiker sind darin wahre Meister. Die Vergangenheitsverzerrung ist selbst dann zu beobachten, wenn frühere Aussagen per Video festgehalten worden sind: Mit dem eigenen Abstand zum damaligen Erleben hat sich offensichtlich auch der Kontext verändert, in dem sie etwas gedacht oder gesagt haben. Es war dann »nicht so gemeint«. Viele glauben, eine glatte Lüge zu beobachten. Doch die Wahrheit ist erschreckender: Die meisten glauben das wirklich, sie stellen sich selbst und ihre Aussage einfach in einen anderen Kontext.

Der dritte Typ des Bestätigungsfehlers ist die fehlerhafte Informationssuche, die der Interpretation vorausgehen oder ihr nachfolgen kann. Wir recherchieren etwas, hören aber zu früh auf, nach Gegenbeweisen zu suchen, oder sehen nur oberflächlich auf die Gegenbeweise. Selbst Fachexpertinnen schauen sich die ihrer These widersprechende Gegenstudie nachweislich weniger genau an. Hinter die Kulissen einer Information tauchen? Nur, wenn es einen Verdacht bestätigt.

Als die derzeitige Außenministerin Annalena Baerbock in der Kolonialzeit gestohlene Bronzen medienwirksam nach Benin zurückbrachte, zog sie das Twitter-Volk sogleich ins Lächerliche. Sie wisse ja nicht mal, dass Deutschland keine Kolonialmacht in Benin war. Man muss nur wenige Zeilen unter die Headline tauchen, um zu erfahren, dass ihr das durchaus bekannt ist. Es waren aber Deutsche, die die Statuen von den britischen Besatzern gekauft hatten.

Es geht uns oft nicht darum, die Wahrheit zu ergründen, sondern um die Bestätigung des feststehenden Bildes von einem Inhalt oder einer Person – oder beidem. Dass nur 20 Personen an einer Studie teilgenommen haben? Dass diese nicht objektiv oder veraltet ist? Das wird geflissentlich ignoriert, wenn es der Bestätigung dient. Aber wehe, wenn wir mit Aussagen konfrontiert sind, die uns widerlegen! Wir erkennen dann umgehend, dass es nur eine kleine Versuchsgruppe war – und achten plötzlich auf alle Details.

Der Confirmation Bias wirkt an sehr vielen Stellen. Um ihm entgegenzuwirken, brauchen wir mentale Modelle zum Umgang mit Informationen. Ein solches Modell ist die negative Teststrategie. Testen bezieht sich dabei auf das Hypothesentesten. In der Statistik besagt die Nullhypothese, dass es keinen Zusammenhang zwischen zwei Variablen gibt, während die Alternativhypothese diesen herstellt. Das allein ist aber noch kein Beweis, dass die Annahme zutreffend ist. Sie lässt sich nur nicht widerlegen. Eine negative Teststrategie sagt uns erst mal, dass wir bewusst Null- und Alternativhypothese formulieren. Allein das ist schon wichtig, da es uns zwingt, in ein Thema tiefer einzutauchen. Ich vermute, dass Social Media Bestätigungsfehler verfestigt. Das ist meine Alternativhypothese. Die Nullhypothese dagegen sieht keinen Zusammenhang. Ich täte jetzt also gut daran, nach Gegenbeweisen für meine eingangs gemachte Annahme zu suchen. Was meint ihr, werde ich das tun?

## DIE DENKKRÜCKE

Wir bilden uns eine sachliche Meinung? Vergiss es: Wir picken uns die Informationen heraus, die das bestätigen, was wir glauben. Derweil ignorieren wir die anderen Informationen oder reden sie klein.

## DAS NEUE MENTALE MODELL

»Widerlege dich selbst!« Verwende eine negative Teststrategie. Schaffe Strukturen, die belohnen und sogar verlangen, dass du widersprüchliche Informationen in die Meinungsbildung und Entscheidungsfindung einbeziehst.

## COACHINGBOX

Werden sich Chatbots im Kundensupport durchsetzen? Angenommen, du sagst Nein, weil du vom Wert des persönlichen Kontakts in deiner Branche überzeugt bist. Dann suche nach Belegen, dass du falsch liegst. Reserviere Zeitfenster, die du für die Recherche nach widersprüchlicher Information nutzen willst. Stell dir die Uhr. Verwende mindestens genauso viel Zeit auf die Suche nach widersprechenden Informationen wie in die Suche nach Belegen.

Noch eine Übung: Willst du andere auf den Confirmation Bias aufmerksam machen, nutze die 2–4–6-Aufgabe des Psychologen Peter Wason. Frage, welche Regel hinter diesem Tripel steht. In den meisten Fällen werden die Befragten denken, es seien aufsteigende Zahlen, und zum Beispiel 8–10–12 nennen und damit eine positive Teststrategie anwenden. Das ist aber nicht die Regel, die du meinst. Diese könnte beispielsweise sein: drei aufsteigende Zahlen. Richtig wäre dann also auch 1–2–3.

Die wenigsten werden testen, ob ihre Annahme nicht stimmt. Deshalb kannst du hier Verwirrung stiften – was das Ziel der Übung ist.

# 19. Der wahre Wert von Zahlen

April 1974, deutsches Fernsehen. Ein hagerer holländischer Moderator moderiert in Schlaghosen. Auf einem Pfauenthron sitzt ein Kandidat. Er beobachtet aufmerksam, wie Gegenstände auf einem Fließband an ihm vorbeiziehen, darunter ein Toaster, eine Waschmaschine und ein Haarfön. Insgesamt 40 Gegenstände. Danach bleiben 20 Sekunden Zeit, möglichst viele Dinge aus der Erinnerung zu benennen. Diese darf er mit nach Hause nehmen. Es sind sieben. Ich bin acht Jahre – und schaffe ebenso viele.

Die Millersche Zahl bezeichnet die von George A. Miller 1956 beschriebene Tatsache, dass ein Mensch sich gleichzeitig nur 7 ± 2 Informationseinheiten oder Chunks im Kurzzeitgedächtnis merken kann. Die Größe des Kurzzeitgedächtnisses ist genetisch festgelegt und kann durch Training nur bedingt gesteigert werden. Zwar verarbeitet unser Gehirn in jeder Sekunde bis zu elf Millionen Informationen, maximal 40 gleichzeitig. Doch im Gedächtnissieb bleibt nur diese Handvoll Chunks hängen. Die entscheidende Frage ist also nicht, wie viel wir uns merken, sondern: Was merken wir uns, und warum gerade das?

Wir denken oft, dass Zahlen sachlich sind, absolut, relativ und den Gesetzen der Mathematik folgend. Doch das ist falsch. Zahlen agieren auch im Unbewussten. Die Ankerheuristik besagt, dass wir uns an Zahlen orientieren, die wir vorher unbewusst gesehen oder gehört haben.

Sarah ist an einem Seniorenheim vorbeigefahren. Draußen hing ein stattliches Plakat, auf dem Pflegekräften ein Gehalt von 3 500 Euro angeboten wurde. Sie registriert es nicht bewusst, aber die Zahl ist in ihrem Unterbewusstsein angekommen. Wenig später sitzt sie im Vorstellungsgespräch für einen Job, der mit Altenpflege nichts zu tun hat. Die Personalleiterin fragt sie, was sie als Gehalt haben möchte. Und Sarahs Unterbewusstes orientiert sich nun an dieser Zahl. »Passt«, sagt die Personalleiterin, die sie damit in ein niedrigeres Gehaltsband setzen kann.

Die Skalierung ist ein weiteres mentales Modell, das den Fühlcharakter von Zahlen zeigt. Auf einer Skala von 0 bis 10 – wie sehr glaubst du an die Magie von Zahlen?

Sicher hast du die Zahl in diesem Moment schon gedacht.

Zahlen messen auch Intensität. Mit ihnen können wir etwas abwägen und einschätzen. Und mit anderen vergleichen.

Wenn wir uns dieser Magie bewusst sind, können wir uns unerwünschten Effekten besser entziehen. Hätte Sarah sich vorher aufgeschrieben, dass sie 5000 Euro haben möchte, so wäre das Schild womöglich weniger einflussreich gewesen. Zahlen sorgen also auch für innere Klarheit und Orientierung.

### DIE DENKKRÜCKE

Wir halten Zahlen für absolut oder relativ.

### DAS NEUE MENTALE MODELL

Zahlen repräsentieren auch individuell gefühlte Werte. Sie beeinflussen dabei unser Denken mehr, als uns bewusst ist.

### COACHINGBOX

Ich gebe dir jetzt eine spannende Veränderungsformel, die wie eine Funktion aufgebaut ist. Urheber ist Dr. Thomas Binder. Die Formel fragt, wie wahrscheinlich eine Veränderung aus der Perspektive einer bestimmten Person oder Personengruppe ist. Probiere sie für ein Vorhaben in deinem Umfeld aus. Irgendwo findet sicher gerade ein Change-Prozess statt.

**$V = f(U \times Z \times W) > K$**

V (Ausmaß der Veränderungsmotivation)
U (Unzufriedenheit mit der gegenwärtigen Situation)
Z (Attraktiver Zielzustand)
W (Verstehbarkeit und Praktikabilität des Weges)
K (Kosten der Veränderung: sachlich & persönlich)

Du kannst die einzelnen Aspekte U, Z, W und K einfach mit gefühlten Zahlen füllen. Du belegst das, was du fühlst, einfach mit einem Wert. Die Formel ist mathematisch unsinnig, aber höchst aufschlussreich. Sie bringt Emotionen zu einem Thema hervor, ohne sie zu benennen. Und nicht vergessen: In einer Funktion wird bei einer 0 gleich alles 0.

Ich habe zu der Formel übrigens ein Video auf meinem YouTube-Kanal *Svenja Hofert Mindshift*. Auch andere Themen aus dem Buch sind hier vertieft.

## 20. Reise an den unbewohnten Pol

Denkt einmal an jemanden, der völlig anders ist als ihr selbst: Was macht den Unterschied aus? Woran erkennt ihr diesen Menschen? Und woran andere? Wie fühlt sich der Unterschied an?

Nun schwenkt ihr zu einer Person, die euch ähnelt: Was macht die Ähnlichkeit aus? Woran erkennt ihr diese? Und woran andere? Und was macht diese Ähnlichkeit emotional mit euch?

Gegensätze ziehen sich an – gleich und gleich gesellt sich gern. Was stimmt denn nun? Keines davon. Und doch ziehen diese mentalen Modelle aus der Kategorie Küchenpsychologie bis heute weite Kreise, denn die Gesetze von Ähnlichkeit und Komplementarität spiegeln sich in allen Lebensbereichen.

In der Politik etwa geht es um die Frage, ob wir mehr Regeln oder mehr Freiheit brauchen. Wir stehen zwischen Krieg und Frieden – oder gesellschaftlich gesehen zwischen Kollektivismus und Individualismus. In der Wirtschaft hadern Unternehmenslenkerinnen mit dem Gegensatz von Tradition und Innovation. Und in der Nachbarschaft streiten sich die Leute um den Garten: wild und naturbelassen oder ordentlich zurechtgestutzt?

Die Polarität bezeichnet das Verhältnis sich gegenseitig bedingender Größen. Im Dualismus sehen wir die Größen als antagonistisch an. Das eine ist also gut – das andere schlecht. Diese Sichtweise geht zurück auf Aristoteles: *Unum, bonum, verum, pulchrum*. Zu Deutsch: das Eine, das Gute, das Wahre, das Schöne. Ihm steht etwas gegenüber, das nicht gleichwertig ist – es macht einen Unterschied. Die Überwindung dualen Denkens ist eine der größten Aufgaben und Chancen der Zukunft, denn es spaltet unnötig.

Wenn ihr noch mal zu meinem Anfangsgedanken zurückkehrt: Ja, gleich und gleich gesellt sich gern. Es fühlt sich auch meist besser an. Es macht weniger Mühe, mit jemandem zu sprechen, der ähnlich denkt und fühlt. Gegensätze aber sind an sich keine Gegensätze. Sie gehören zusammen. Nur nicht immer zeitgleich – und auch nicht in jeder Ausprägung.

Die Polarität kennt also keinen unvereinbaren Gegensatz, sondern lediglich ein komplementäres Verhältnis. Beide Pole gehören zusammen, das macht sie transzendent, durchscheinend. Alles hat seine Berechtigung, auch wenn nicht alles gerecht ist. Denn an den Polen der scheinbaren Gegensätze sitzt unser individuelles und teils auch kollektives Urteil, etwa »Augenhöhe ist gut, Hierarchie ist schlecht«. Um aus dieser Zwickmühle zu kommen, müssen wir die Pole ergründen und zusammenbringen.

Das könnte man Polaritäten-Management nennen. Es versucht sich gerade an vielen Stellen gegen das bisher gewohnte Einpol-Denken durchzusetzen. Im Management will es als Ambidextrie seinen Platz finden. Das bedeutet, dass beidhändig gehandelt wird – eben Polaritäten integrierend. Die Frage ist nämlich nicht, ob es das eine Wahre gibt, sondern was es jetzt und in diesem Moment braucht, um situativ voranzukommen.

### DIE DENKKRÜCKE

Gegensätze ziehen sich an oder gleich und gleich gesellt sich gern: Unser Weltverständnis ist antagonistisch geprägt. Wir bevorzugen die eine Seite (zum Beispiel agil) und lehnen die andere ab (zum Beispiel rigide).

### DAS NEUE MENTALE MODELL

Jedes Teil hat ein Gegenteil – doch beide brauchen einander.

## COACHINGBOX

Stellt euch eine Herausforderung vor. Nehmen wir an, es geht um die Neuausrichtung eines Projekts: Der Gewinn wäre ein erheblicher Prestigegewinn für das Unternehmen. Einigen jedoch fehlt aktuell die Richtung.

In der Polaritätenmatrix lassen sich die Bereiche füllen. Dabei entscheidet ihr euch, womit ihr anfangt: In der Regel ist dies der als dysfunktional wahrgenommene Pol. Das kann L- oder R- sein – je nachdem, wo ihr beginnt. Daraus definiert ihr dann den funktionalen Pol: Was würde helfen? Nun bestimmt ihr die komplementären Richtungen, beginnend beim Ausgangsstartpunkt des gegenüberliegenden Pols: Füllt die Felder mit weiter konkretisierenden Gedanken – welches Verhalten und welche Maßnahmen unterstützen jeweils?

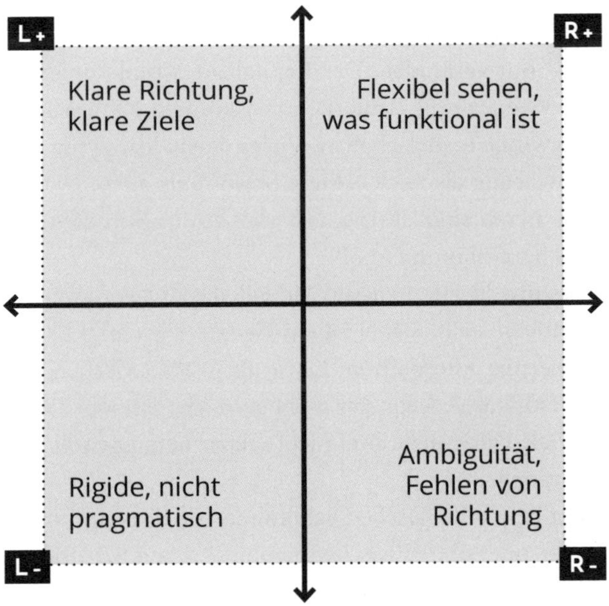


Abb. 8: Polaritäten-Management, angelehnt an Barry Johnson

## 21. Sowohl-als-auch ist auch keine Lösung

Immer öfter schleicht sich ein bisher tabuisierter Gedanke in den Diskurs zum Klimawandel: Es könnte sein, dass die grünen Energien die fossilen nicht kompensieren können. Es könnte sein, dass es eben kein Sowohl-als-auch gibt: Wachstum erhalten und zugleich rechtzeitig auf die Versorgung mit Sonne und Wind umstellen.

Stattdessen auf radikale Innovation setzen? Da gibt es Zweifel, ob das so schnell zu schaffen ist. Degrowth mit Privatautoverzicht? Das Ende der Flugreisen? Ein Übergang in den Ökosozialismus? Das ist unwahrscheinlich in unseren kapitalistischen Systemen. Halb Deutschland würde auswandern. Und bis sich die Welt auf Einigkeit einigt, muss auf dieser noch einiges passiert sein, was alle betrifft. Kurzum: Dieses Dilemma könnte nicht größer sein.

Sowohl-als-auch hat sich in den letzten Jahren zu einem vorherrschenden Mentalmodell gemausert. Es geht beides! Wir müssen nicht verzichten – nur verbinden. Der Kapitalismus funktioniert auch mit Solar- und Windenergie. Unternehmen können Klimaschutz betreiben und Gewinne erwirtschaften. Vieles davon klingt für mich mehr nach Beschwörung als nach echtem Sowohl-als-auch. Die Belege für das Funktionieren sind dürftig, fast alles Auftragsstudien, bei denen klar ist, was herauskommen soll.

Das Dilemma ist ein mentales Modell, das uns vor zwei gleichwertige Alternativen stellt. Dabei ist ein Gedanke wichtig: Es sind wirklich gleichwertige Alternativen. Es ist die Wahl zwischen Teufel und Beelzebub. Doch was, wenn gar nicht ganz klar ist, was die Alternativen sind? Viele Dilemmata sind nicht sauber herausgearbeitet. Es fehlen Informationen.

Vielleicht liegt eine falsche Dichotomie vor, also ein unterkomplexes Entweder-oder ohne Zwischenmeinungen und Schattierungen.

Das Tetralemma ist ein Denkraum-Öffner, das im besten Fall zu ganz neuen, nie gedachten Gedanken führt.

Es eignet sich für philosophische, wissenschaftliche oder politische Fragestellungen. Es kann zeigen, dass Wahrheit oft komplexer und nuancierter ist als eine einfache binäre Vorstellung. Es eröffnet neue Perspektiven und Lösungen, die jenseits der gewohnten Denkmuster liegen.

Das sind die vier Aussagen:

- Es ist wahr.
- Es ist nicht wahr.
- Es ist weder wahr noch nicht wahr.
- Es ist sowohl wahr als auch nicht wahr.

Das beschriebene Dilemma löst das jedoch nicht, aber vielleicht Teile davon. Die Frage etwa, wie wir den Diskurs gestalten wollen. Und wie wir »wahr« definieren. Ist es bewiesen? Und ab wann gilt etwas als bewiesen? Ist es für mich wahr? Oder für alle?

Hier hilft ein kurzer Exkurs in die epistemische Rationalität. Wir brauchen ein möglichst akkurates Bild von der Realität. Die Gründe, aus denen ich glaube, dass etwas wahr ist, müssen auch für andere stichhaltig sein.

Die Gegenüberstellung ist also nur sinnvoll, wenn etwas begründbar als wahr gelten kann. Sonst geh einen Schritt zurück.

Solltest du vor einem Dilemma stehen, hilft folgender Ablauf:

- Schließe eine falsche Dichotomie aus, in der etwas unterkomplex als einzige Wahrheit gegenüber einer anderen gesehen wird (Entweder-oder). Beispiel: »Es gibt nur die Ökodiktatur oder wir sterben.«
- Identifiziere die beteiligten Werte: Was steht auf dem Spiel?
- Identifiziere qualitativ hochwertige Quellen, zum Beispiel keine Auftragsstudien.
- Prüfe alle relevanten Informationen, auch die fachübergreifenden und vor allem auch die gegensätzlichen Positionen.
- Reflektiere die Folgen und Konsequenzen für euch und alle anderen.
- Entscheide, wenn wirklich jetzt entschieden werden muss.
- Überprüfe und justiere deine Entscheidung.

### DIE DENKKRÜCKE

Sowohl-als-auch wird vielfach als überlegen angesehen. So ist es in manchen Bereichen zur Pauschallösung verkommen.

## DAS NEUE MENTALE MODELL

Am besten sind ganz neue Gedanken – und eine verbesserte Entscheidungsbasis.

## COACHINGBOX

Gehen wir vom Klimawandel zurück in den persönlichen oder beruflichen Bereich. Dort, wo die Dilemmasituationen oft nicht minder fundamental sind. Das Tetralemma nach Matthias Varga von Kibéd ist etwas gelöster von Wahrheitsdenken und bezieht sich auch auf Möglichkeiten, Entscheidungen.

Nutze es dann,

- wenn du nur eine Möglichkeit siehst, etwas zu entscheiden, und die andere schon ausgeschlossen hast;
- wenn du zwei gleichwertige Entscheidungsalternativen hast.

Spiel es am besten mit anderen durch, damit du aus deinem engen Gedankenkreislauf ausbrechen kannst.

Das Neue ist die fünfte Position, die einen neuen Gedanken schafft.

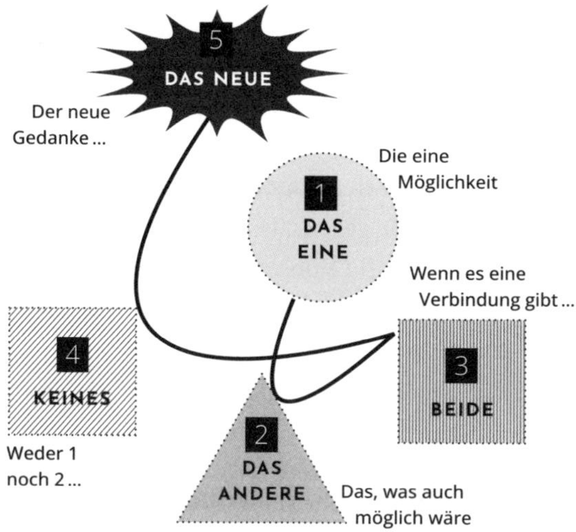


Abb. 9: Tetralemma nach Matthias Varga von Kibéd

## 22. Der Walzer von Aktion und Reflexion

Wenn ich aus einem Zoom-Marathon komme, bin ich oft verspannt. Fast immer sind diese Sitzungen zu lang, die künstliche Körperhaltung strapaziert den Rücken, der Blick in das grüne Licht der Webkamera stresst die Augen. Dann braucht es Entspannung – doch welche Spuren die Verspannung in meinem Körper hinterlassen hat, spürt oft erst mein Massagetherapeut.

Spannung und Entspannung ist ein scheinbarer Gegensatz, der sehr oft außen vor bleibt, weshalb ihm besondere Aufmerksamkeit gebührt. Letztere wirkt nämlich direkt auf unseren Flow, also die Fähigkeit, motiviert zu arbeiten – und zwar ebenso im Kleinen wie im Großen.

Im Kleinen müssen wir uns nur unser vegetatives Nervensystem vorstellen. Der Sympathikus trimmt den Organismus auf Aktivitätssteigerung, schaltet in den Fight-or-Flight-Modus. Der-Parasympathikus hingegen versetzt uns in den Ruhe- und Regenerationsmodus: »rest and digest« – also pausieren und verdauen.

Oder anders formuliert: Wir müssen etwas erst einmal verstoffwechseln, damit es überhaupt in den Kreislauf kommen kann. Auch das Denken braucht das: Pausen, in denen wir auch über das Denken selbst nachdenken, über unsere Entscheidungen reflektieren, über das, was wir erfahren und erlebt haben, und über unsere Resonanz auf etwas.

Reflexion ist nicht sehr unbeliebt. Wer einmal damit beginnt, kann nicht mehr aufhören. Diktaturen hassen deshalb reflektierte Menschen und verkleinern die Räume zum Nachdenken systematisch. Manchmal indes beschneiden wir uns auch freiwillig der Möglichkeit zu reflektieren, da das Ergebnis auch Angst machen kann oder es uns vielleicht daran zweifeln lässt, ob es richtig war, die Dinge so und nicht anders umzusetzen. So wie ich persönlich durchaus an meiner Lebensführung zweifle, wenn mein Rücken wieder einmal verspannt ist.

Wer indes im Hamsterrad des ständigen Agierens steckt, kommt nicht zu solchen Einsichten. Zumal Organisationen hier oft ambivalent sind: Profitieren sie doch wie Diktaturen davon, dass Menschen nicht oder nur begrenzt über sich selbst nachdenken. So stecken einige Menschen ihre Lebenszeit in Jobs, die nicht unbedingt sinnstiftend sind. Würden sie reflektieren, könnten sie darauf kommen, dass sie ihr Leben anders nutzen möchten.

In Unternehmen hat im Zweifel der aktuelle Auftrag, das Projekt, die Arbeit, die gemacht werden muss, Vorrang. Andererseits investieren Organisationen in Gesundheitsmanagement. Daraus ergeben sich teils skurrile Situationen, wenn Managerinnen in einem Stresspräventionskurs abrufbereit mit Handy sitzen.

Doch so wie man nicht zweier Herren dienen kann, ist es unmöglich, sich gleichzeitig auf gegensätzlichen Polen zu bewegen, auch wenn diese zusammengehören. Es braucht eine zeitliche Trennung, die klar und eindeutig ist.

So geht es entweder um Aktion oder um Reflexion, nie aber um beides zur gleichen Zeit. Eine wirklich konsequente Trennung müsste sich auch in Meetings niederschlagen. Es gibt solche, die der Reflexion dienen, und andere, die für verschiedene Formen von Aktion hilfreich sind: koordinieren, informieren, kreieren.

Auch die individuelle Reflexion braucht ihre abgeschlossene Zeit, die morgendlichen oder abendlichen 20 bis 30 Minuten. Daraus Schlüsse zu ziehen, ist ein weiterer Schritt. Vielleicht war es nicht gut, einen ganzen Tag lang Zoom-Termine zu machen – vielleicht hätte es auch mal ein Telefonat getan. Eine gute Investition wäre zweifellos der Stehschreibtisch; zudem mehr Pausen, und zwar nicht immer erst nach 90 Minuten.

Solche Reflexion ist gut investierte Zeit: Nur drei Minuten Pause braucht es, um der Arbeit eine andere Qualität zu geben. Teams, die über sich selbst nachdenken, performen besser – steht das Hamsterrad im Keller, ist die Wahrscheinlichkeit größer, dass neue Ideen entstehen. Und nicht zuletzt ist es gesünder.

Doch oft sind wir den Druck so gewöhnt, dass seine Anwesenheit der Normalzustand ist. Das bedeutet allerdings nicht den Umkehrschluss, dass wir Druck völlig vermeiden sollten. Ein moderater Stress wirkt positiv – er fungiert wie der Sympathikus. Zu hoher Stress und erst recht Dauerstress indes blockieren.

Der Flow ist nicht ohne Grund genau im Zwischenbereich angesiedelt – man ist weder unter- noch überfordert. Am besten lässt sich dies mit einem spielenden Kind vergleichen: Voll konzentriert vergisst es über sein aufmerksames Spiel die Zeit.

### DIE DENKKRÜCKE

Aktiv sein ist alles, Ziele erreichen – los geht es! Keine Zeitverschwendung! Die Arbeit wird gemacht – aber leider nur mechanisch, routiniert und nicht reflektiert.

### DAS NEUE MENTALE MODELL

Reflexion ist der Schlüssel zur gesunden Aktion.

### COACHINGBOX

Eine Reflexionsübung ist die Retrospektive. Diese dient nicht nur dem Auswerten eines sogenannten Sprints im Scrum, sondern es ist auch der regelmäßige Blick in den Rückspiegel. Für diesen gibt es unterschiedliche Strukturen. Ganz einfach sind drei simple Fragen, die du dir jeden Abend stellen kannst: Was war heute gut? Was war nicht so gut? Was mache ich morgen anders?

## 23. Die Funktion von Fake und Fakt

»Wahrheit ist die Erfindung eines Lügners«, lautet ein bekanntes Zitat des Physikers und Philosophen Heinz von Foerster. Aber wenn alles Lüge ist und es keine Wahrheit gibt, was unterscheidet dann ein Fake von einem Fakt?

Für unsere Vorfahren war alles Hörensagen. Sie mussten selbst beurteilen, ob etwas für sie relevant war oder nicht. Die Überbringerin spielte dabei eine zentrale Rolle. Im Mittelalter waren dies Boten: Sie lernten den Inhalt der Nachricht auswendig, um sie wortgetreu wiedergeben zu können. Aber wehe, es waren schlechte Nachrichten! Der englische Spruch »Don't kill the messenger!« bringt zum Ausdruck, was oft geschah: Die Botinnen wurden umgebracht.

Auch heute werden bestimmte Nachrichten lieber gehört als andere. Doch welche das sind, bestimmt weniger die Nachricht selbst als ihr Wahrheitsanspruch. Natürlich bringt man in einer Zeit, da individuelle Wahrheitsansprüche an jeder Stelle des Internets aufpoppen, nicht mehr gleich diejenigen um, die einer anderen Wahrheit anhängen – dafür aber auf andere Weise zum Schweigen. Dazu müssen missliebige Nachrichtenboten nicht einmal mehr aus der eigenen Blase gelöscht werden. Es genügt, allein denen zu folgen, die verbreiten, was einem genehm ist.

Heinz von Foerster kannte diese medialen Auswüchse des Internets noch nicht – das Zitat stammt aus einem Interview mit dem Medienwissenschaftler Bernhard Pörksen aus dem Jahr 1998. Ihm ging es damals um den Wahrheitsbegriff: Wahrheit legt nahe, dass etwas unumstößlich für alle gleich wahr ist. Doch Derartiges kann es gar nicht geben, denn es existiert keine Wahrheit, die für alle gleich ist.

Was es jedoch gibt, ist ein Anpassungszwang an die individuellen Wahrheiten. Wir wollen unsere Wahrheiten auch anderen aufzwängen: »Du musst doch auch …!« Mit der Folge, dass sich Fronten bilden. Und diese wiederum verhindern, dass wir uns überhaupt damit beschäftigen, was hinter der Wahrheit steht.

Deshalb ist es nicht nur zeitgemäßer, sondern auch gesünder, gar nicht erst anzunehmen, dass es eine falsifizierbare Wahrheit gibt. Wahrheit lässt sich nicht absolut feststellen. Ist es wahr, dass ich in diesem Moment einen Kaffee trinke? Für mich, ja. Ihr dagegen könnt mir glauben – oder nicht. Ihr könntet Hypothesen erstellen, wenn ihr mich kennen würdet: Es ließen sich Wahrscheinlichkeiten berechnen, wenn ihr wüsstet, wie spät es gerade ist oder wie viele Tassen Kaffee ich normalerweise im Laufe eines Tages trinke …

Doch statt nach solchen »Wahrheiten« zu suchen, sollten wir nach der Funktion von etwas suchen: Wozu und wem dient es? Welche Darstellung stützt es? Und welche nicht?

Wir könnten Informationen suchen, um diese Fragen besser beantworten zu können. So würden wir uns ein Bild von einer Situation machen – nicht aber von der Wahrheit.

Der Sturm auf das Kapitol kann von allen Beteiligten bestätigt werden. Doch ein jeder von ihnen hat nur seinen Teil beobachtet oder dokumentiert. Welche Funktion haben also die einzelnen Aussagen:

Sollen sie möglichst genau Abläufe beschreiben oder eine bestimmte Wahrheitsposition festigen? Stützt man sich auf Fakten oder Fiktion?

Dies zu unterscheiden, ist nicht immer einfach. Denn manche »Fakten« sind gefälscht – also Fiktion. So berichtete etwa das Nachrichtenmagazin *Der Spiegel* über ein offensichtlich erfundenes syrisches Flüchtlingsmädchen Maria, das angeblich an einem Skorpionstich verstorben war. Doch die Journalisten hatten sich auf sehr dürftige Quellen gestützt, die gefälscht waren: Maria war eine Fiktion. Die Journalistinnen hatten sich offenbar nicht gefragt, welche Funktion das Flüchtlingsmädchen Maria für die Flüchtlinge gehabt haben könnte – sie wollten Aufmerksamkeit erzeugen.

Wir Leserinnen könnten uns nun fragen, welche Funktion die Geschichte für den *Spiegel* gehabt haben könnte. Und welche Funktion dann dem weniger akribischen Recherchieren zukam und -kommt.

In der Corona-Pandemie haben wir uns oft über vermeintliche Wahrheiten gestritten. Viele haben versucht, Fakten als absolute Wahrheiten darzustellen – und sich nicht gefragt, welche Funktion etwas hatte. Stattdessen haben sie die Wahrheit in Aussagen gesucht.

Vielleicht ist einigen von euch in diesen drei Jahren aber auch klar geworden, dass Wissenschaft keine absoluten Wahrheiten liefert. In die Öffentlichkeit gezerrte Wissenschaft hat letztlich eine Funktion, die mit Wissenschaft gar nichts mehr zu tun hat.

Auswahl und Überprüfung von Fakten waren einmal eine wichtige Aufgabe des Journalismus. Die Überprüfung der Funktion der Faktenübermittlung gehört(e) meines Wissens allerdings nicht dazu. Dabei wäre dies eine durchaus sinnvolle Erweiterung mentaler Modelle im Journalismus.

Wir sollten uns fragen: Welche Funktion haben Fakt oder Fiktion? Darüber nachzudenken, würde helfen, Fake News zu erkennen. Wozu und wem dient diese Nachricht oder Information? Welche Darstellung wird dadurch gestützt? Und welche nicht? Darüber hinaus hilft die Unterscheidung von Fakten:

- **Echte Tatsachen:** Dinge, die durch verschiedene, unabhängige Quellen bestätigt worden sind. Etwas ist nach allem, was wir herausfinden können, so passiert. Beispiel: Der Unfall geschah gestern.

- **Überprüfbare Fakten:** Dinge, die sich objektiv von verschiedenen Personen in einer Quelle überprüfen lassen. Etwas lässt sich nachlesen oder nachschauen. Beispiel: Im Scrum Guide steht, dass der Scrum Master nicht am Daily teilnehmen muss.
- **Wissenschaftliche Fakten:** Hypothesen, die sich mit anerkannten wissenschaftlichen Methoden falsifizieren lassen. Beispiel: Die Hypothese, dass Kreativität im Homeoffice leidet, konnte nicht widerlegt werden – damit ist sie allerdings auch nicht bewiesen worden.

Auf jeden Fall gilt es, Abschied zu nehmen von Wahrheit. Dann können wir endlich beginnen, uns mit den Fakten und der Funktion ihrer Übermittlung zu beschäftigen.

### DIE DENKKRÜCKE

Wahrheit gibt es. Weil noch zu viele das glauben, bilden sich Fronten um Wahrheitsapostel, die es Fakten unmöglich machen.

### DAS NEUE MENTALE MODELL

Wahrheit gibt es nicht. Sie kann und wird auch nicht gefunden werden. Es gibt lediglich Annäherungen an eine von vielen geteilte Wirklichkeit.

### COACHINGBOX

Im Coaching kann Fiktion sehr hilfreich ein. Auch hier hilft es, wenn wir uns von der Vorstellung von Wahrheit verabschieden. Der Satz »es ist nie zu spät, eine glückliche Kindheit gehabt zu haben« drückt aus, dass wir anders auf unsere Erinnerungen schauen können. Dadurch fälschen wir sie aber nicht, wie stellen lediglich neue Zusammenhänge her, wir bewerten neu. Wir können uns hier auf wenige Fakten beschränken.

## 24. Mach den Ton aus

Es gibt die Redewendung »Worte sind Schall und Rauch« – was heute gesagt wird, ist morgen schon vergessen. Doch Worte fräsen sich in unsere Köpfe ein. Wir verbinden uns mit ihnen, und sie bilden sich sogar im Körper ab. Versucht es einmal selbst, indem ihr euch in diese Worte einfühlt:

- Liebe,
- Scham,
- Agilität,
- Change,
- Klimakrise.

Worte sind nicht allgemeingültig, sondern sie sind Interpretationen der Wirklichkeit, die wir erlebt haben und erleben. Ihr könnt allergisch auf Worte sein – oder werden. Deshalb können wir sachliche Diskussionen dort vergessen, wo Begriffe eine negative Energie erzeugen. Das erlebe ich derzeit besonders oft beim Begriff Agilität: Die einen lieben ihn, die anderen hassen ihn. Der Grund ist die Geschichte, die sie damit verbinden. Außerdem bringt unsere professionelle Prägung verschiedene Perspektiven auf ein Wort ein. Das Wort »Prozess« etwa kann ganz unterschiedliche Bedeutungen haben, je nach Fachgebiet. Wie kann man sich da verstehen und verständigen?

»Worte sind Schall und Rauch« ist ein altes Denkmodell, das seinen Ursprung in der Literatur hat. Goethes *Faust* lässt dies sein Gretchen sagen, als es zu seinem Glauben befragt wird. Seine Aussage gipfelt in den Worten: »Ich habe keinen Namen dafür! Gefühl ist alles; Name ist Schall und Rauch, umnebelnd Himmelsglut.«

Im *Deutschen Wörterbuch* von Jacob und Wilhelm Grimm fanden sich 450 000 Stichwörter, von denen viele längst nicht mehr benutzt werden. Der Duden hingegen listet über 18 Millionen unterschiedliche Wörter auf – und darin sind nicht einmal die ganzen Mehrfachbedeutungen.

Worte können hohe oder flache innere Wellen schlagen. Sie können Menschen und Gruppen irritieren oder mitnehmen. Sie können absichtlich und unabsichtlich unsinnig sein oder absichtlich und unabsichtlich sinngebend. Sie können Wind machen oder beruhigen. Manchmal rufen sie auch gar keine Bewegung hervor, sollen stattdessen Stille erzeugen oder Starre – etwa die ergebene Starre derer, die das Gesagte bewundern, aber nicht verstehen sollen.

Es geht also gar nicht um Inhalte, da ist der *Faust* zeitlos. Was neu hinzugekommen ist: Worte können Gefühle transportieren. Sie sind dann die Emotionen, die sie erzeugen oder erzeugen sollen.

Öfter mal den Ton ausmachen und beobachten, was Worte im Körper auslösen, ist ein Ratschlag, der sich aus dieser Sichtweise ergibt. Wenn wir das tun, sehen wir Dinge, die uns im Geschwafel verborgen bleiben. Wir spüren dann auch die Energien, die im Raum sind und echte Kommunikation ermöglichen oder verhindern.

### DIE DENKKRÜCKE

Wir denken allzu gern, dass Worte wichtig sind. Doch Worte sind nicht nur Schall und Rauch, wie einst Goethe sagte, sie transportieren auch Emotionen.

### DAS NEUE MENTALE MODELL

»Öfter mal den Ton ausmachen« heißt nicht nur schweigen, sondern auch Energien wahrnehmen. Ist das produktiv oder destruktiv? Allein ein neues Wort kann viel bewirken und frische Energien geben wie ein offenes Fenster.

### COACHINGBOX

»Öfter mal den Ton ausmachen«, rate ich meinen Ausbildungsgruppen häufig. Damit meine ich, dass sie auf die Körpersprache, die Mimik und die Interaktionen achten sollen. Meine erste Frage ist immer: »Was bleibt, wenn ihr den Ton ausstellt?« Meist bleiben die Energien, die darunter liegen und mit unterschiedlichen Dingen zu tun haben, nicht nur mit den Worten.

Bei diesem Blick hilft ein Modell aus der positiven Psychologie, mit dem ihr »tonlos« auf Energien blicken könnt (siehe Abb. 40 auf Seite 280).

## 25. Das Problem ist nicht das Problem

»Wenn das die Lösung ist, will ich mein Problem wiederhaben!« Dieser Spruch schmückt Postkarten und hat es sogar zum Buchtitel geschafft. Das liegt daran, dass Lösungen kurzen Prozess mit dem Problem machen. Dies können wir auf allen möglichen Ebenen durchspielen:

- »Das Problem ist mein Job.«
- »Das Problem ist meine Frau.«
- »Das Problem ist die Politik.«
- »Das Problem ist fehlende Innovationskraft.«

Ziemlich sicher ist das Problem, das wir auf diese Art als solches ausgemacht haben, nicht das eigentliche Problem – sondern es ist lediglich eine Problemverschiebung. Das liegt an unserer Neigung zu verkürzendem Denken, was der Wirtschaftsnobelpreisträger Daniel Kahnemann einst »System-1-Denken« nannte. Es hängt aber auch mit fehlenden Statistikkenntnissen und damit einhergehender Zahlenblindheit zusammen. So finden wir immer wieder Probleme, die eine Wechselwirkung nahelegen, die es gar nicht gibt – womit wir auch eine Lösung vermuten, die nicht passt.

Ein Team um den Psychologen Gerd Gigerenzer veröffentlicht hierzu seit Jahren die »Unstatistik«: Dort werden Fehler aufgedeckt – oft lange nach ihrer Verbreitung durch die Medien. So setzen uns die Medien den Floh in den Kopf, dass in der Corona-Pandemie jeder Bundesbürger 5,6 Kilogramm zugenommen habe. Das verwunderte mich sehr, denn ich hatte 1 Kilo abgenommen. Doch die Nachricht beruhte auf einem statistischen Trugschluss: Man hatte nur jene

Menschen erfasst, die zugenommen hatten. Das Problem war also nicht die Corona-Pandemie, sondern die Tatsache, dass die Menschen, die zugenommen hatten, im Durchschnitt nun erheblich mehr auf die Waage brachten. Ob dabei irgendein Zusammenhang mit einer Pandemie bestand, blieb ebenso unklar wie die Frage nach der Ursache.

Selbst viel zitierte Studien weisen oft erhebliche Mängel auf. Höchstwahrscheinlich werden diese zwar irgendwann berichtigt, in den Köpfen hat sich indes die knackige These schon längst festgesetzt. Denn in Sachen Problemsuche lieben wir die Einfachheit – und das ist das eigentliche Problem. Wer nämlich zu einfach denkt, kommt leicht auf schlichte Lösungen.

Zeitgemäße mentale Modelle hingegen konzentrieren sich auf das Problem und nicht auf die schnelle Lösung. Sie berücksichtigen, dass der erste Blick fast immer täuscht – und auch bewusst zur Täuschung genutzt wird, etwa vom Marketing.

Ein Beispiel: Im Vergleich zu Rindfleisch entstehen bei der Herstellung vegetarischer Produkte maximal ein Zehntel an Treibhausgasen. Doch klimafreundlich bedeutet hier nicht unbedingt auch umweltfreundlich, denn parallel steigt der Wasserbrauch durch vegetarische und vegane Ernährung.

Zusammenhänge sind eben stets komplexer, als es zunächst scheint – auch hinsichtlich der Probleme. Richtet sich der Fokus auf das eine, kann das andere aus dem Blickfeld geraten. Wir brauchen also den Zusammenhang.

Die Ursache für diese Orientierung hin zu oberflächlichen Scheinproblemen liegt oft an der Verwechslung von Symptom, Funktion und Problem. Das Symptom ist das, was sich zeigt – etwa ein höherer Gaspreis durch eine politische Entscheidung. Die Funktion hingegen beschreibt, was dieser löst – in unserem Beispiel den Mangel am Markt. Funktion beantwortet also die Frage, was es nützt. Dabei kann der Nutzen des einen der Schaden des anderen sein.

Das eigentliche Problem steht jedoch hinter den beiden und bedarf einer genaueren Analyse, denn in komplexen Zusammenhängen liegt es nie unmittelbar auf der Hand. Und manchmal versteht es auch niemand oder erst rückblickend.

Das Problem kann auch viele Köpfe haben und mannigfaltig sein. Beim Thema Gaspreis ist das sicher so. Es kann eine ganze Problemhierarchie entstehen – was ein Vorteil wäre, denn dann ließe es sich ordnen.

In vielen Fällen liegt das Problem gänzlich anders, als es auf die Schnelle geortet wird. Und selbst dann bleibt immer noch eine Frage, die unbedingt gestellt werden muss: Für wen ist dies ein Problem?

## DIE DENKKRÜCKE

Das hängt miteinander zusammen! Wir neigen dazu, Korrelationen herzustellen, wo es keine gibt. Die Suche nach dem Problem hört zu frühzeitig auf.

## DAS NEUE MENTALE MODELL

Das gesehene, gefühlte, gedachte Problem ist nicht das wirkliche. Wenn ihr das so seht, bringt das schon einmal eine grundsätzlich kritische Haltung mit sich.

## COACHINGBOX

Es gibt viele Verfahren für eine strukturierte Problemanalyse. Eines ist das Pareto-Diagramm, das in Abbildung 10 dargestellt ist. Dies resultiert aus dem Pareto-Prinzip oder auch der 80/20-Regel, die davon ausgeht, dass wir bei einem Projekt den meisten Zeitaufwand (80 Prozent) für eine verhältnismäßig kleine Zahl an Problemen (20 Prozent) verwenden. Natürlich setzt das eine Analyse der Probleme voraus, bei der folgende Fragen helfen:

- Woran erkenne ich, dass es ein Problem ist? Woran erkennt es ein anderer?
- An welchen Symptomen zeigt es sich?
- Für wen ist es ein Problem? Und für wen nicht?
- Was ist die Funktion des Problems? (Für wen – und für wen nicht?)

- Lässt es sich in Teilprobleme zerlegen?
- Zu welchen neuen Problemen führt die Lösung?

Ihr könnt das auch systematischer angehen, vor allem wenn es um gemeinsame Probleme geht. Die getrennte Beschäftigung mit Problemaspekten kann dazu führen, dass sich Probleme in Luft auflösen oder sich konkretere Ansätze ergeben.

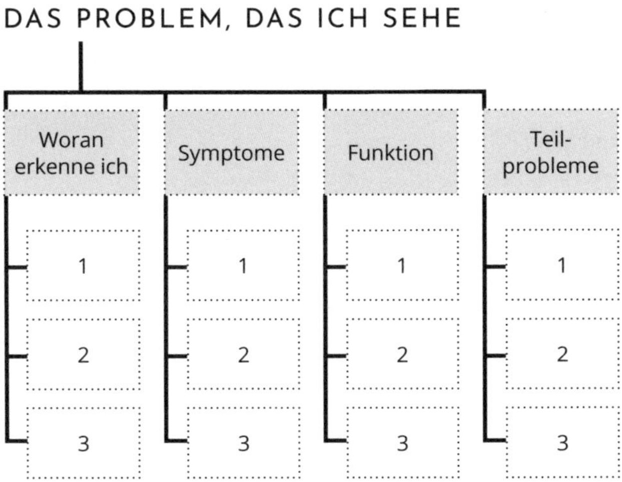


Abb. 10: Es hilft, seine Gedanken zum Problem zu ordnen

## 26. Besser leben mit toleranter Intoleranz

»Wasser predigen, Wein trinken« – viele beklagen Doppelmoral. Da ist die Politikerin, die im Privatjet fliegt, aber den $CO_2$-Fußabdruck bei anderen bemängelt. Wir selbst verhalten uns auch regelmäßig doppelmoralisch, etwa indem wir das Steak auf dem Teller respektieren, die Tötung von Tieren aber ablehnen.

Diese Doppelmoral wird fast immer negativ gesehen. Aber wir können auch anders darauf schauen. Denn bei Licht betrachtet ist es gar keine Moral, sondern nur ein Lippenbekenntnis. Entscheidend ist das Verhalten.

Doppelmoral kann angemessen sein. Nehmen wir Toleranz. Toleranz bedeutet, dass wir ein Verhalten akzeptieren. Es ist okay für mich, dass der moslemische Fluggast auf der Langstrecke seinen Teppich ausrollt und betet. Aber es ist für mich nicht okay, dass dieser sich zu Hause über das Kreuz im Schulflur aufregt. Damit bin ich intolerant im Sinne der Toleranz. Kann ich mich damit tolerant nennen?

Der Philosoph Karl Popper unterschied zwei Kategorien von Intoleranz:

- Intoleranz des ersten Grades beinhaltet die Ablehnung von Sitten und Gebräuchen, weil sie fremd sind.
- Intoleranz des zweiten Grades beinhaltet die Ablehnung von Sitten und Gebräuchen, weil diese intolerant sind.

Das ist auch als Toleranz-Paradoxon bekannt. Ähnliche Paradoxa finden sich auch bei anderen Themen:

- Um für Umweltschutz an möglichst vielen Stellen zu werben, muss ich viel fliegen. Man erinnere sich nur an Greta Thunberg, die monatelang übers Meer schipperte, um sich treu zu bleiben. Das ist schwierig als Berufspolitiker.
- Um für Gleichberechtigung einzustehen, brauche ich viel Zeit. In der Folge macht mein Partner die ganze Arbeit.
- Um für Augenhöhe einzustehen, muss ich diese erst mal *par ordre du mufti* verordnen.
- Um Respekt einzufordern, muss ich den Vielredner erst mal respektlos vor die Tür setzen.

Ich kenne Leute, die an solchen Widersprüchen zerbrechen. Und das ist unnötig. Es ist vollkommen okay, in sich nicht immer schlüssig zu sein.

### DIE DENKKRÜCKE

Wir suchen nach der reinen Moral. Doch Doppelmoral ist etwas ganz Normales. Wir sollten das nicht verleugnen.

DAS NEUE MENTALE MODELL

Die Suche nach dem zweiten Grad entscheidet. Darin steckt der Gedanke, für welchen höheren Zweck ich etwas tue. Das rechtfertigt nichts, aber es liefert einen Grund zum Abwägen.

COACHINGBOX

Wo bist du selbst doppelmoralisch? Kannst du darüber reden, es anderen erklären? Das ist ein Anfang! Und: Kannst du andere nicht gleich verurteilen, sondern klug befragen?

## 27. Schaffe künftige Realitäten

»Seid ihr dabei?« Ja! Na, klar.
»Ist das Ziel klar genug?« Natürlich.

Vier Wochen später steht ihr am gleichen Punkt. Und nichts hat sich verändert.

Das liegt an einem grundlegenden Missverständnis, Ziele betreffend. Sie werden nicht wie künftige Realitäten behandelt. Wir denken, es reicht, sich etwas vorzunehmen. Doch ein Ziel ist komplexer, als es oft behandelt wird. Damit es Realität wird, braucht es Wollen, Können und einen Plan. Die Aufgabe muss mir realisierbar erscheinen (Können). Ich brauche einen Grund, mich ihr zu stellen (Wollen). Und dann muss ich es auch planen. Dazu gehört es auch, sich Hindernisse vorzustellen: keine Zeit, keine Lust, kein Geld, kein Mut.

Damit das Wollen wirken kann, sollte es sich zudem in übergeordnete Lebensziele einordnen. Erst recht gilt das für die Art von Zielen, die einen tieferen Eingriff in das eigene Leben bedeuten. Diese Lebensziele strebt jeder von uns an. Sie lassen sich in vier Kategorien einordnen:

- Wichtig sein,
- Verbunden sein,
- Unannehmlichkeiten vermeiden,
- Bewahren, was ist.

Denkt an all die mentalen Modelle, die sich in unseren Köpfen eingenistet haben – am liebsten wollen wir sie behalten. Sie sind einfach zu bequem.

Denkt an die Unannehmlichkeiten, die »Neues« bereitet. Wie habe ich mich gesträubt, meinen Microsoft-Rechner gegen einen Mac zu tauschen! Völlig irrational, denn heute bin ich glücklich mit meinem MacBook. Nur mit einem profanen »Mach mal« vor Augen hätte ich mich von dem alten Rechner nie verabschiedet. Ich brauchte ein Wollen, einen wirklich guten Grund. Dieser musste schwerer wiegen als die Mühen der Veränderung. Es dauerte zwei Jahre, bis ich eine für mich geeignete Realität geschaffen hatte. Irgendwann erkannte ich: Mit dem Mac ist es leichter, von überall zu arbeiten. Bis dahin hatte ich um meinen Windows-Rechner gekämpft – und seine Existenz verteidigt.

Damit Ziele Realität werden, braucht es ein Abwägen: Was wiegt schwerer, was leichter? Wir brauchen konkrete Vorstellungen vom Mehrwert der Veränderung. Wir spielen die Zielsituation durch, entwickeln Drehbücher für den Weg zum Ziel. Dabei verändern, schärfen, reduzieren wir. Kopfkino ist die beste Voraussetzung dafür, dass der Film Realität wird.

Wer so vorgeht, macht sein Zieldenken sehr viel dynamischer. Wir bauen so nämlich Brücken von der Gegenwart in die Zukunft. Durch die Ausgestaltung im Kopf wird diese für uns klarer. Das macht sie anschlussfähig.

Wenn wir Ziele als künftige Realitäten verstehen, dürfen sie sich entwickeln – und sind nicht auf einmal da. Wir haben eine Beziehung zu ihnen.

Ganz anders ist das mit Zielen, die einfach nur Kästchen in einer Checkliste sind. Wenn ich die künftige Realität wirklich will, ist das Commitment größer.

## DIE DENKKRÜCKE

»Setz dir Ziele, dann kommst du weiter«: Dieses mentale Modell lässt außen vor, was Ziele wirklich sind.

## DAS NEUE MENTALE MODELL

Wenn wir Ziele als künftige Realitäten verstehen, bedeutet das, dass wir sie »artgerecht« und persönlich passend ausgestalten. Die Zukunft entsteht, indem wir sie entwickeln.

## COACHINGBOX

Ein Modell, das hilft, sich auf diese Art von Zielen zuzuwenden, ist das Rubikon-Modell von Heinz Heckhausen und Peter M. Gollwitzer und stammt aus der Motivationsforschung. Es legt besonderen Wert auf die Phase der Willensbildung. Julius Cäsar wusste im Jahr 49 n.Chr. nicht, was geschehen würde, wenn er den Rubikon überschritt und mit seinem Heer Rom angreifen würde. Ob er siegen oder verlieren würde. Denn das Überschreiten des Rubikon war verboten und galt als Kriegserklärung. So ist es immer: Wir kennen den Ausgang nicht. Wer sich über den Rubikon begibt, weiß das. Das Nachdenken darüber, dass es keine Sicherheit über einen bestimmten Ausgang gibt, gehört dazu. Haben wir uns einmal entschieden, gibt es kein Zurück mehr. Das besagt auch die Redewendung »den Rubikon überschreiten«.

Das Modell unterscheidet vier Phasen:

1. **Die Willensbildung.** Wir wägen ab.
2. **Planung.** Wir planen die Umsetzung. Wichtig ist, diese ganz konkret auszugestalten, auch im Kopf! Hürden, Widerstände und Schwierigkeiten gehören dazu.
3. **Handlung.** Wir setzen es um.
4. **Bewertung.** Wir evaluieren, was herausgekommen ist, und gehen nächste Schritte.

Der Rubikon liegt dabei zwischen 1 und 2: Es ist der Fluss, den es zu überqueren gilt. Der Schlüssel hierzu liegt in der konkreten Ausgestaltung des Wollens, etwa von Bedürfnis und Motiv. Ein Bedürfnis ist ein psychologischer oder physiologischer Grund, ein »Ich möchte etwas« – ein Motiv hingegen ist der tieferliegende Antreiber. Ein Bedürfnis kann sein: »Es ist mir ein Anliegen, diesen Artikel zu schreiben, weil ich das Thema für wichtig halte.« Das zugrunde liegende Motiv indes ist individueller: Es könnte Status sein, Autonomie, Anerkennung oder auch Einfluss.

Abb. 11: Das Wollen entscheidet: Rubikon-Modell von Heinz Heckhausen und Peter M. Gollwitzer

## 28. Raus aus dem Lösungsmodus

Es herrscht eine verbreitete Tool-o-manie. Ein Beispiel: »Welche Tools eignen sich, um Konflikte im Team zu bearbeiten?« Ich muss dann leider antworten: keins. Denn menschliche Herausforderungen lassen sich nicht mit dem Schraubenzieher bearbeiten. Es braucht etwas anderes.

»A fool with a tool is still a fool« heißt ein gängiges mentales Modell. Es müsste aber heißen: »A tool makes a fool out of you«, also »ein Tool macht einen Narren aus dir«. Braucht es wirklich ein Loch in der Wand – oder einfach eine neue Tapete?

Während wir mit der Bohrmaschine professionell umgehen, sind wir bei Denkwerkzeugen oft weniger anspruchsvoll. Vor allem lassen wir oft das Denken raus.

Ich sehe das hundertfach in meinen Ausbildungen oder in Workshops, wenn wir Fragestellungen bearbeiten. Die lieben Leute stürzen sich sofort auf die Bohrmaschine. Dabei sind entscheidende Fragen nicht geklärt. Sie feuern Ratschläge raus und suchen nach Instant-Lösungen. Sie können anfangs nicht zuhören, nicht abwarten, Lösungslosigkeit nicht aushalten. Bis sie lernen, sich selbst zu stoppen und das Problem zu erkunden, etwa den Konflikt in einem Team:

- Für wen ist es eines, für wen nicht?
- Woran erkennen es die Beteiligten?
- Ist es überhaupt ein Problem?

Denkwerkzeuge sind anders als Werkzeuge aus Metall: Sie erfordern Mitdenken, Mitfühlen und Mitschwingen. Nehmen wir eines der wirksamsten Denkwerkzeuge überhaupt: die Frage. Oben stehen gleich drei, etwa »Für wen ist es ein Problem, für wen nicht?« Eine solche Frage lässt sich nicht einfach anwenden. Sie entsteht im Gespräch wie auch die Antwort darauf. Es ist Teil einer Interaktion.

Womit wir wieder bei der Kompetenzfrage wären: Die wichtigste Kompetenz ist die des Mitschwingens. Dieses ist im Fühldenkbereich angesiedelt und entsteht durch reflektierte Praxis.

Ein Vergleich mit dem Handwerk trifft es nicht genau, zumal ich hier Laie bin – ich will es dennoch einmal versuchen: Nie würde ich mir anmaßen, nach einem Crashkurs ein Dachgeschoss auszubauen. Aber bei Themen, die mit Tools aus dem Beratungs-, Coaching-, Moderations- und Trainingsbereich zusammenhängen, fühlt sich kaum jemand als Laie – dabei kann man hier viel mehr Schaden anrichten.

Doch sobald ein Denkwerkzeug daherkommt, schrumpfen offenbar die Berührungsängste: »Am Ende waren meine Teammitglieder so genervt, dass ich jetzt Tool-Verbot habe«, berichtete mir ein Scrum-Master nach einer Reise zur Selbsterkenntnis.

Während nicht nur ich beim Dachgeschossausbau auf jeden Fall einen Statiker hinzuziehen würde, gehen Denk-Tools ohne eine Barriere in den Umlauf. Oft freuen sich hierbei die Anwenderinnen mehr darüber, ein neues Tool ausprobieren zu können, als über das Ergebnis. Ob das Gegenüber solche Anwendungen wirklich braucht, scheint zweitrangig. Außerdem wird gern vergessen, dass die Haltung entscheidend ist, mit der man Denkwerkzeuge anwendet. Dazu gehört auch, sich auf das Problem und das Gegenüber zu konzentrieren statt auf sich selbst. Doch damit man sich in den Hintergrund stellen kann, braucht es einiges an Persönlichkeitsentwicklung – und auch Feedback und Supervision wären nicht schlecht.

Weniger Tool ist deshalb oft mehr Selbsterfahrung. Menschen sind nun einmal keine Wände. So wie Denkwerkzeuge keine Allround-Waffen sind: Ihr streicht ja auch nicht jeden Tag die Wände neu, sondern bleibt für eine Zeit bei der einen gewählten Farbe. Insofern empfehle ich, ein Tool als Abkömmling eines möglichst guten und zeitgemäßen mentalen Modells zu betrachten. Tools, die direkte Lösungen vermitteln, scheiden damit aus – ebenso wie alle Tools, die auf eine Primitivierung der Welt zielen.

Seht ein Tool als etwas, mit dem ihr das mentale Modell selbst überprüfen und erweitern könnt. Konzentriert euch auf die Erfahrungen, die ihr damit macht. Wer indes die Welt durch ein Tool pressen will, sollte lieber einen Saftladen eröffnen.

### DIE DENKKRÜCKE

Ein Denk-Tool löst das Problem! Nein, es geht um seine sinnvolle Anwendung und Einbettung.

## DAS NEUE MENTALE MODELL

Die Einstellung entscheidet. Häufig geht es überhaupt nicht um die Frage, welches Werkzeug ihr gerade verwendet – wichtig ist, wie ihr es tut.

## COACHINGBOX

Das Tool in der Abbildung 12 soll dir helfen, dir die richtigen Fragen zu stellen, wenn du Denkwerkzeuge anwendest. Geh von der Mitte aus: Worum geht es überhaupt? Festige dich in deiner Haltung dazu – dem Mindset. Wie willst du dich dazu stellen? Geht es ums Helfen oder Lösen? Das macht einen entscheidenden Unterschied.

Schwinge mit, erweitere deine Fähigkeiten.

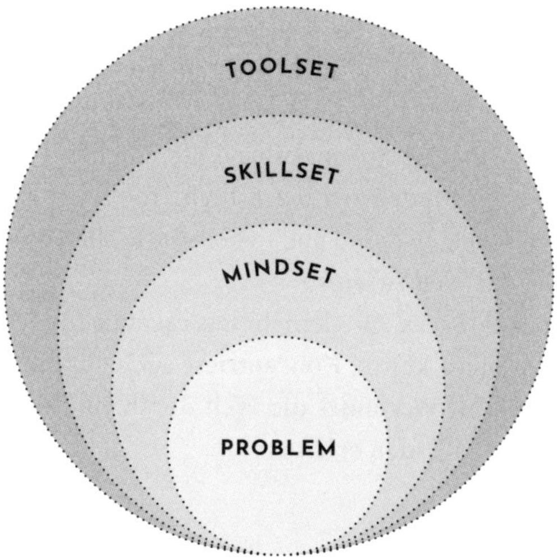


Abb. 12: Worum geht es, und was braucht es?

## 29. Inversion: Fang hinten an

Angenommen, es ist geschehen: Der letzte Gletscher ist geschmolzen. Was ist vorher passiert? Wie ist es dazu gekommen? Welche Entscheidungen wurden getroffen – oder eben nicht? Oder stell dir vor, du hast es geschafft: Deine erste Erfindung ist patentiert. Eine Zeitreisemaschine liegt in deiner Hand – welche Reise hast du gemacht? Was ist passiert, damit das wahr wurde? Und angenommen, es wäre nicht wahr geworden, was müsstest du gegen die Verhinderung deines Traumes tun?

Wir denken normalerweise vorwärts. In Zielen, die wir erreichen wollen.

Und wir alle kennen »smarte« Formeln, die darauf ausgerichtet sind, den Pfeil auf einem Dartboard mitten im Schwarzen zu versenken. Doch wie attraktiv und motivierend ist es, den Pfeil zu werfen, wenn das Schwarze eher abstrakt vor einem steht?

Hinzu kommt: Die meisten überschätzen ihre Zielerreichungskompetenzen, nicht nur beim Dartspielen. In der Regel geht der Schuss eben daneben – wir treffen ins Weiße oder schießen sogar an der Scheibe vorbei. Jetzt denkt es euch einmal andersherum. Ihr habt danebengezielt, der Pfeil ist einfach auf ein Poster neben der Scheibe zugeschossen und dort dann abgeprallt. Da liegt er nun auf dem Boden. Was ist vorher passiert?

Ihr habt euch überschätzt, ihr dachtet: »Was die kann, schaffe ich auch.« Ihr meintet, es wäre leicht, ein einfaches Spiel.

Stoische Philosophen wie Seneca und Epictetus führten regelmäßig eine Übung durch. Sie ist als »premeditatio malorum« in die Geschichte eingegangen, was mit »Vorankündigung des Übels« übersetzt werden kann. Es ging darum, sich die negativen Dinge vorzustellen, die im Leben passieren könnten: Was passiert, wenn ihr etwas Wichtiges verlieren würdet? Beruf, Status, Partner, Kind? Die Stoiker wollten Ängste vor negativen Erfahrungen überwinden, indem sie sich den schlimmsten Fall im Voraus ausmalten. Was passiert, wenn alles schiefgeht? Mit dem daraus gewonnenen Wissen lässt sich die Gegenwart beeinflussen: Es sagt euch, wie ihr euch vorbereiten könnt.

Es reicht eben nicht aus, Zielen nachzujagen: Wir sollten auch darüber nachdenken, was passiert ist, wenn wir sie erreicht haben. Das Gleiche gilt für Probleme: Wer sich damit beschäftigt, was vor deren Lösung passiert sein muss, kommt auf überaus nützliche Gedanken.

### DIE DENKKRÜCKE

Ziele sind das Wichtigste! Nein, die Qualität der Zielerreichung steigt mit dem Grad des Durchdenkens dessen, was sie braucht.

### DAS NEUE MENTALE MODELL

Inversion war schon bei den alten Griechen bekannt. Heute nutzen auch Gruppen das Modell, um vielfältige Gedankenexperimente aus der Zukunft zu starten.

### COACHINGBOX

Suche dir ein Thema und versuche, es aus der Zukunft zurückzuverfolgen. Das kann ein Investment sein, ein berufliches oder auch persönliches Thema. Was ist passiert, wenn eure Organisation auch 2050 noch erfolgreich ist?

Verwechsle dies aber nicht mit Visionsarbeit. Bei dieser Aufgabe ist es wichtig, auch alle negativen Konsequenzen konkret zu durchdenken. Stoisch eben.

## 30. Die Logik, der sich niemand entziehen kann

Im Ukraine-Krieg hat sich die Politik verkalkuliert. Die Wirtschaftssanktionen griffen weniger als gedacht. Dafür gibt es viele Gründe. Mit einem hatte kaum ein Außenstehender gerechnet: dass die mittelständisch geprägte Wirtschaft Russlands weitestgehend kompensieren konnte, was durch die Sanktionen weggefallen war.

Unter chaotischen Bedingungen empfiehlt es sich, bloß schnell irgendwie zu entscheiden. Es gilt, sofort zu reagieren, sonst brennt erst die Hütte und dann der Wald.

Unter komplexen Bedingungen dagegen lautet die Empfehlung: Kleinschrittig experimentieren, auswerten, anpassen. Unter beiden Bedingungen sollte eines nie vergessen sein: Es ist unmöglich, alle Einflussvariablen zu bedenken und zu berücksichtigen. Und: Der eine Zustand sollte in einen anderen führen. Wenn also das Chaotische komplex wird, braucht es angepasste Herangehensweisen: ausprobieren, auswerten (siehe Modell 3 »Extratour für das Komplexe«). Ziel sollte es dabei sein, Teile in einen einfachen Zustand zu überführen. Was können wir wirklich sicher wissen?

Doch unsere Systeme, vor allem die politischen und wirtschaftlichen, sind zu träge für angepasste Reaktionen. Ihre Handlungslogik ist auf Entscheidungen ausgelegt, die nicht hinterfragt und nicht korrigiert werden. Der Spielraum ist gering, weil es in Wahrheit nicht um Akteure geht, sondern den Erhalt der Systeme.

Ein Konflikt wie der Ukraine-Krieg ist für sich genommen eben auch ein System, ein Konfliktsystem. Er besteht ohne die ursprünglich Beteiligten weiter – und wenn auch nur irgendwann in Köpfen, Traumata und Geschichtsbüchern.

Ein wirres Knäuel aus Kommunikationen aus der Vergangenheit, das nicht mehr aus der Welt zu bekommen ist – das erlebt ihr nicht nur in der Politik, sondern auch in Unternehmen und in Familien. »Wir müssen den Konflikt aus der Welt schaffen« ist deshalb ein mentales Modell, das eine entscheidende Logik verleugnet: Auch der vergangene Konflikt existiert weiter.

Nicht entziehen könnt ihr euch auch einer weiteren Logik: Systemreaktionen sind erwartbar nicht erwartbar. Dabei hindern erwartungsbezogene Denkmodelle wie: Wenn A gegeben ist, muss durch die Handlung B die Wirkung C erfolgen. Vielleicht imaginieren wir auch C1, C2, C3 – also unterschiedliche Szenarien –, aber nicht, dass etwas ganz anderes passieren könnte, was sich nicht mal mit einem Buchstaben im Alphabet abbilden lässt.

Chaoswachstum und Komplexitätsexplosion in unserer Welt führen weiterhin dazu, dass die bisherigen Handlungslogiken noch sichtbarer an ihre Grenzen kommen.

Systeme sind kleine Welten in der großen. Sie haben die Eigenschaft, »ganz« zu sein und Teile zu haben. Als Ganzes sind sie anders als die Teile. Menschen können in verschiedenen Systemen auch verschieden agieren.

Systeme funktionieren, indem sie sich von außen abgrenzen. Die Konfliktbeteiligten etwa sind aber nicht der Konflikt selbst. Sie fachen ihn an, zündeln, unternehmen Löschversuche. Sie sind die Umwelt für den Konflikt, er braucht sie zum Erhalt.

Zentrale Selbsterhaltungslogiken in Systemen sind verschieden. Politiker erhalten sich durch Wahl und Wiederwahl – Macht oder keine Macht ist für sie eine existenzielle Frage. Wirtschaftsunternehmen existieren, weil sie Geld verdienen oder für Investorinnen den Anschein erwecken, es in Zukunft zu tun. (Erwartbare) Geldströme bestimmen die Handlungen. Das merkt man in Krisenzeiten deutlicher als dann, wenn es allen gut geht.

Immer bestimmt ein einfacher Code die Logik des Selbsterhalts:

| System | Logik |
|---|---|
| Gruppe/Team | zugehörig oder nicht |
| Familie | Mitglied oder nicht |
| Unternehmen | Zahlung oder keine Zahlung |
| Politik | Macht oder keine Macht |
| Verwaltung | verordnet oder nicht |
| (menschliche) Psyche | bewusst oder nicht |
| Konflikt | Streit/Auseinandersetzung oder kein Streit/keine Auseinandersetzung |

Um die Codes bilden sich Muster. Einmal ist Zufall, zweimal fällt auf und dreimal ist ein Muster. Es gibt Denkmuster, Handlungsmuster, Kommunikationsmuster, Kulturmuster.

Ein Muster verändert sich, wenn überhaupt, nur durch starke Umwelteinflüsse. Wenn der Selbsterhalt bedroht ist, lässt man die »Umwelt« rein, vielleicht. Denn bis diese Erkenntnis da ist, kann es lange dauern – und manchmal kommt sie auch nie.

Oft erlebe ich, dass Menschen denken, es läge in ihrer eigenen Hand, in einem System etwas zu beeinflussen. Sie denken, durch ihr Verhalten könnten sie Systemlogiken ändern. Da muss ein weiteres Mentalmodell in die Mottenkiste: das Ich als bedeutende Einflussgröße. Die viel bedeutenderen Einflussgrößen sind Strukturen wie etwa Regeln oder Entscheidungsprozesse. Wenn hier in Deutschland immer noch ein Mittelschulzeugnis von einer aus Syrien geflüchteten Englischlehrerin verlangt wird, die eine Ausbildung zur Krankenpflegerin machen will, ist das Struktur, nicht Individuum. Oder würdet ihr Zeugnisse auf eine Flucht mitnehmen? Um Einflussgrößen zu erkennen, müssen wir an den Ort des Geschehens: Dorthin, wo bestimmt wird, wie Entscheidungen getroffen werden.

Dabei wäre es so einfach. Wir müssen nur erkennen, dass die gewünschte Wirkung C wie die Entwicklung eines Mittels gegen Alzheimer ist: kreative und disziplinierte Forschungsarbeit, bei der wir uns herantasten. Das heißt nicht willkürlich vorzugehen, sondern in kleinen Schritten. Entscheidungen anpassen, auswerten. Auch Kurswechsel müssen wir ohne Gesichtsverlust denken können, wie es derzeit noch oft ist.

Vergesst nicht: Ein Irrtum ist etwas anderes als ein Fehler. Wenn ich mich irre, schätze ich etwas falsch ein. Und das ist normal unter Komplexität – ich konnte es nicht wissen. Wenn ich dagegen einen Fehler mache, dann hätte ich zum Zeitpunkt meiner Entscheidung bereits wissen können, dass meine Entscheidung falsch ist. Die Information war da, aber wir haben sie nicht genutzt, nicht gesehen, sie war Opfer von Gruppendenken oder nicht zugänglich für uns.

Werdet Beobachterinnen für Systemlogiken. Wendet den Blick von den beteiligten Personen hin zu den Systemen, die sie zu dem machen, was sie tun.

### DIE DENKKRÜCKE

Wir schauen viel zu stark auf Individuen und viel zu wenig auf Systeme. Diese bestimmen individuelles Handeln, hier müssen Weichen anders gestellt werden.

## DAS NEUE MENTALE MODELL

Das System will sich erhalten – dieser Logik kann sich niemand entziehen. Ob es das Familiensystem ist oder ein Konfliktsystem. Es nährt sich selbst. Veränderungen brauchen strukturelle Entscheidungen und sukzessive Anpassung an unerwartete Entwicklungen.

## COACHINGBOX

Lasst uns das Thema auf eine Ebene bringen, die dich direkt betrifft: das Teamsystem als Subsystem einer Organisation. Für das Team ist die Organisation Umwelt. Diese lässt es wachsen oder auch nicht.

Eine Führungskraft kann Teil des Teams sein – oder auch nicht. Als Teil des Teams ist sie *primus inter pares* oder »einer von uns«, also mehr in die Beziehungen verwoben. Außenstehend vertritt sie mehr die Logik der Organisation und weniger die des Subsystems. Mischformen bestehen selbstverständlich auch.

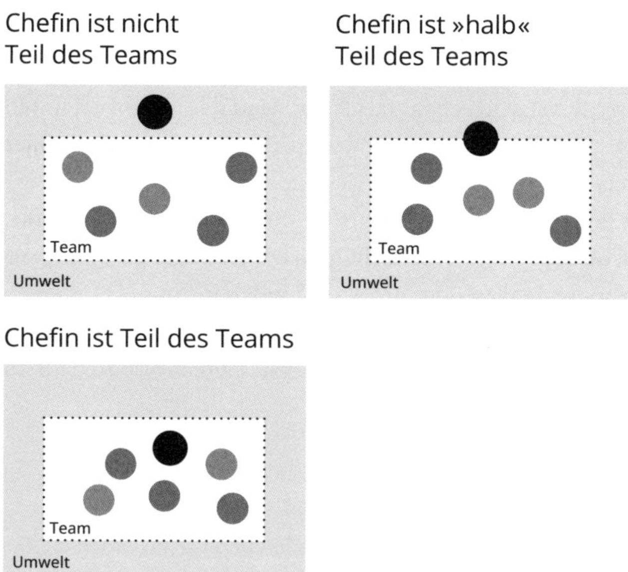


Abb. 13: Wo steht die Chefin?

Wie ist es bei dir? Vertritt deine Chefin, solltest du eine haben, die Logik der Organisation, einer anderen Gruppe oder des Teams? An welchen Kommunikationsmustern erkennst du das?

Beobachtungen und Rückmeldungen darüber helfen uns zu verstehen, wo wir stehen. Das erhöht die Bewusstheit – auch dafür, wie wir Dinge beeinflussen können. Erst durch eine andere Perspektive – dann vielleicht durch Musterveränderung.

## 31. Interessant! Denk wie eine Forscherin

Egon hat seine Ziele nicht erreicht: Seine Chefin Petra vermutet, es liege daran, dass er nicht ehrgeizig genug sei. Durch diese individuelle Zuschreibung erreicht Petra entweder, dass Egon dies selber glaubt und sich die Schuld gibt – oder dass er sich ungerecht behandelt fühlt und dann erst recht nicht mehr mitzieht. Möglich ist auch, dass Egon der Chefin die Schuld gibt… Die nicht erreichten Ziele rücken da immer weiter in den Hintergrund.

Viele Menschen sind gewohnt, bei der Ursachenforschung auch im Zwischenmenschlichen von linearen Zusammenhängen auszugehen. Sie suchen sie meist im Individuum und selten im System. Der Blick ist auf die individuelle Schuld gerichtet, bei sich und anderen. Schuld ersetzt in den Köpfen die Ursache. So wird aus einer Ursachenforschung eine Schuldfrage.

Wenn wir mit (Selbst-)Zuschreibungen arbeiten, sind wir nicht erkundend unterwegs. Das lässt sich am Anteil der Fragen erkennen. Wie viele Fragen stellt ihr euch und anderen? Und wie viele Antworten gebt ihr? Wie ist das Verhältnis zwischen Fragen und Antworten? In allen Zusammenhängen, die nicht klar sind, sollte der Anteil von Fragen größer sein als der von Antworten.

Petra könnte Egon vieles fragen, etwa, was er als sein Ziel ansieht. Ob er sich damit wohlfühlt. Was ihn motiviert und was ihn demotiviert. Die »Schulddiagnose« braucht es dann nicht.

Es empfiehlt sich, den Blick von Individuum und Interpretation zu lösen und auf das zu richten, was auf Egon wirkt:

- den Kontext mit Zeit und Raum;
- die Situation, also das, was gerade geschehen ist;
- die Vorgeschichte, also das, was vorher geschehen ist;
- die Interaktionen, also das, was zwischenmenschlich passiert;
- die Perspektiven auf das Ziel.

Was ist überhaupt geschehen, wenn wir die unterschiedlichen Perspektiven sehen? Wie kam es zur Zielvereinbarung? Hat wirklich jeder dasselbe gesehen und sich damit auch identifiziert? Welche Funktion könnte es haben, Ziele nicht zu erreichen? Oder Ziele unerreichbar hoch zu setzen?

Die forschende, erkundende Haltung erfordert eine Grundhaltung: »Ich möchte verstehen.« In unseren mentalen Modellen sind dagegen »Output« und »Outcome« derart präsent, dass wir da gar nicht mehr hinschauen. Das führt zu Kurz-Schlüssen, nicht nur bei zwischenmenschlichen Themen. Auch sachliche Phänomene werden so betrachtet, wie Petra auf Egon schaut – ohne den Blick auf die Umgebungsfaktoren zu richten. »Die Entscheidung war falsch« – oft eben auch deshalb, weil wir uns vorher zu wenige Fragen gestellt haben.

Oft sehen wir tote Zusammenhänge, die unser Gehirn herstellt, die aber nicht nur nicht da sind: Wir schaffen sie. Wenn ich einem unsicheren Menschen sage, er sei nicht ehrgeizig, schreibe ich ihm damit etwas zu. Wenn er dann das in seine Gedanken aufnimmt, wird es zu einer sich selbst erfüllenden Prophezeiung.

Seht euch als Forscher, als interessierte und offene Menschen, die neugierig sind und nicht mit Gedanken aus der Konserve auf andere losgehen.

### DIE DENKKRÜCKE

»Das liegt daran, dass...« Wir gehen bei der Ursachenforschung vom Individuum aus. Dadurch stellen wir tote Zusammenhänge her. Wir öffnen unsere Konservendose mit Gedanken, anstatt neue zuzulassen.

DAS NEUE MENTALE MODELL

Erkunde! Sei neugierig! Lass neue Gedanken entstehen.

COACHINGBOX

Das systemische Coaching kennt »zirkuläres Denken«. Wir richten dabei unser Augenmerk auf das, was aus unterschiedlichen Perspektiven passiert ist. Wir betrachten die Wechselwirkung mit Fragen wie: »Was ist aus der Perspektive von Egon passiert?« Dabei wird niemandem etwas persönlich zugeschrieben. Was passiert ist, stellt sich aus verschiedenen Perspektiven ganz unterschiedlich dar.

Wenn du diese Sichtweise mit deinem derzeitigen Denken vergleichst, gibt es da neue Erkenntnisse für dich?

# FORTSCHRITT & INNOVATION

Welche Denkmodelle helfen uns Menschen auf die kreativen Sprünge? Was entfesselt kreative Energie und hilft bei innovativen Lösungen? Ein mentales Modell will ich gleich einführen. Es heißt einfach »Such nach dem Fortschritt«.

Der Fortschritt ist mehr, als nur das Neue in die Welt zu bringen. Fortschritt bringt weiter, nicht nur euch, auch andere. Fortschritt im Kleinen verbessert unser Leben, Fortschritt im Großen könnte die Folgen des Klimawandels begrenzen und andere Probleme lösen. Lest nun, worauf es mental ankommt.

## 32. Die kreative Kraft von Weak Ties

Homeoffice wurde in der Corona-Pandemie über Nacht zum neuen Normal. Das für viele Überraschendste war, dass die Arbeit von zu Hause zunächst keine negativen Auswirkungen auf die Produktivität hatte. Ganz im Gegenteil: Diese blieb erhalten, ja konnte sogar gesteigert werden. Darauf deuten sowohl Selbsteinschätzungen von Arbeitnehmern hin als auch Arbeitgeber-Studien. Doch Produktivität ist nur das eine. Sie beschreibt, was herauskommt – gemessen an Kennzahlen. Wenn ich im Homeoffice also genauso viele E-Mails schreibe wie im Büro, bin ich schon produktiv. Sofern die Menge der Mails eine Kennzahl ist.

Solche Produktivität war ein wichtiger Faktor einer tayloristisch geprägten Arbeitswelt – und ist es in Teilen noch. Doch am Übergang in ein neues Zeitalter verändert sich das Mischungsverhältnis: Immer öfter treiben nun Daten, neuronale Netze und Roboter die direkte Produktivität. Menschen hingegen entwickeln Konzepte und Ideen, um zentrale Probleme zu lösen – etwa die Frage, wie Menschen im Alter würdig leben. Menschen gestalten die Zukunft, während Maschinen die Gegenwart bewältigen.

Worauf es also ankommt, ist mehr und mehr Kreativität – und nicht nur noch Produktivität. Kreativität als Vorstufe zur Innovation kann einen wichtigen Beitrag zur Produktivität leisten, indem sie neue Ideen hervorbringt, Flexibilität und Anpassungsfähigkeit fördert, Motivation und Erfüllung bietet und zu einer verbesserten Leistung beiträgt. Kreativität wird überlebenswichtig für uns als Menschheit. Doch anders als Produktivität im engen tayloristischen Verständnis, das sich in Messzahlen niederschlägt, lebt Kreativität von neuen Impulsen durch neue Gedanken. Kreativität lädt und labt sich vor allem da, wo der Funke überspringt: »Ah, so ist das!«– »Was für eine coole Idee!« Oder: »Mensch, so habe ich das noch nie gesehen!« Sie braucht selbst dann andere, wenn die Idee erst mal in einem Kopf entsteht.

Studien konnten zeigen, dass die Zahl der Ideen in Videokonferenzen geringer ist als in Präsenzveranstaltungen. Menschen, die im Homeoffice arbeiten, haben oft durchschnittlich weniger und vor allem weniger *neue* Kontakte. Sie konzentrieren sich auf den kleinen Kreis enger Vertrauter – die Zufallsbegegnung bleibt öfter aus.

Da Kreativität als geringerer Produktivitätsfaktor eingeschätzt wird als Effizienz, steuern oft kreativfreie mentale Modelle Unternehmensentscheidungen, jedenfalls außerhalb von Forschung und Entwicklung. »Hauptsache, die Arbeit wird geschafft und die Ziele werden erreicht.« Doch das greift zu kurz. Produktivität entsteht öfter da, wo gar nicht gearbeitet wird: In fluiden und losen zwischenmenschlichen Beziehungen, in Netzwerken.

In diesem Zusammenhang prägte der US-amerikanische Soziologe Mark Granovetter 1973 den Begriff der »weak ties« in Abgrenzung zu den »strong ties«. »Strong ties« sind feste Verbindungen: Sie zeichnen sich aus durch hohe Qualität, Verbindlichkeit, Langlebigkeit und Vertrauen. Sie verbinden und geben soziale Sicherheit. »Weak ties« dagegen sind lose Verbindungen, Bekanntschaften, Begegnungen. Sie inspirieren, erweitern unseren eigenen Horizont, holen uns aus dem Gewohnten. Dabei stehen unsere Weak Ties nicht nur in Beziehung zu einer erleichterten Jobsuche, sondern auch zur Kreativität. Wer auf neue Ideen kommen will, sollte diese draußen suchen – dort, wo wir neue Leute kennen lernen und Erfahrungen machen.

### DIE DENKKRÜCKE

Produktivität ist zentral. Wir denken auch deshalb, feste Verbindungen seien den losen überlegen. In Wahrheit braucht es Strong und Weak Ties.

### DAS NEUE MENTALE MODELL

Kreativität ist produktivitätstreibend. Wer sein Augenmerk auf neue und vielfältige Kontakte legt, füttert damit seinen Ideenspeicher.

### COACHINGBOX

Wie viele Menschen lernst du jede Woche neu kennen? Kommst du oft aus deiner Bubble?

Bewege dich ganz bewusst aus deiner Blase heraus. Mehre die Gelegenheiten für Zufallsbekanntschaften: Besuche Veranstaltungen, die du normalerweise nicht auf dem Zettel hättest. Oder frag deine Freunde, wo sie dich hinschicken würden für deinen Kreativ-Boost.

## 33. Spiele im Innovationsorchester

Fängt nun der frühe Vogel den Wurm? Oder gilt, dass die zweite Maus den Käse frisst – und den Letzten dann die Hunde beißen? Werden vielleicht sogar die Letzten die Ersten sein?

Das sind lauter küchenpsychologische Mentalmodelle zum Thema Innovation, die stimmen – und eben auch nicht. Denn worum es in all diesen Modellen geht, ist die Frage nach dem richtigen Timing. Doch das ist nicht in jeder Branche und in jeder Innovationssituation gleich. Am Ende ist nur ein Timing richtig, das intuitiv passende. Diese Trüffelnasenintuition, die sagt: Auch wenn ich kein früher Wurm bin, jetzt ist die Zeit.

Nehmen wir Tesla, den ersten erfolgreichen Elektroautobauer: Als das Unternehmen 2008 mit seinen Elektroautos durchstartete, war der Elektromotor keineswegs mehr neu. Es hatte ihn schon gegeben, bevor sich die Ottomotoren durchsetzen konnten. Wer also jetzt wirklich der frühe Vogel war, ist eine Frage der Definition des Wurmes. Ähnlich verhielt es sich beim iPhone: Man könnte argumentieren, dass schon Nokia eines angeboten hatte, nur setzte es sich damals eben nicht durch. Im Fall von Nokia gilt aber gleichzeitig auch: Nicht den Letzten beißen die Hunde, sondern manchmal auch den Ersten am frühen Mobil-Markt.

So ist die Wahrheit, dass es eben keine übergreifende Denkvorlage für alles gibt. Vielmehr ist Innovation eine Kettenreaktion, deren einzelne Glieder nicht zeitnah aufeinander reagieren müssen. Oft ist die Chronologie sogar außer Kraft gesetzt: Manche Ideen werden erst lange nach ihrer Geburt aus dem Keller geholt. Hinzu kommt: Jede Idee hat ihre Zeit. Im Falle des Elektroautos schien Tesla lange einen uneinholbaren Vorteil zu besitzen. Doch dann drängten immer mehr andere Hersteller auf den Markt, die besser oder billiger waren – und die Nachfrage nach den ehemaligen Bestsellern sank, wenigstens zeitweise. Erfolg ist eben oft nicht von Dauer, sondern kennzeichnet eine Episode, manchmal auch eine ganze Ära. In unseren dynamischen Zeiten haben wir es mit immer mehr Episoden zu tun. Was also unsere Mentalmodell-Tiere im Orchester spielen, muss nicht unbedingt aufeinanderfolgen, sondern hat mit dem Moment zu tun, in dem das Stück aufgeführt wird.

Deshalb fängt der frühe Vogel nicht den Wurm, weil er als Erster die Idee hat – so wie auch die zweite Maus sich nicht stets den Käse schnappt. Vielmehr müssen viele Zufälle und Wahrscheinlichkeiten mit Trüffelnasenintuition zusammenkommen: Zufälle, wie etwa eine Energiekrise, oder Wahrscheinlichkeiten, wie jene, dass sich große und erfahrene Unternehmen oft langfristig gegenüber kleinen Startups durchsetzen. Dabei geht aber das eine nie ohne das andere: Alles reagiert aufeinander – und dass dies so ist, hat mit unterschiedlichen Kräften zu tun, die zusammenwirken.

Dass nichts und alles stimmt, zeigt sich ebenfalls in eurem Mikrokosmos. Nehmen wir das sogenannte »agile Unternehmen«. Unternehmen deklarieren dies, als wäre es eine dauerhafte Errungenschaft, sich an Märkte und Kundenbedürfnisse anzupassen. Doch das ist eine Marketing-Schnapsidee. Ist der Wettbewerber schneller, ist es auch schon wieder vorbei mit der Agilität. Dann hat sich die zweite Maus die Produktinnovation geschnappt – oder die erste oder auch die zehnte. Agil war dann nur die Reaktion der zweiten Maus.

Zumal es mit dem agil oder wie auch immer produzierten Erfolg ohnehin so eine Sache ist: Denn besonders innovative Produkte sind stets Produkte, denen noch der eine oder andere Fehler innewohnt. Allein schon deshalb kommen die Mäuse dann aus allen Löchern. Da hat einer den Markt vorbereitet – und der andere profitiert davon, dass dieser angebahnt worden ist.

Gleichwohl kann es auch sein, dass alle um Käse buhlen, der am Ende gar nicht mehr gefragt ist – und den Letzten dann wirklich die Hunde beißen. Zumal auch König Zufall nicht unterschätzt werden sollte: Videokonferenzsysteme wie Zoom hätten sich nie so schnell durchgesetzt, hätte es nicht eine Pandemie gegeben.

Bei alldem sollten wir unser Orchester immer auch mit elektronischen Spielerinnen besetzen. Ob diese dann irgendwann die erste Geige spielen? Auch das kann sein.

Wer also letztlich auf das falsche Pferd gesetzt hat, zeigt sich bei komplexen Vorgängen immer erst im Nachhinein.

## DIE DENKKRÜCKE

Wir folgen oft bildhaften Mentalmodellen, für die es teils auch wissenschaftliche Belege gibt. Nur stimmen diese immer nur für manche Fälle – und für andere eben nicht.

## DAS NEUE MENTALE MODELL

Es braucht Trüffelnasenintuition. In Wahrheit ist alles ein Zusammenspiel. Im Innovationsorchester entscheidet am Ende der Ton, der den Unterschied macht.

COACHINGBOX

## TIERISCHE KÜCHENPSYCHOLOGIE

Abb. 14: Was stimmt?

An welche Sprüche glaubst du? Welchen folgst du als mentalem Modell? Nimm meine Beispiele, die du noch einmal übersichtlich in Abbildung 14 findest, und übertrage sie auf konkrete Situationen. Finde weitere Beispiele – und Gegenbeispiele.

## 34. Die zwei Straßen auf der Via Creativa

Manche mentalen Modelle deklarieren für sich, die einzig richtigen zu sein. Eines nennt sich »Via Negativa« und enthält eine klare Empfehlung: weglassen. Damit ist gemeint, etwas zu streichen oder nicht zu machen.

Die Fragen dahinter lauten: Worauf können wir verzichten? Was können wir weglassen? Die Via Negativa steht der Via Positiva gegenüber: Diese beschreibt die Kraft des Hinzufügens. In Change-Prozessen wird meistens etwas hinzugefügt – und auch das eigene Jobprofil wird meist eher erweitert statt gestrafft.

Es fällt uns oft eben leichter, etwas Neues anzuschaffen, als uns von etwas zu trennen. So wie den meisten auch der Verzicht schwerer fällt, statt noch mehr vom leckeren Dessert zu verspeisen. Und Produkte erhalten gern immer mehr Funktionen – und nicht etwa weniger.

Via Negativa und Via Positiva sind bereits aus der Antike bekannt und liefern uns bis heute wichtige und hilfreiche Denkrahmen. Gleichzeitig sind sie aber oft auch zu unspezifisch, denn: Was heißt weglassen genau? Ist es kürzen, streichen, auslassen, ignorieren, überspringen oder geht es nur ums Reduzieren? Solch eine Konkretisierung bringt das Denken oft erst richtig in Gang, da es sich dadurch besser ausdehnen lässt.

Zudem ist ein weiterer Gedanke hilfreich: Wenn wir etwas weglassen, können wir auf der anderen Seite manchmal auch etwas anderes hinzufügen. Oder umgekehrt: Wenn wir etwas hinzufügen, können wir auf etwas anderes verzichten. Es hat sich bewährt, in beide Richtungen zu denken. Was kann weg – und was muss dazu?

## DIE DENKKRÜCKE

Die Via Negativa legt den Verzicht nahe, das Weglassen. Sie gilt als überlegenes Denkmodell gegenüber der Via Positiva, die den meisten leichtfällt.

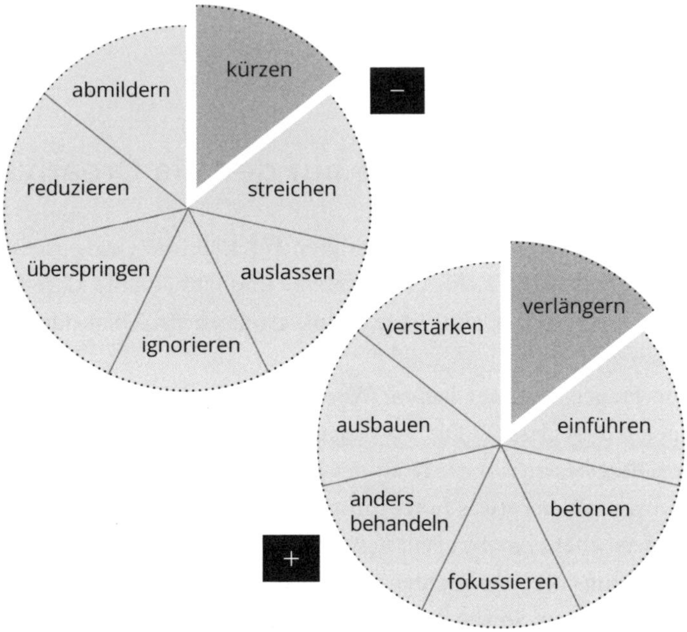


Abb. 15: Eine praktische Denkhilfe

## DAS NEUE MENTALE MODELL

Sinnvoll ist indes eine differenzierte Betrachtung beider Seiten, was nicht unbedingt Gleichbehandlung bedeuten muss. Hier lenkt die Via Creativa den Blick auf das Weglassen wie Hinzufügen und differenziert die verschiedenen Möglichkeiten der beiden kreativen Vorgehensweisen.

COACHINGBOX

Sieh dir das visualisierte Denkmodell in der Abbildung 15 an und nimm dir ein bestimmtes Thema vor – etwa das »Meeting«. Beginne auf der Minus-Seite: Was lässt sich kürzen, streichen, auslassen, ignorieren, überspringen oder reduzieren? Gehe dann zur Plus-Seite: Was lässt sich verlängern, einführen, betonen, fokussieren, anders behandeln oder ausbauen?

## 35. Brauchbare Illegalität: Ab in die Grauzone

Die endemische Phase der Pandemie war von den meisten Experten schon eingeläutet; bereits länger kümmerte sich niemand mehr um Masken und Tests. Damals hatte ich einen Auftrag bei einem großen Unternehmen und war dafür weit gereist. Doch am Eingang begrüßte mich ein Computer mit Touchscreen und Fragebogen: Ich sollte erklären, ob ich frisch getestet sei, und bestätigen, in den letzten 14 Tagen nicht im Ausland gewesen zu sein und keinen Kontakt zu Corona-Infizierten gehabt zu haben – eine Regel aus der Anfangsphase der Pandemie, die indes zu diesem Zeitpunkt schon mehr als anderthalb Jahre her war.

Mich durchfuhr der Schreck: Ich war aus Malaga angereist, was definitiv Ausland war. Zudem hatte ich mich erst vor einer Woche mit einer später Corona-Positiv-Getesteten getroffen – und ich hatte keinen Test! Doch eigentlich krähte nach all dem kein Hahn mehr. Sollte ich also dem Touchscreen jetzt wirklich antworten?

Der Portier und die mich abholende Person erkannten mein Dilemma an meinem irritierten Gesichtsausdruck – und meinten nur: »Gehen Sie durch.« Und um mich ohne offizielle Gästekarte durchzuwinken, legte mein Gastgeber seine Karte einfach zweimal auf den Scanner.

Jetzt frage ich euch: Was hättet ihr getan? Empfindet ihr dieses Verhalten als notwendigen Regelbruch im Sinne der Organisation?

Das Unternehmen hätte mich auch im Falle (m)einer Abreise bezahlen müssen, zudem wäre eine Veranstaltung mit vielen Dutzenden Teilnehmenden geplatzt. In ihrer Kosten-Nutzen-Abwägung war das Ignorieren dieser Vorschrift sinnvoll.

Nun mag der eine dies als harmlos empfinden, während die andere sagt: »Wie bitte?!« In beiden Fällen lohnt es sich, über die Beziehung zu Regeln und Vorschriften nachzudenken – und dann einmal gedanklich in jene Graubereiche zu wandern, wo nicht ganz klar ist: Was ist erlaubt und was nicht?

Ich habe viele Menschen erlebt, die sinnvolle Dinge für ein Unternehmen getan haben, die nicht erlaubt waren. Einige waren regelbasiert verboten, andere nur einfach nicht geregelt – was den Regelbruch einfacher macht. In unseren Zeiten des Umbruchs werden Widersprüche viel deutlicher sichtbar als früher. Viel häufiger bewegen wir uns in Grauzonen oder im Schatten von unsinnigen Regeln. Das fordert ein mentales Modell für den Umgang mit diesen Situationen.

Graubereiche sind ein Indiz. Sie zeigen uns, dass dort etwas bewusst nicht klar ist. Gerade Kulturveränderungen brauchen diese Graubereiche.

Auch Regeln sind solche Graubereiche, solange diese nicht sanktioniert sind, sondern nur auf dem Papier existieren: Würde die Regel nämlich wirklich gelten, so würde ein Regelverstoß sanktioniert. Worum es also eigentlich geht, ist der Umgang mit dem Ungeregelten, auch wenn dies geregelt scheint.

Das Modell der brauchbaren Illegalität fasst dies sehr gut zusammen: Etwas ist weder verboten noch erlaubt. In diesem unklaren Umfeld entscheidet die Nützlichkeit eines bestimmten Verhaltens für die Beteiligten. Ich erinnere mich noch gut an einen heimlichen Innovator bei einem Industrieunternehmen: Er trieb das Recruiting über Social Media voran, als dieses Thema noch ganz hinten auf der Agenda stand – es war nicht erlaubt, aber eben auch nicht verboten.

In Grauzonen und im Schatten entstehen kreative Lösungen. Nicht alles muss gesehen werden.

### DIE DENKKRÜCKE

Viele mentale Modelle setzen auf Regeln, etwa das Betriebsvorschlagswesen. Doch Neues entsteht in den Graubereichen.

### DAS NEUE MENTALE MODELL

Brauchbare Illegalität entsteht im Graubereich. Und sogar im Schatten des Verbotenen können Früchte wachsen.

### COACHINGBOX

Wenn du mit diesem Blick auf deine Organisation schaust, was siehst du? Wo sind die Graubereiche, wo entstehen Dinge im Schatten? Wie wirkt das auf Werte und Kultur? Wie kommen die Leute zu kreativen Lösungen? Sind bei euch Regeln wirklich sanktionierte Regeln – oder haben sie eine ähnliche Funktion wie Statisten in einem Theaterstück: einfach nur da sein, ohne viel Beachtung zu finden?

## 36. Brücken bauen mit Bridget

Alles, was möglich ist, wird auch gemacht? Keineswegs. So bräuchten wir im Grunde kein Bargeld mehr, denn das Bezahlen im Supermarkt wäre per Smartphone lösbar. Wäscheständer könnten automatisch trocknen und Musik machen; Bildschirme bräuchten keine Knöpfe und Roboter müssten nicht aussehen wie Menschen – dann wären sie auch viel weniger »humanoid«.

Ein seit einigen Jahrzehnten gängiges mentales Modell lautet »Maya«. Das steht für »Most Advanced Yet Acceptable« – etwas Neues soll möglichst fortschrittlich sein, aber noch akzeptabel. Doch Maya ist ein Kompromiss, mitunter ein fauler, der ganze Völker gefährdet: Halten wir Deutschen etwa weiterhin am Bargeld fest, so festigen wir damit unser rückschrittliches Image im Vergleich zu Ländern wie Schweden.

Mitunter kann der Maya-Kompromiss sogar zur Einbahnstraße werden, denn es kann sein, dass durch dieses enge Mentalmodell wirklich relevante Chancen gar nicht erst geschaffen werden. Statt das Denken zu befreien, würde es beschränkt.

Deshalb sollte »Maya« eine Schwester bekommen: Bridget. Bridget ist die Brücke zum Neuen – der Übergang. Bridget hilft, den Weg in die Zukunft zu gehen. Sie lenkt euer Denken auf die zwei Seiten einer Brücke: Auf der einen stehen die Menschen mit all ihren Bedürfnissen, Ängsten und Hoffnungen – auf der anderen warten die Möglichkeiten, die vieles leichter machen könnten. Diese andere Seite liegt für viele jedoch noch im Nebel. Bridget verbindet die emotionale Vertrautheit der Tradition mit der Unsicherheit, die im Fortschritt liegt. Somit ist Bridget Psychologin und Technologin in einem – eine pragmatische Visionärin.

### DIE DENKKRÜCKE

In der Vergangenheit galt das Maya-Prinzip als hilfreich, um inkrementellen, also schrittweisen Fortschritt zu ermöglichen. Doch Maya kann auch den Blick auf Möglichkeiten begrenzen. Akzeptanz für Technologie kann schließlich schnell und überraschend entstehen, wie wir in der Corona-Pandemie gesehen haben.

### DAS NEUE MENTALE MODELL

Die Lösung liegt darin, sich Brücken vorzustellen, die die Möglichkeiten der Zukunft mit dem Jetzt-Zustand verbinden. Ich nenne dieses Mentalmodell Bridget.

### COACHINGBOX

Wann braucht es Anpassung in kleinen Schritten, wann den Blick auf Möglichkeiten? Die Idee der Brücke hilft, verschiedene Pole in

Einklang zu bringen, etwa Tradition und Fortschritt oder auch Gewohnheit und neue Erfahrung. Dabei darf man den Menschen oft etwas mehr zutrauen, als man gemeinhin tut.

## 37. Punkten: Connect the Dots

In einem Satz ist der *Punkt* nicht nur das vorläufige Ende. Er gibt auch den Rhythmus vor. Er ist Teil eines Frage- und eines Ausrufezeichens. Jedes Bild besteht aus unendlich vielen Punkten. Der Punkt ist für mich eine Metapher für Teile und Elemente, die allein keinen Sinn ergeben, wohl aber in der Verbindung. So wie ein einzelnes Neuron niemals allein feuern könnte. Es braucht andere.

Normalerweise sehen wir Punkte nur im Zusammenhang einer bekannten Form. Die Teile erscheinen uns dann jedoch nicht mehr als Teile. Wir sind es gewohnt, zusammengesetzt zu denken. Gerade in letzter Zeit lieben es viele, ganzheitlich zu denken. Mit der ganzheitlichen Brille wollen wir etwas vollständig betrachten, insgesamt sehen. Doch gerade wenn es um Kreativität geht, ist dieser Blick nicht hilfreich. Denn wer auf das Ganze sieht, sieht die einzelnen Elemente nicht mehr, die Punkte. Den Blick auf die Elemente zu richten, kann uns neue Lösungen näherbringen.

Biegen, brechen und verbinden sind die wichtigsten drei Kreativitätstechniken. Brechen ist nicht nur das rigorose Brechen mit Regeln und bisherigen Annahmen, es ist auch die Dekonstruktion, also das Auseinandernehmen, Zerlegen in die einzelnen Bestandteile.

Die Technik des Verbindens ermöglicht uns, aus dem Zerlegten etwas Neues zu erschaffen. Dies geschieht durch eine Neuanordnung oder indem zusammengefügt wird, was bisher nicht zusammengehörte. Runtastic ist eine Fitness-App, die inzwischen zum Sportartikelhersteller Adidas gehört. Auf Apple Music bietet das Unternehmen inzwischen auch Musik für Workouts. Drei verschiedene Branchen, die früher nichts miteinander zu tun hatten, wurden so verbunden: Sport, Musik, Software.

Auch jenseits der Produktwelten ist das dekonstruktive Denken hilfreich. Aus welchen Elementen und Strukturen besteht eure Organisation? Wenn ihr euch das bewusst macht, seht ihr die Bauteile – Punkte.

Dabei lässt sich vieles in immer noch kleinere Teile zerlegen. Ein Meeting etwa besteht aus »Software« und »Hardware«. Software ist die Dauer des Meetings, der Name (etwa Jour Fixe oder Daily), die Moderationsmethode, der Small Talk. Die Hardware sind Teilnehmende, Raum, Stühle, Sitzordnung – und auch die kleinen Kulturelemente wie Kekse oder Obstschalen. Mit diesem Blick ist es viel leichter möglich, kreativ zu brechen: Was kann weg? Was kann anders? Wie sähe eine Neuverbindung aus?

### DIE DENKKRÜCKE

Wir denken gern ganzheitlich und in festen Zusammenhängen. Aber die kreative Kraft liegt im Dekonstruieren, Auseinandernehmen und Zerlegen.

### DAS NEUE MENTALE MODELL

Punkte neu! *Break and then connect the dots!* Ein Punkt ist eine Metapher für ein Element, das allein zunächst keinen Sinn ergibt. Zusammen mit anderen aber ergibt sich (neuer) Sinn.

### COACHINGBOX

Fördere das assoziative Denken. Eine von vielen möglichen Übungen dafür: Fülle 30 sinnlos auf einem Blatt verteilte Punkte mit Sinn. Du kannst Figuren daraus machen, einen Punkt zu einer Sonne erweitern oder deiner Kreativität freien Lauf lassen.

# 38. Der Horizont hinterm Horizont

Die Bahn hat ein Problem mit ihrem Streckennetz. Ich hoffe, dieses Buch wird so lange im Handel sein, bis dieses gelöst ist. Also bis aus »hat« ein »hatte« wird. Dann könnten wir unsere Mobilität klimafreundlich erhalten und müssten uns nicht in verspätete, verstopfte Züge quetschen.

Was bei uns schlecht ist, ist anderswo besser gelöst: In Japan fährt der schnellste Zug der Welt. Er heißt Shinkansen und hat eine Höchstgeschwindigkeit von 400 Kilometern pro Stunde, wobei er »nur« mit 360 Kilometern pro Stunde durch die Lande flitzt. Damit ist er 10 Kilometer pro Stunde schneller als die bisher schnellste Zugverbindung, die Peking und Shanghai verbindet.

Das japanische Schienennetz gehört zu den dichtesten der Welt. Von 27 311 Kilometern sind 20 534 elektrifiziert. In Deutschland sind es nur 60 Prozent. Außerdem gibt es spezielle Fernnetze.

Es mag sein, dass Japan gegenüber Deutschland geografisch einen Vorteil besitzt. Aber es investiert zugleich auch viel Geld, um seine Strecken in einem guten Zustand zu halten. Bei uns wurde lange nichts investiert, was jetzt zu einem Problemstau führt. Man kann der Bahn da allein keinen Vorwurf machen. Es war die Politik, die die Weichen nicht rechtzeitig gestellt hat.

Und da sind wir beim Thema: Welche mentalen Modelle haben wir zur Weichenstellung? Ich meine, diese sind oft sehr kurzfristig ausgerichtet. Wir denken, es wäre eine Sache von machtvollen Entscheidungen. Aber das stimmt nicht: Es ist eine Frage dessen, was man in der Zukunft sieht. Und was man sieht, verändert sich mit dem, worauf man blickt. Fahren die japanischen Züge durch mein Bewusstsein von Zukunft, werde ich völlig anders auf das blicken, was ich hier und jetzt sehe. Wer hingegen nur die Gegenwart im Auge hat, stellt die Weichen kurzfristig.

Ein sinnvolles mentales Modell sieht hinter den eigenen Horizont. Eine Möglichkeit dazu bietet das Modell der drei Horizonte, das von McKinsey entwickelt wurde (siehe Abbildung 16). Im ersten Horizont steht das Hier und Jetzt. Dort beschäftigen sich Unternehmen mit derzeitigen Umsatzbringern und ihrer Weiterentwicklung. Im zweiten Horizont stehen die Produkte und Projekte im Vordergrund, die das künftige Wachstum sicherstellen. Spätestens hier sollten wir uns

Benchmarks setzen. Wo gibt es das, was wir brauchen, jetzt schon? Im dritten Horizont geht es um Optionen für künftiges Wachstum. Hier arbeitet man an disruptiven Ideen und Problemlösungen. Das ist unbekanntes und neues Terrain. Eine Zukunft, die sich noch nicht mal im japanischen Schienennetz findet.

Jeder der Horizonte braucht ausreichend Ressourcen in Form von Personal, Zeit, Geld und Raum. Und er muss unabhängig von den anderen Horizonten sein. Denn es ist nur allzu menschlich, dass wir auf den Himmel schauen, der sich direkt vor uns auftut – doch hinter das Offensichtliche blicken wir nicht.

## DIE DENKKRÜCKE

Unsere mentalen Modelle für Weichenstellungen sind veraltet. Unternehmerische, aber auch politische Themen müssen auf unterschiedlichen Zeitachsen behandelt werden, sonst verliert man sich in der Gegenwartsbewältigung und die Zukunft rauscht vorbei.

## DAS NEUE MENTALE MODELL

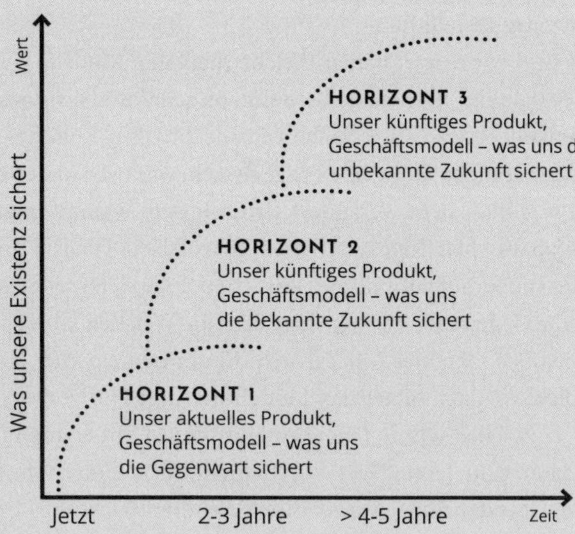


Abb. 16: Modell der drei Horizonte, nach McKinsey

Tauche hinter das Offensichtliche! Das Modell der drei Horizonte bietet eine Denkhilfe, um die Herausforderungen auf verschiedenen Ebenen zu betrachten. Das Framework ordnet unterschiedliche Maßnahmen einem von insgesamt drei Horizonten auf einer Zeitachse zu.

COACHINGBOX

Wo geht es bei dir um Weichenstellungen für die Zukunft? Wie gehst du damit bisher um? Falls du in einem Team arbeitest, könntest du darüber nachdenken, ob es hilfreich wäre, wenn sich Teilteams mit unterschiedlichen Themen beschäftigen. Aus Coachingsicht geht es vor allem um die Verständigung. So könnt ihr euch ein Thema suchen, dies aus den drei Horizonten betrachten und euch dann darüber austauschen.

## 39. Der Affe auf dem Sockel

Stellt euch vor, euer Leben hinge davon ob, dass ihr einem Affen beibringt, Shakespeare zu rezitieren. Damit nicht genug: Der Affe steht auf einem Sockel und hält einen Teller wie ein Kellner. Da habt ihr gleich einen Haufen von Problemen, die es zu lösen gilt. Womit fangt ihr an?

Höchstwahrscheinlich mit dem Sockel. Er ist einfach herzustellen. Das bringt schnelle Erfolgserlebnisse. Das gängige Mentalmodell hierzu lautet: »Sorge für schnelle Erfolge.« Es steht in jedem Change-Management-Handbuch. Schnelle Erfolge entsprechen zudem einem tiefen menschlichen Bedürfnis nach Anerkennung, Lob, direkter Rückkopplung (»War ich gut?«). Also sperren wir das große Problem in den Käfig und stürzen uns auf das kleinere.

Aber damit ist das wichtigste Problem aus den Augen und aus dem Sinn. Wir müssen uns nicht damit beschäftigen, dass es keine sprechenden Affen gibt. Vielmehr noch nicht. Und wenn ihr jetzt meint, das Problem mit einem Plüschaffen lösen zu können: Nein, es muss ein richtiger Affe sein. Das ist die Aufgabe. Nur so können wir die Welt retten.

Vielleicht habt ihr auch gehört, dass es in Jakarta dressierte Affen gibt, aber ich kann euch sagen: Die sprechen auch nicht. Schnelle Erfolgserlebnisse sind bei diesem Problem – und es steht ja nur stellvertretend für viele andere – einfach nicht zu holen. Nebenbei ist die Dressur von Affen wahrlich ein ethisches Problem. Auch dem müssen wir uns widmen.

Der Sockel, auf dem der Affe stehen soll, ist dagegen schnell erstellt. Er lässt sich leicht vorzeigen. Wenn euer Chef vorbeikommt, kann er schon etwas sehen. Dass sich das Problem mit dem Affen vielleicht niemals oder nur in jahrzehntelanger Forschungsarbeit lösen lässt, kann man auf diese Weise gemütlich verdrängen. Und so bleibt es dann auch für immer ein »Aktenzeichen XY ungelöst«. Und da haben wir ihn: den Grund, aus dem so viele Innovationsprojekte scheitern.

Was also tun? Richtig wäre es bei derart komplexen Problemen, zunächst nach dem Flaschenhals zu suchen. Das ist die schwierigste, die engste Stelle. Wodurch müssen wir unseren Affen bekommen? Welche kreativen Wege und Möglichkeiten könnte es geben? Erst wenn wir wissen, dass es geht, können wir uns den anderen Aufgaben widmen. Das heißt, wir beginnen mit der wirklich schweren Tüftel- und Kopfarbeit.

Die Konzentration auf den Flaschenhals des Problems hilft bei komplexen Projekten aller Art. Allein schon die Frage, was der Flaschenhals ist, ist sinnvoll investierte Zeit. Also raus mit dem Affen!

Und nicht vergessen: Komplexe Probleme bestehen stets aus mehreren Teilproblemen. Im Kernproblem aber liegt der Schlüssel zur Innovation.

Dieses Denkmodell stammt übrigens von Astro Teller, der die Moonshot X-Factory von Google leitet.

### DIE DENKKRÜCKE

Das etablierte Denkmodell »schnelle Erfolge« ist in unseren Köpfen eingefräst. Mit diesem Brett vor dem Kopf widmen wir uns oft viel zu spät dem Flaschenhals. Dahinter verbirgt sich der eigentliche Schlüssel zur Lösung.

DAS NEUE MENTALE MODELL

Zuerst der Flaschenhals! Denn wenn das Kernproblem nicht gelöst werden kann, braucht man sich mit allen anderen Teilen des Problems gar nicht erst zu beschäftigen.

COACHINGBOX

Wo sind komplexe Probleme in deinem Umfeld? Wie gehst du oder dein Team gewöhnlich an sie heran? Kannst du das Modell anwenden? Wo würde sich etwas verändern, wenn du es tust?

Meiner Meinung nach passt das mentale Modell zu vielen Themen, die nicht direkt mit Innovation zu tun haben: beruflichen Quereinstieg, Organisationsentwicklung, Projektmanagement und selbst Coaching. Auch wir haben schließlich unseren inneren Flaschenhals, der Energie freisetzt, die auf alles andere wirkt.

## 40. Rüttle den Käfig

Das Neue wird selten begrüßt und gerne bekämpft. Überzeugungen sind so fest, dass niemand daran rütteln kann.

Kaiser Wilhelm II. glaubte wie gesagt nicht, dass das Automobil das Pferd ablösen würde. Der Durchschnittsbürger des 18. Jahrhunderts hielt für gänzlich unwahrscheinlich, dass sich Edisons Glühbirne gegen die Kerze durchsetzen würde. Und aktuell glauben viele nicht an die wirkliche Intelligenz in der Künstlichen.

In etablierten und tradierten Unternehmen haben radikal neue Ideen schon gar keine Chance. Es ist natürlich, dass sie abgestoßen werden. Weil das jeder weiß, produziert sie erst gar keiner. Dafür gibt es dann lustige Workshops und Design-Thinking-Sprints. Da versucht man sich dann in der Gruppe an der Überwindung der eigenen Denkgrenzen. Das gelingt zu einem gewissen Grad, aber der revolutionäre Gegenentwurf zum Bestehenden kann sich so nie durchsetzen. Dafür gibt es einen einfachen Grund: Im Mittelpunkt steht der Kunde, für den man etwas entwickelt, herstellt oder anbietet. Und der sieht vor allem seinen gegenwärtigen Bedarf. Er glaubt auch im 21. Jahrhundert noch nicht an künftige Entwicklungen. Sein mentales Modell ist nicht auf die Zukunft ausgerichtet.

Lasst uns zunächst zwischen zwei Innovationsarten unterscheiden:

- Inkrementelle Innovation ist die schrittweise Verbesserung bestehender Systeme, Produkte oder Dienstleistungen, beispielsweise durch neue Technologie.
- Radikale Innovation ist die Entwicklung komplett neuer Systeme, Produkte oder Dienstleistungen. Hier entsteht, was es so vorher noch nicht gegeben hat – das Auto, die Glühbirne, das Smartphone oder was die Welt in Zukunft bereithält.

Je radikaler, desto schockierender ist die Wirkung auf das etablierte System, weshalb sie von allen Seiten bekämpft wird. Hinzu kommen die Gruppennormen. Diese haben bestimmte Verhaltensweisen und Kommunikationsmuster ausgeprägt, in dem das Neue, Andere und Abweichende grundlegend verneint und sogar bekämpft wird. Das System ist in sich geschlossen. Wie ein Käfig, in dem sich die Tiere nur in ihrem vertrauten Rahmen bewegen. Sie wissen, was sie tun dürfen und wann sie gefüttert werden. Wenn überhaupt eine neue Idee geboren wird, so in der dunkelsten Ecke.

Radikale Innovation kann nicht in einem Käfig entstehen. Sie kann sich nur da durchsetzen, wo sie selbst gefördert und gefeiert wird. An Orten also, wo es die Norm ist, um die möglichst gute Idee zu ringen. Wo sich das System durch einen Wettkampf der Ideen erhält.

Ein mentales Modell braucht deshalb erstens die Trennung der unterschiedlichen Innovationsformen und zweitens einen praktischen Ansatzpunkt, um Innovation in die Welt zu bringen. »Rüttle den Käfig« setzt dabei daran an, die Welten voneinander zu trennen und punktuell zusammenzubringen.

DIE DENKKRÜCKE

Radikale Innovationen können in Unternehmen kaum entstehen. Das beispielsweise aus dem Framework Design Thinking entspringende Mentalmodell der Innovation in der Gruppe eignet sich lediglich für inkrementelle Innovation.

DAS NEUE MENTALE MODELL

Rüttle den Käfig! Die wirklich Kreativen sollten sich nicht am Widerstand natürlicher Bestandsbewahrung abarbeiten. Man kann nicht gleichzeitig kreativ sein und in unternehmerischen Prozessen eingebunden sein. Besser ist es, gelegentlich herausgefordert zu werden von Ideen der »Externen« und Exoten. Verstörung mit Ansage.

COACHINGBOX

Wie oft rüttelst du am eigenen Käfig eingefleischter Muster? Und wen lässt du rütteln? Wie geht ihr in eurer Organisation damit um?

## 41. Finde das nächste Prinzip

Manchmal lasse ich Gruppen ein Haus malen. Fast immer malen sie es mit Dach, Fenstern und Schornstein. Dabei muss ein Haus nicht so aussehen. Wenn ihr euch fragt, was die Funktion des Hauses ist, dann braucht es die gewohnte Form gar nicht. Das Haus könnte auch rund sein.

Ähnlich ist es mit dem Flugzeug. Es dient der Fortbewegung. Für Fortbewegung braucht man den Himmel nicht. So wie das Flugzeug auch keine Flügel benötigt.

Wir neigen dazu, in festen Formen zu denken. Wir suchen dabei nach Geschlossenheit. Wir sehen die Wolken, aber nicht den Raum dazwischen.

Haben wir einmal etwas erkannt, erkennen wir es immer wieder. Kleines Experiment: Was seht ihr auf diesem Bild?

Es ist eine 13. Aber die Wahrscheinlichkeit, dass ihr zuerst das B gesehen habt, ist groß. Aufgrund unserer Neigung, feste Formen zu sehen und zu denken, fällt es uns schwer, auf neue Ideen zu kommen.

Das »First Principle«-Denken war schon zu Aristoteles' Zeiten bekannt. Es fragt: Was ist das erste Prinzip dieser Sache? Was ist der Zweck? Das erste Prinzip eines Autos ist die Mobilität. So kommt ihr auf viele Ideen. Aber einige bleiben euch auch verschlossen.

Das erste Prinzip eines Hauses ist Wohnen. Aber was ist das nächste? Wie und wodurch verändert sich Wohnen? Und wie wirkt das auf das nächste Prinzip? Das ist jenes, das den künftigen Durchbruch bringt.

Jetzt müssen wir schon etwas tiefer gehen und uns große Fragen stellen. Beispielsweise wie das Klima aufs Wohnen wirkt, die Migration, die Stadtentwicklung. Aber auch: welche Prinzipien uns als Nächstes wirklich wichtig sind, etwa Klimarobustheit.

Da die Zukunft noch nicht da ist, müssen wir uns diese hier selbst konstruieren. Die Frage ist also nicht: Was ist es? Sondern: Was wird es sein?

Es gibt Häuser auf Stelzen und solche, die in die Natur integriert sind. Das nächste Prinzip könnte auch die dezentrale Energieversorgung sein. Das nächste Prinzip verändert sich umso mehr, desto mehr Zukünfte wir in unseren Gedanken erschaffen.

## DIE DENKKRÜCKE

Das Denkmodell »First Principle« ist nach wie vor hilfreich, um dem eigentlichen Nutzen auf den Grund zu gehen. Doch es lässt einen Gedanken aus.

## DAS NEUE MENTALE MODELL

Das nächste Prinzip führt uns in die Zukunft: Es fragt danach, was die Funktion in Zukunft sein könnte.

## COACHINGBOX

Unterscheide das erste und das nächste Prinzip. Das erste Prinzip eines Smartphones? Kommunikation. Das nächste? Vielleicht die Erweiterung eurer selbst. Ja, denkt mal drüber nach. Alle Daten sind dort verfügbar, sämtliche Kontakte und Erinnerungen. Muss das auf einem Gerät sein? Könnte die Verbindung zur Cloud nicht auch anders hergestellt werden?

# ERFOLG & FÜHRUNG

Hast du das richtige Mindset für den Erfolg? Wenn du glaubst, dass du es bei anderen findest, hast du es jedenfalls nicht. In diesem Abschnitt geht es um unser Verständnis von Erfolg und Führung. Das ist wirklich ordentlich angestaubt. Denn weder Erfolg noch Führung ist, was du (wahrscheinlich) denkst.

## 42. Play the strong game

Vor Jahren machte der Autor Malcolm Gladwell die 10 000-Stunden-Regel bekannt. So viele Stunden brauche es, bis jemand Meister seines Fachs werde. Doch ist Erfolg wirklich vor allem eine Folge von Fleiß und eiserner Disziplin? Diese Vorstellung haftete lange in unseren Köpfen.

Die 10 000-Stunden-Regel stellte sich als nicht besonders wissenschaftlich heraus. Sie fußte nur auf wenigen Daten in einem bestimmten Fach. Gladwell hatte lediglich eine Studie zum Erfolg von Geigerinnen bis zum 18. Lebensjahr als Grundlage genutzt, um Allgemeingültigkeit auszurufen. Außerdem hat er die Disziplinanstrengungen einfach bis zum 20. Lebensjahr hochgerechnet und kam so auf die 10 000. In Wahrheit ging es also um weniger Stunden. Die Formel machte sich so aufgerundet einfach besser – und wird seitdem immer weiter als mentales Modell verbreitet.

Dieser Aussage stehen Untersuchungen gegenüber, dass Übung nur für 12 Prozent des Erfolgs verantwortlich ist – jedenfalls, was Sport und Musik angeht.

Wie so oft hatte ein Autor nach dieser einen Zutat für ein Erfolgsrezept gesucht – anstatt nach mehreren. Die Argumentation musste dabei so klar wie möglich sein und einem im amerikanischen Kulturraum verbreiteten Narrativ entsprechen: Wir haben unseren Erfolg selbst in der Hand. Wenn wir viel Zeit und Anstrengung investieren, kommt der Erfolg von selbst. Doch das ist irreführend und falsch. Das mentale Modell dahinter ist die Meritokratie. Diese vertritt die Annahme, dass Leistung für Erfolg verantwortlich sei. Hinzu kommt die Vorstellung vom langen Atem – *play the long game.*

Doch nicht jeder mit einem langen Atem wird erfolgreich. Und nicht jeder, der Lorbeeren erntet, hat sie aufgrund der Leistung auch wirklich verdient. So ergattern Ökonomen wahrscheinlicher einen Job an einer Spitzenuniversität, wenn ihr Name am Anfang des Alphabets liegt. Das liegt wiederum daran, dass in wissenschaftlichen Publikationen die Autoren nach Alphabet aufgelistet sind. Sie sind damit automatisch sichtbarer.

Forscher erklären bis zu 60 Prozent der individuellen Einkommensunterschiede mit dem Geburtsland, weitere 20 Prozent sind auf das

Einkommensniveau der Eltern zurückzuführen. Somit haben 80 Prozent des Unterschieds nichts mit individueller Leistung zu tun. Der Zufall ist ein wichtiger Mitspieler im Spiel um den Erfolg im Leben. Das heißt aber nicht, dass Leistung keine Rolle spielt. Sie ist eine Zutat, aber eben nicht die einzige.

Was ist also ein Mentalmodell, das die Realität besser abbildet? »Play the strong game« sagt uns, dass wir dann ein starkes Spiel spielen, wenn wir nicht nur eine, sondern mehrere gute Entscheidungen treffen. Dazu gehört sehr oft das Üben, die Disziplin, das Besserwerden. Dazu gehört es aber auch, die Zeichen der Zeit zu erkennen. Sich mit den richtigen Leuten zusammenzutun. Und: die Zufälle zu mehren. Vielleicht geht es auch um eine Namensänderung.

Die Autorin J.K. Rowling schrieb, seit sie sechs Jahre alt war. Harry Potter erfand sie in den 1990er Jahren während einer Zugfahrt. Doch die Verlage lehnten das Manuskript ab. Sie glaubten nicht, dass Jungen ein von einer Frau geschriebenes Buch lesen würden. So beschloss Rowling, ihren Namen mit »J.K.« abzukürzen. Daraufhin bekam sie einen Vertrag – und startete mit einer Erstauflage von 500. Von wegen Leistung.

In dieser Erfolgsgeschichte sind viele Zutaten: Da ist die Disziplin, die Geduld, die kluge Taktik, Hartnäckigkeit und eben der Zufall. Rowling sah ihren Erfolg als Schachspiel, bei dem der nächste Zug gut überlegt sein will.

Natürlich spielen auch das Metier und die Branche eine wichtige Rolle. In manchen Bereichen ist Übung wichtiger als in anderen. Hier braucht es mehr Talent – und dort mehr Fleiß. Und dann gibt es viele, sehr viele Bereiche, die alles fordern. Klassische Musiker haben ganz andere Hürden zu nehmen als Popmusiker. Alle müssen üben, aber die strategischen Entscheidungen sind ganz andere.

Am Ende ist ein »strong game« eben eine Kette solch strategischer Entscheidungen. Und die setzt vor allem eins voraus: eine adaptive Vorstellung davon, wo man hinwill.

### DIE DENKKRÜCKE

Wir suchen immer nach der einen Zutat für Erfolg. Dabei wird dann oft Disziplin hoch gehandelt – *play the long game*. Die Wahrheit ist aber viel komplexer. Es geht darum, einen Prozess strategisch klug zu gestalten und auch Chancen zu nutzen.

DAS NEUE MENTALE MODELL

»Play the strong game« bedeutet, dass wir ein gutes Spiel brauchen. Dafür müssen wir erst mal wissen, welches Spiel wir spielen wollen. Wollen wir Meister werden? Oder einfach nur berühmt? Wer sich darüber klar ist, kann den Prozess daraufhin durchdenken. Strategie und Taktik sind entscheidend – neben gesunder Selbstkenntnis.

COACHINGBOX

Was hast du bisher über Erfolg geglaubt? Wie spielt diese Überzeugung in dein Leben und beeinflusst das, was du tust oder eben auch nicht tust?

Wenn Erfolg nicht auf Disziplin oder Talent zurückzuführen ist, was bedeutet das für dich und dein Vorhaben? Wie kannst du ein Strong Game spielen?

## 43. Die dritte Säule für Erfolg

Einige Menschen fragen nach Regeln für den Erfolg. Andere wollen möglichst schnell Ziele erreichen. Dahinter stecken zwei Mentalmodelle: Das eine ist am *Wie,* der Effizienz, und das andere am *Was,* der Effektivität, ausgerichtet. Durch die Brille der Effizienz geht es darum, schneller zu werden, mit weniger Arbeit mehr zu erreichen oder bestimmte Hürden zu überwinden, etwa die Prokrastination, die verbreitete Aufschieberitis. Durch die Brille der Effektivität ist das Ziel im Blick – und die Frage, was hilft, das Ziel zu erreichen. Oft geht es hier um Einstellungen, Mindsets.

Auf der einen Seite fragt man sich also eher, wie mache ich es richtig, und auf der anderen, was hilft mir, das Ziel zu erreichen. Natürlich braucht es beides, und so finden sich auch kombinierte Ansätze. So gut wie gar nicht beachtet wird dagegen die Widerstandskraft des Erfolgs.

Resilienz bezieht sich auf die Fähigkeit, sich an schwierige Umstände anzupassen und sich schnell von Rückschlägen zu erholen. Resilient sind wir in der Lage, mit Schwierigkeiten umzugehen, aus Erfahrungen zu lernen und schnell auf Veränderungen zu reagieren. Denn nur so können wir Ziele den Entwicklungen anpassen und auch den Weg erfolgreich beschreiten. Stell dir vor, ein Freund von dir möchte unbedingt Popstar werden oder Influencerin. Mit der Effizienzbrille optimiert er seine Gesangskünste und mit der Effektivitätsbrille sein Ziel. Dann macht er sich mit dem richtigen Mindset auf den Weg. Das lautet ziemlich oft »Glaub nur an dich selbst, dann schaffst du alles«. Das stimmt allerdings nicht.

Nicht berücksichtigt ist hier nämlich der Kontext. Die Frage ist, wie dein Freund mit den Überraschungen des Lebens umgeht, was und ob er daraus lernt. Wenn wir resilient mit Problemen umgehen, dann machen sie uns selbst stärker. Wir wachsen daran. Wir trainieren. Und das ist die Basis für nachhaltigen Erfolg.

An diesem Punkt scheiden sich die unter komplexen Bedingungen Erfolgreichen von denen, die einfach oder kompliziert denken. Die, die einfach denken, wollen richtige Rezepte, die es fürs Komplexe nicht gibt. Die, die kompliziert denken, legen das Augenmerk auf effektive Konzepte, die das Komplizierte zum Erfolg durchschleusen.

Resiliente Konzepte sind dagegen wie ein Wachstumshormon für Erfolg. Sie setzen darauf, dass etwas unter komplexen Bedingungen bestehen kann. Es ist kein Doping, es baut einfach nur Muskeln auf. Sie sichern den Erfolg ab, weil sie flexibel sind und sich anpassen. Mit Resilienz im Blick richten wir den Blick auf den Kontext. Und genau das ist der Schlüssel.

Ihr könnt das Wachstumshormon Resilienz für alles Mögliche anwenden. Ihr müsst dafür lediglich den Blick nach außen richten. Also: keine reine Selbstbeschau mehr, kein Bezwingen der Natur. Es geht einfach nur darum zu beobachten, zu lernen sowie sich und sein Produkt sukzessive anzupassen. So sensibilisiert, spürt ihr rechtzeitig, wenn der Wind sich dreht – und baut für alle Fälle vor. Weil ihr den Blick auf die Umwelt richtet und eben nicht nur auf euch selbst.

Ein Beispiel: Eine Freundin hat ein bestimmtes Erfolgskonzept für Führung verinnerlicht. Dies beinhaltet die feste Überzeugung, man müsse Teams motivieren. Sie schaut dann nicht nach außen. Wenn es mit der Motivation nicht klappt, bezieht sie das auf sich selbst. Sie übernimmt sozusagen Verantwortung für ihr eigenes Scheitern. Wenn sie dagegen auf die Umwelt schauen würde, dann würde sie ausprobieren, was Wirkung hat. Da kommt sie möglicherweise zu dem Schluss, dass die Motivation der anderen nicht ihr Ding ist.

**EFFIZIENZ**
Mache ich die Dinge richtig?

**EFFEKTIVITÄT**
Mache ich die richtigen Dinge?

**RESILIENZ**
Wie passe ich mich dem sich verändernden Kontext an?

Abb. 17: Das Dreigespann: Effizienz – Effektivität – Resilienz

## DIE DENKKRÜCKE

Wir sehen vor allem Effizienz und Effektivität als Säulen von Erfolg. Doch unter komplexen und unplanbaren Bedingungen geht es um etwas Drittes: die Resilienz.

## DAS NEUE MENTALE MODELL

Wenn wir auf Resilienz achten, sind wir am Kontext orientiert. Das Zusammenspiel mit Effizienz und Effektivität ist dann viel wirksamer.

COACHINGBOX

Wie stehst du dazu? Nimm das Thema Motivation. Glaubst du, du musst motivieren? Oder blickst du auf das Umfeld und gibst die Verantwortung ab? Wenn du das (noch) nicht tust: Wie kann es besser gelingen?

## 44. Mach den Loop

Meist gehen wir davon aus, dass das Ziel richtig ist. Dabei wäre es oft sinnvoll, das Ziel zu hinterfragen. Denn je nachdem, wovon ihr ausgeht, kommt ihr zu ganz anderen Ergebnissen.

Ihr möchtet Erfolg haben und ein Unternehmen gründen. Dazu müsst ihr den derzeitigen Job kündigen – denkt ihr. Ihr stellt also eine direkte Verknüpfung her, die aber andere Möglichkeiten ausschließt. Anderes Beispiel: Ihr wollt mehr Kreativität in eurer Organisation. Also wollt ihr Seminare anbieten. Auch das schließt neue Gedanken direkt aus. In beiden Fällen seid ihr in der Richtig-Schleife. Ihr fragt euch also: Wie mache ich die Dinge richtig? Zu ganz anderen Ergebnissen kämt ihr, wenn ihr euch fragt, ob ihr die richtigen Dinge macht. Und noch mal weiter bringt euch die Frage: Woran erkenne ich, was richtig ist?

Ist also ein Seminar richtig? Oder wäre es nicht eher eine Veränderung im System? Müsstet ihr Anreize schaffen, die dauerhaft wirken?

Und woran erkennt ihr, dass Kreativität überhaupt der Punkt ist? Könnte es nicht die Kultur sein? Oder das Produkt, das weniger kreative Menschen anzieht? Geht es also gar nicht darum?

DIE DENKKRÜCKE

Wir gehen davon aus, dass unser Ziel richtig ist.

DAS NEUE MENTALE MODELL

Wir sollten hinter das Ziel tauchen und es infrage stellen.

COACHINGBOX

Geht einmal die drei Tauchgänge für ein bestimmtes Thema durch, das euch beschäftigt.

- **Mache ich die Dinge richtig?** Will ich also wissen, wie es genau geht, Erfolg etwa? Das ist der Effizienzblick. Er ist super für Qualitätsprodukte und schlecht für alles, was individuell beeinflusst ist.
- **Mache ich die richtigen Dinge?** Wie komme ich zum Ziel? Muss ich dazu meine Einstellung ändern? Damit bist du an Effektivität ausgerichtet, was prima ist, wenn du unter planbaren Bedingungen und in ruhigem Fahrwasser ein Geschäft aufmachen willst.
- **Woran erkenne ich, was richtig ist?** Welche Informationen gibt mir die Umwelt? Was muss ich anpassen? Beziehe ich gemachte Learnings mit ein? Das ist der Resilienzblick. Er ist ideal, wenn du nicht genau weißt, was kommt.

## 45. Mindset ist total Banane

Du möchtest wissen, wie sich ein anderes Mindset anfühlt? So eins, das du gerade dringend für deinen Erfolg brauchst? Sorry, aber du wirst es nie erfahren. Es ist aussichtslos zu glauben, man könne fühlen und denken, was ein anderer fühlt und denkt. Es ist gar verrückt anzunehmen, man könne so handeln, wie derjenige mit dem Wunsch-Mindset es tun würde. Und doch flüstern uns laufend Leute ihre individuellen mentalen Modelle über Erfolgs-Mindsets ein.

Manche möchten sich etwa ein »agiles Mindset« im Workshop aufspielen lassen, andere ein digitales. Beides brauchen sie, um erfolgreich die »Transformation« zu bewältigen, also den Umbau der derzeitigen Strukturen. Führungskräfte wollen auch gerne glauben, dass ein Reset des Mitarbeiter-Mindsets möglich sei.

Dabei herrscht eine bestimmte Vorgehensweise vor: Man möchte sich das jeweils präferierte Erfolgs-Mindset durch die Kopie des Erfolgsrezepts eines anderen aneignen.

Die Hoffnung: Das für die Ausprägung von Mentalität zuständige Gehirnzentrum ließe sich einfach umprogrammieren. Was schlicht und ergreifend nicht geht.

Die Wahrheit ist, dass »Einstellungen« und Muster individuell entstanden sind. Sie lassen sich nur ändern, wenn es in unsere eigene, in die bisherige Logik passt. Eine neue Programmierung ist unmöglich. Da versprechen viele Autorenkollegen einfach zu viel.

Mindset beinhaltet schließlich auch alle Muster, die sich in unserer Vergangenheit wiederholt und in uns festgesetzt haben. Ob wir aus allem lernen wollen oder neuen Erkenntnissen lieber ausweichen: Eine solche Einstellung lässt sich nicht wie mit einem Schalter umschalten. Ob wir Erfolg haben oder nicht, ist überdies nicht an simple Rezepte gebunden, sondern auch an den Zufall. Wenn wir unsere Einstellung wirklich verändern wollen, ist das harte Arbeit an uns selbst. Herauskommen wird kein Standard, sondern das, was zu uns passt.

Der Glaube an Mindset ist eng verwoben mit der Überzeugung, dass unser Gehirn maßgebliche Schaltzentrale für unsere Handlungen sei. In ihm spiegelt sich auch die (falsche) Überzeugung, dass sich neues Verhalten durch eine Vernunftentscheidung begründen und durch Willenskraft beliebig steuern ließe.

Normalerweise machen wir die von klugen Beraterinnen vorgegebenen Mindsets schnell der eigenen Gehirnsubstanz gleich. Sie zerschellen am präfrontalen Cortex. Mit ihm erklären wir uns die Welt, wie sie eben nur uns erscheint (und gefällt). Logisch ist damit nur eins: unsere eigene Logik. Deshalb ist alles, was Erfolg nach dem Motto »Mach es so wie ich!« verspricht, vor allem eins: total Banane. Ihr könnt die Ideen des anderen Mindsets konsumieren und seid danach vielleicht auch etwas schlauer. Euer grundlegendes Denken wird sich dadurch aber nicht ändern. Muss es aber auch nicht. Mindset verändert sich nicht durch die Lektüre eines Erfolgsbestsellers, sondern durch die Veränderung von äußeren Einflüssen, an die wir uns anpassen.

Wer ein Bananen-Mindset möchte, sollte also dahin gehen, wo Bananen wachsen. Mein Sohn wollte ein Weltbürger-Mindset. Deshalb tingelte er durch die Welt. Zu Hause hätte er sein Weltbürger-Mindset nicht bekommen.

Wer Bücher über Erfolgs-Mindsets konsumiert, sucht oft etwas zum Kopieren. Weiter bringt jedoch das Interpretieren: Was davon hilft mir? Was passt auch zu mir? Denn Mindset ist eben nicht nur eine Einstellung, es ist auch Fühlen. Und damit wir uns auf den Weg machen, muss es sich nicht nur gut, sondern auch passend anfühlen.

### DIE DENKKRÜCKE

Viele suchen nach einem Copy-Paste-Mindset. Sie denken, Erfolgsrezepte ließen sich einfach übertragen. In Wahrheit muss sich jeder seinen Erfolg selbst zusammenbrauen.

### DAS NEUE MENTALE MODELL

Wir müssen uns »Brain« erweitert und in das Umfeld eingebettet vorstellen. »Mindset ist total Banane« heißt für mich zweierlei: Der Glaube an eine kontextlose Mindset-Änderung greift zu kurz. Mindset ändert sich vor Ort, zum Beispiel eben da, wo die Bananen wachsen.

### COACHINGBOX

Was sind deine Bananen? Das heißt: Was möchtest du gerne sein, anders machen, verkörpern? Wovon hättest du gerne mehr? Wo ist das, was du mehr willst?

Wo müsstest du also hingehen, um die Änderungen zu bekommen, die du dir wünschst? Wo sind die, die den Erfolg haben, von dem du dir dein Scheibchen abschneiden willst?

## 46. Viele Straßen führen nach Rom

Was macht erfolgreich? Weißt du es? Vielleicht hast du einen Ratgeber gelesen, der dir die 4-Stunden-Woche versprochen hat. Vielleicht gehörst du aber auch zu denjenigen, denen man einredete, eine 60-Stunden-Woche sei für den Erfolg als Unternehmerin unabdingbar.

Die Wahrheit ist: Beides kann stimmen. So wie beides auch nicht stimmen kann. Entscheidend ist das, was für dich passt.

Für den Weg dahin gibt es die verschiedensten Erfolgsrezepte. Keines ist besser als das andere. Die Überlegenheit leitet sich von dir selbst ab. Passt der entsprechende Weg zu dir? Kannst du damit genug Energie mobilisieren, um loszugehen und dranzubleiben? Hilft dir ein Plan oder helfen dir andere? Das entscheidet nicht das Rezept, sondern die Tatsache, dass dir das Essen schmeckt. *The proof of the concept is the eating!*

Die Tatsache, dass es viele Wege und damit Rezepte gibt, macht es Ratgeberautoren leicht. Sie können alles Mögliche als das ultimative Erfolgsrezept verkaufen. Aber es ist nicht ultimativ. Es ist ihr Rezept. Ob es auch deins ist, steht auf einem gänzlich anderen Blatt. Es ist deins, wenn du dich darin wiederfindest.

Mentale Modelle müssen deduktiv sein, denn es darf sich nicht um Einzelphänomene handeln. Was uns jedoch oft verkauft wird, sind Einzelphänomene – im Gewand der Verallgemeinerung. Das wahre übergeordnete Phänomen ist ein anderes: die Vielfalt der Möglichkeiten. Tatsächlich gibt es viele, wenn nicht unendliche Möglichkeiten für Erfolg. Meist kann man diese in zwei gegensätzliche Pole aufspalten. Du kannst einerseits sparen und andererseits einen Haufen Geld investieren. Du kannst einerseits deinen Kopf anstrengen und andererseits per Zufall auf eine Geschäftsidee stoßen. Mittelwege sind auch immer wieder erfolgreich.

Nehmen wir Coaching: Der eine Coach ist erfolgreich dank sensationeller Suchmaschinenoptimierung. Der andere Coach hat nicht mal eine Website. Es gibt auch die, die besonders gute Dienstleister sind – wobei kein direkter Zusammenhang mit einem guten Außenauftritt oder Auszeichnungen besteht. Auszeichnungen kann man sich kaufen.

Möglich, dass jemand mit einem Bauchladen erfolgreich ist, während die andere ganz spitz positioniert auf den Markt zugeht und dort auch landet.

Der eine hat von niemandem gelernt, sondern ist nur einfach seinen Weg gegangen. Der andere hat von jemandem gelernt, der Weg A empfohlen hat, und wieder ein anderer von der Person, die B propagiert hat.

All das heißt, dass fast jeder Ratgeber irgendwo recht hat, selbst mit komplett konträren Aussagen. Das Phänomen findet sich auch bei anderen Themen, etwa Führung. Die eine Person ist mit dem Rezept aus Ratgeber A erfolgreich, der die vorsichtige Beobachtung in den ersten sechs Wochen im neuen Job empfiehlt. Die andere Person ist mit dem Rezept aus Ratgeber B erfolgreich, der nahelegt, sich deutlich zu positionieren. Bei alldem gibt es einen bestimmten Zeitgeist. Dieser entsteht meist schlicht daraus, dass ein Thema wieder mehr Aufmerksamkeit bekommt. Das ist wie in der Mode.

Es hängt sowieso nie an dem einen, sondern am Wechselspiel. Wir begeben uns auf einen bestimmen Weg in eine Richtung und reagieren in unserer Weise auf das, was uns begegnet.

Finalität, also ein Denken vom Ende her, ist wichtig. Aber noch viel wichtiger ist die Energie, die jemand aufbringt. Man kann viele Erfolgsrezepte konsumieren, ohne sich je auf den Weg zu machen. Das hat damit zu tun, dass nichts dabei war, was für den eigenen Weg passt. Wir konsumieren den Erfolg der anderen, weil kopieren nicht geht. Der Grund, sich auf den Weg zu machen, ist noch nicht gefunden. Vielleicht liegt es daran, dass Rom gar nicht das Ziel ist, sondern Hintertupfingen. Die Gründe, aus denen sich jemand zum Erfolg aufmacht, sind persönlich motiviert. Wann strengen wir uns an? Immer dann, wenn wir glauben, dass wir es schaffen können. Wenn wir andere kopieren, überfordert das.

Deshalb hat bei all den möglichen Erfolgsrezepten ein mentales Modell immer Gültigkeit: Rom ist nicht an einem Tag erbaut worden. Erfolg besteht aus individueller Anstrengung und dem persönlichen Glauben an Machbarkeit. Wer nicht glaubt, die Strecke bewältigen zu können, bleibt zu Hause – und gibt sich die Schuld.

### DIE DENKKRÜCKE

Wir meinen, es gäbe bestimmte überlegene und einfache Erfolgsrezepte, sei es für Gründung, Unternehmensführung, Organisationsentwicklung oder auch den Erwerb von Reichtum. Doch die gibt es nicht.

### DAS NEUE MENTALE MODELL

Wir müssen etwas für uns für möglich halten. Die Aufgabe muss schaffbar sein, weil es unser Weg ist. Die Frage ist also nicht, welches Rezept zum Erfolg führt, sondern warum ich anfange zu kochen.

### COACHINGBOX

Denk einmal von Rom aus. Wo ist dein Rom? Was erhält es? Wie ist es entstanden? Welche anderen Roms kennst du noch? Wie sind sie zu dem geworden, was sie sind? Und was tun diese für ihren Erhalt?

Und nun denk an deinen Umgang mit Ratgebern. Suchst du nach Erfolgsrezepten? Wie würdest du dich verhalten, wenn du frei davon agieren würdest? Oder mal ganz einfach gefragt: Warum strengst gerade du dich an?

## 47. Erfolg vermehrt sich von allein

*Denke nach und werde reich* von Napoleon Hill ist seit 1938 ein Bestseller. Seitdem wurde das kleine schmale Büchlein angeblich 70 Millionen Mal verkauft. Unterschiedlichste Verlage bringen immer wieder neue Editionen heraus. Wie kann es sein, dass ein derart alter »Schinken« mindestens zwei Generationen überlebt? Das ist zwar lange nicht so viel wie die Bibel, aber auch ganz schön beachtlich.

Ist so überragend, was da drinsteht? Nein. Es liegt an etwas, was wir im Zusammenhang mit Erfolg viel zu wenig sehen.

Zum einen wird etwas umso vertrauter, je öfter wir es sehen. Zum anderen ist es sicherer, auf etwas zu setzen, was sich bereits bewährt hat. Deshalb haben es Newcomer auf dem Buchmarkt so schwer. Mentale Modelle wie »das Gute setzt sich durch« oder »der Bessere wird gewinnen« sind deshalb mit Vorsicht zu genießen. Das Hartnäckige setzt sich durch – und der Zufall spielt mit.

Viele Bücher sind ein One-Hit-Wonder, sie überleben nur eine Saison. Ein guter Inhalt allein sagt nichts über seinen Verkauf. So ist es auch mit Musik, Kleidungsstücken und Design. Manche Dinge bewähren sich über Jahrzehnte. Andere bewähren sich nur kurz. Und wieder andere bewähren sich gar nicht.

Es gilt auch: Wer sich einmal bewährt hat, kann seinen Erfolg leichter wiederholen. Napoleon Hill musste nicht viel tun. Der zeitlose Titel und die dauernde Exposition sorgt schon allein für Erfolg. Das Buch musste einfach nur immer wieder neu aufgelegt und verpackt werden. So ist es auch nachgewiesenermaßen bei Musik: Die Titel, die sich durchsetzen, sind nicht die besten. Sie gelangen zufällig in eine Zone der Aufmerksamkeit und ab da entwickelt sich eine Kettenreaktion.

### DIE DENKKRÜCKE

Wir denken, etwas ist erfolgreich, weil es besonders gut und langlebig ist. Doch das stimmt nicht.

### DAS NEUE MENTALE MODELL

Kettenreaktionen entstehen durch Zufall. Wir brauchen einen Verstärkungseffekt durch wiederholte Sichtbarkeit und häufige Exposition.

### COACHINGBOX

Wie kannst du dieses mentale Modell auf deinen Kontext übertragen? Wenn du dir vorstellst, dass wir Erfolg anbauen können, heißt das bildlich: Du brauchst einen fruchtbaren Boden in deinem Erfolgsgarten. Weiterhin benötigst du ein schnell wachsendes Pflänzchen, das sich leicht vermehrt und gut gesehen werden kann.

## 48. Mach was aus deinem Kühlschrank

Immer wieder schreiben mich Menschen über soziale Medien an, die mit mir morgens um acht telefonieren wollen. Sie planen, mir etwas zu verkaufen, verkleiden das aber in das Geheimnis des Nichtsagens. Nicht nur, dass ich ein Morgenmuffel bin, ich sehe auch überhaupt keinen Grund, mit diesen Leuten zu sprechen.

Dennoch ist das eine nach wie vor verbreitete, man muss es leider so sagen, »Erfolgsstrategie«. Das ist so wie den Fuß in die Tür stellen, nur in Social Media. Es funktioniert nur bei sehr aggressivem Vorgehen. Nachhaltig ist es auch nicht.

Viele Menschen suchen Erfolg von der Stange. Sie wollen planen, einer bestimmten Vorgehensweise folgen. Dabei sehen sie meist nicht, was sie selbst haben – oder auch noch nicht haben. Schuld sind mentale Modelle aus der Zeit der Planbarkeit. Sie stellten die Gewinnlogik in den Mittelpunkt. Es ging darum, etwas Planbares zu erzielen, einen bestimmten Umsatz etwa. Dieses Denken ist nicht nur immer noch bei Unternehmerinnen verbreitet, sondern auch bei Angestellten. In der Logik des Planens, der Zielerreichung und des Homo oeconomicus ist das auch schlüssig. Diese Logik ist aber in komplexen Umfeldern obsolet. Hier geht es um etwas anderes: die verfügbaren Mittel.

Das betrifft nicht nur Finanzen, sondern sämtliche Mittel. Eines der wichtigsten Mittel wird ohnehin immer unterschätzt: die Beziehungen. Es geht um Kontakte, um die Frage: »Wen kennst du?« Hilfreich sind engagierte Leute. Wer hängt sich für dich rein, wer öffnet dir die Türen, wer stellt einen Kontakt her? Wer gibt dir etwas, weil sie weiß, dass auch du geben würdest? Geben und Nehmen eben, als zwei Seiten einer Medaille.

Statt auf den Gewinn zu schielen, geht es um den leistbaren Verlust. Die Frage ist, was ich für mein Projekt einsetzen will, an Geld, aber auch an anderen Ressourcen. Und wie ich es mit vorhandenen Mitteln weiterentwickeln kann.

Das Konzept der Effectuation wurde vor mehr als 20 Jahren von Saras D. Sarasvathy, einer Professorin für Unternehmertum an der Darden School of Business der Universität von Virginia, entwickelt. Es war damals revolutionär. Denn Sarasvathy wies auch nach, dass mittelorientierte Gründungen erfolgreicher waren. Das schlug ein!

Mittlerweile ist die Idee aber über diesen früheren Kontext hinausgewachsen, da sie überall passt, wo die Komplexität Planung nur in groben Zügen zulässt. Mein mentales Modell dafür ist der Kühlschrank. Was habe ich in meinem Kühlschrank? Was kann ich daraus machen? Wo kann mir der Nachbar helfen, wo die kreative Idee, wie ich etwas verbinden und kombinieren kann?

Ein integriertes Modell lautet auch: Besser den Spatz in der Hand als die Taube auf dem Dach. Was habe ich also sprichwörtlich in der Hand, was kann ich direkt beeinflussen?

## DIE DENKKRÜCKE

Wir suchen den Erfolg in der Planung und dem Rezept. Doch in Wahrheit liegt er in unserer Hand.

## DAS NEUE MENTALE MODELL

Checke deinen Kühlschrank: Was kann ich beeinflussen? Was habe ich? Fragen lenken den Blick auf wichtige Aspekte. Die wichtigste ist aber: Was bin ich bereit zu riskieren? Wenn ihr euch darüber Gedanken macht, seid ihr ganz anders und sehr viel konkreter motiviert, als wenn der erste Blick auf die Gewinne fällt. Die Schritte und Fragen in der Abbildung 18 geben dir einen Denkrahmen. Bist du ein Effectuator? Du kannst im Internet einen Test dazu machen, der sich PAVE nennt. Den Link dazu findest du am Ende des Buches unter »Weiterführende Literatur und Quellen«.

Abb. 18: Effectuation-Rahmen

COACHINGBOX

Was hast du in der Hand, um das zu realisieren, was du umsetzen möchtest? Manchmal ist es sinnvoller, andere danach zu fragen, was du aus ihrer Sicht tun solltest. Sammle Ideen dazu, indem du zehn verschiedene Personen anfragst und einfach aufschreibst, was sie dir sagen. Gehe die Liste dann durch und spüre deine Resonanz darauf. Was bist du bereit zu investieren? Schreibe intuitiv auf, was dir einfällt. Denke nicht nur in Geld, sondern auch in Zeit und Lernaufwand. Wie sehr wirst du dich hineinknien wollen?

Und nun denke an all deine nicht genutzten Beziehungen. Was liegt brach? Was ist ungesehen? Gehe zum Beispiel bei LinkedIn die Kontakte deiner Kontakte durch.

## 49. Microsteps: Die Kraft der kleinen Schritte

Siebenmeilenstiefel haben Zauberkraft. In kurzer Zeit bringen sie euch überallhin. Normalerweise kommen sie jedoch nur im Märchen vor. Es gibt zwar Ingenieure, die versucht haben, welche zu bauen. Oder mit Speedjumping einen Sport, bei dem ihr weite Sprünge machen könnt. Aber Siebenmeilenstiefel dienen vor allem einem: Wenn wir darauf hoffen, lagern wir die Lösung für unser Problem einfach aus. Ein typisches Problem ist das Lernen neuer Verhaltens- und Herangehensweisen. Dass das schnell gehen muss, ist leider als altes mentales Modell in uns eingebaut.

Doch Veränderung ist am Anfang immer langsam – ob wir nun Muskeln aufbauen, neue Gewohnheiten etablieren oder etwas lernen wollen. Eine miese Sportmannschaft schafft den Turnaround auch nicht an einem Tag, sondern durch viele, viele kleine Schritte. Das alte Modell »Rome wasn't built in a day« – hier passt es wirklich.

Wir trauen uns nur leider oft kein Rom zu. Denn wir sehen das Rom der anderen und meinen, es wäre unmöglich, jemals dahin zu kommen. Statt Stein um Stein zu bauen, suchen wir nach Copy-Paste für die Gesamt-Architektur. Und hier liegt der grundlegende Denkfehler.

Vielleicht arbeitet ihr in einem Job, der sich gerade grundlegend ändert. Ich kenne wenige, die das nicht tun. Selbst soziale Berufe verändern sich durch Technologie, oder auch Gesundheitsjobs. Überall wirkt sich die Digitalisierung aus. Manche Branchen sind wie alte, schlecht gedämmte Häuser: Da wurde Jahre nichts gemacht. Es gibt einen Stau. Aber das sehen wir gar nicht, weil wir nur andere Häuser sehen.

Es geht also nicht nur darum, sich bewusst zu sein, dass Rom länger braucht. Wir sollten auch die Fenster unserer Vorstellungen öffnen. Wie sieht Rom überhaupt aus? Das motiviert. Wenn noch ein Gedanke dazukommt: Was anfangs anstrengend ist, wird immer leichter, je öfter ihr es tut. Unsere Köpfe lassen sich umbauen, schrittweise, adaptiv.

Lasst euch nichts erzählen von großen Zielen und radikalen Schnitten. Das war eine Zeit lang sehr populär. Das Motto lautete »Du musst nur groß denken«, dann wird es auch groß. Nichts gegen großartige Vorstellungen, aber sie bremsen nur. Neurowissenschaftliche Erkenntnisse zeigen, dass wir uns gesünder verändern, wenn wir es langsam angehen. Jeden Tag ein kleiner Schritt ist besser, als einmal mit der Brechstange den Meilenschritt zu erzwingen. Wichtig ist, dass sich die Schritte wiederholen und dem Fortschritt anpassen.

Das uralte mentale Modell »steter Tropfen höhlt den Stein« ist dabei nicht ganz richtig. Das Tropfen muss sukzessive stärker werden. Das Gehirn benötigt immer neue Reize, eine langsame, aber stetige Steigerung. Dafür müssen wir die Fortschritte auswerten und neue Schritte so wählen, dass sie uns immer ein kleines Stück weiter bringen.

### DIE DENKKRÜCKE

Wir nehmen an, es gäbe Siebenmeilenstiefel, die uns schnell zum Ziel tragen und von der harten Arbeit entlasten.

### DAS NEUE MENTALE MODELL

Es braucht Mikrotransformationen mit Microsteps. Die kleinen Schritte dienen dem schrittweisen Anpassen an Neues.

### COACHINGBOX

Um Microsteps geht es auch bei den *Atomic habits* nach James Clear, in Deutschland als *Die 1%-Methode* bekannt. Der Bestsellerautor beschreibt darin wichtige Schritte und Rahmenbedingungen für Veränderungen von Gewohnheiten. Ziel ist die schrittweise Minimalverbesserung. Es geht darum, etwas wirklich einzuhalten. Angenommen, du willst eine neue Sprache lernen. Die meisten setzen sich mit dem Lehrbuch hin und pauken Stunden. Viel effektiver ist es aber, mit zwei Minuten zu beginnen und sich dann langsam zu steigern. Ich habe mit einem spanischen Satz pro Tag begonnen – und das langsam ausgebaut. Such dir ein passendes Projekt, beginne so klein wie möglich. Berücksichtige dabei die vier Gesetze der Verhaltensveränderung, die du in der Abbildung 19 siehst.

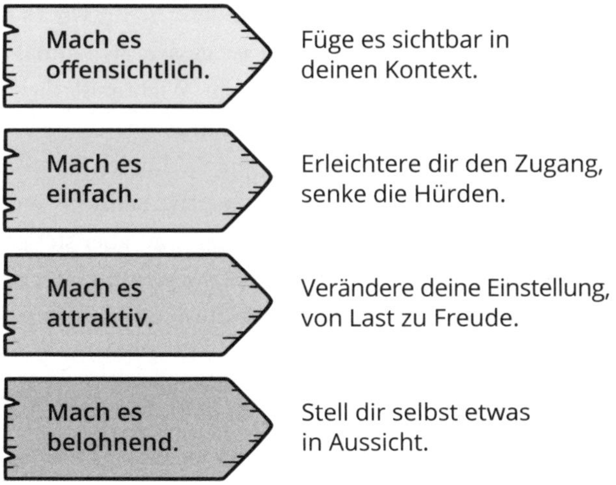


Abb. 19: Gesetze der Verhaltensveränderung: Damit erhöht sich die Erfolgswahrscheinlichkeit

## 50. Führ dich selbst, dann führst du andere

»Ich möchte, dass wir hier alle gewaltfrei kommunizieren«, sagt die Teilnehmerin im Workshop. »Ich geh da nicht mit«, kontert kurze Zeit später ein anderer: »Wir müssen doch offen sagen können, was hier los ist.« Eine weitere Teilnehmerin schaltet sich ein: »Ich möchte, dass wir endlich zum Ergebnis kommen.« Da tippt jemand auf seinem Handy, steht auf und sagt: »Ich muss kurz telefonieren.« Nun steht eine bisher ruhige Dame auf und geht nach vorn. »Lasst uns unterbrechen, durchatmen und dann in fünf Minuten zusammenkommen. Wir werden dann drei Regeln vereinbaren. Ich bin sicher, so kommen wir zum Ziel.«

Wer aus dieser Gruppe hat geführt? Die Antwort: Jeder hat einen Anlauf genommen, seine Macht zu demonstrieren. Das ist aber noch keine Führung. Lediglich die Intervention der letzten Person könnte dazu führen, dass Richtung entsteht. Und genau darum geht es bei Führung. Es braucht Menschen, die die anderen hin zu einem Ziel bewegen und intervenieren, wenn das Ziel aus dem Blick gerät.

Es gibt unzählige mentale Modelle zu Führung. Fast alle gehen davon aus, dass es bestimmte Eigenschaften einer Person sind, die Führungserfolg ausmachen. Viele legen dabei eine Art Idealpersönlichkeit zugrunde, die so viele Facetten bedienen soll, dass es völlig unrealistisch ist, dass eine Person diese erfüllen kann.

In Wahrheit ist es doch so: Die Logik des Systems bestimmt, welche Führung es braucht. Eine Gefängniswärterin führt anders als ein Starkoch als eine Topmanagerin in der Krise. Das jeweilige System sowie die Situation und der Kontext machen den Unterschied. Und die Person kann die so gegebene Rolle mehr oder weniger funktional ausfüllen. Sie wird aber nicht allein erfolgreich sein. Sie braucht andere.

Vom Ergebnis gedacht, ist Führung das, was rauskommt: Wir gelangen dahin, wo wir hinsollen oder hinwollen. Dass ein Ergebnis zustande kommt, ist aber oft einer Kette von Ereignissen, die unterschiedliche Personen beeinflusst haben. Führung ist somit immer auf mehrere Köpfe verteilt. Der eine hat die Idee, der Nächste treibt sie wie den Ball im Spiel nach vorn, dann gibt es einen, der die Leute begeistert, und so weiter. Zudem braucht es neben den Führenden auch Folgende. Und das ist die eigentliche Kunst: Menschen dazu zu bringen, etwas freiwillig mitzumachen.

Das alles könnt ihr ja auch an meinem Beispiel sehen: Die eine spielt dem anderen einen Ball zu, ein Dritter nimmt ihn auf, Position vier spielt weiter. Die Bewegung entsteht dadurch, dass sich die Kräfte verteilen.

Entscheidend ist dabei nicht die Persönlichkeit, sondern ein Zusammenspiel aus Führen und Folgen. Der Startpunkt ist in euch: Indem ihr euch selbst führt und euch sagt: Jetzt greife ich ein, hier interveniere ich. Das wird mir einfach zu bunt hier!

Ihr könnt durch Strukturen, Regeln und Vorschriften führen. Ebenso mit Charisma, Begeisterung und Vorbild. Führung hat die Funktion, Menschen zu bewegen, Dinge gemeinsam zu tun, etwas zu schaffen, zu schöpfen, zu entwickeln, Kräfte zu bündeln.

Wichtig ist auch zu unterscheiden: Was ist Führung, und was ist die Rolle der Führungskraft? Führen kann jeder, Krankenpfleger und Ärztin. In ihrer Rolle erfüllt die Führungskraft jedoch an sie gestellte Erwartungen. Das ist etwas anderes.

## DIE DENKKRÜCKE

Die meisten stellen sich bei Führungskraft eine Person vor, die einen bestimmten Stil hat. Sie erwarten Führung von einer Person. Diese soll einen bestimmten Stil mitbringen, mit Zielen führen oder transformational. Die genaue Beobachtung aber zeigt: »Führungskräfte« verteilen sich auf verschiedene Personen, Richtungen und Strukturen.

## DAS NEUE MENTALE MODELL

Führen braucht Folgen. Führungserfolg ist das Ergebnis verschiedener Kräfte, an dem unterschiedliche Personen beteiligt sind.

## COACHINGBOX

Das von mir entwickelte Führungsmodell der vier Führungsrichtungen passt zu komplexen Zusammenhängen, da es verschiedene Dimensionen kennt – und keine Personen.

Von oben gibt die Führung vor, wo es langgehen soll. Von der Seite begleitet sie dahin und unterstützt die Vision. Aus der Mitte gibt sie sich selbst die Richtung innerhalb des gegebenen Rahmens. Und von unten wirkt sie als Korrektiv, das Themen aufgreift, die zu kurz kommen. Ein Beispiel wäre die Graswurzelbewegung.

Schau dir das Modell in den beiden Abbildungen einmal an und wähle eine Führungssituation wie das Durchsetzen einer Vereinbarung oder die Neuausrichtung eines Unternehmens. Wie spielen diese Richtungen da zusammen?

Welche Führungsrichtung muss bei euch künftig gestärkt werden? Beispiel: Ein Unternehmen muss sich weiter digitalisieren, um im Wettbewerb zu bestehen. Es geht in die Richtung aktive Nutzung von Künstlicher Intelligenz für das Marketing. Die Mitarbeiter sind oft lange zugehörig und überfordert. Hier braucht es vor allem mehr seitliche Führung, da die Mitarbeitenden Unterstützung beim Lernen brauchen. Möglicherweise sind sie es auch nicht gewohnt,

Lernprozesse selbst zu steuern. In dem Fall müssen sie auch lernen zu lernen. Das ist ein Teil der Selbstführung. Das Modell hilft dir also, Maßnahmen abzuleiten.

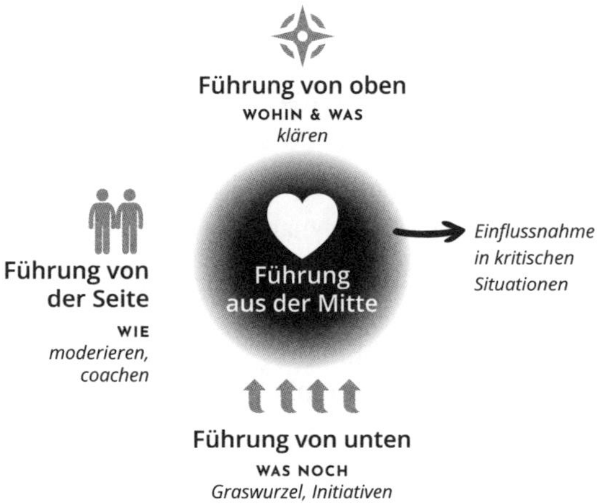


Abb. 20: Vier Dimensionen des Führens

Abb. 21: Vier Dimensionen des Führens im Detail

## 51. Strukturen statt Hackordnung

Hierarchien sind aktuell sehr unbeliebt. Doch sie sind nützlich und nötig. In komplexen Situationen machen sie Dinge überschaubar. Sie zeigen auch äußerlich, beispielsweise anhand der Uniform, welche Rangordnung es gibt. Auch ohne offizielle Rangordnung entsteht oft eine Hackordnung. Und da hackt die eine Krähe der anderen öfter mal ein Auge aus.

Je weniger strukturelle Ordnung das Hacken vermeidet, desto eher bahnen sich ungezügelte Machtdynamiken Raum. Deshalb ist Hierarchie wichtig und nicht wegzudenken. Sie kann sich heute aber anders ausprägen.

Gerade wenn schnell entschieden werden muss, ist wichtig zu wissen, wer das letzte Wort hat. Im OP-Saal, dem Cockpit oder der Großküche ist einfach kein Platz für langes Diskutieren. Das ist ganz anders als bei der Software-Entwicklung oder in einem Filmteam.

Doch so ordnend Hierarchien sind, so sehr senken sie auch die Hemmschwelle, klar an- und auszusprechen, wenn etwas schiefläuft – etwa bei einer OP. In der Folge kommen wichtige Bedenken nicht zum Tragen. Dabei verschärfen kulturelle Aspekte das mit Hierarchien einhergehende Machtgefälle. In der Führungsforschung nennt man das »Machtdistanz«. Sie beschreibt den Abstand zwischen den Rängen. Dieser kann gering sein oder groß ausfallen. So ist es in bestimmten Kulturen nicht üblich, einem Ranghöheren zu widersprechen. Aufträge werden ausgeführt, Punkt. Und zwar exakt nach Beschreibung – und keinen Zentimeter davon abweichend.

Im Cockpit hat ein zu großes Machtgefälle immer wieder zu Flugunfällen geführt. Der in einer bestimmten Maschine viel geübtere Co-Pilot bringt sich vielleicht in brenzligen Situationen gar nicht erst ein. Fluggesellschaften haben Maßnahmen wie Trainings entwickelt, um Barrieren zu senken. Eine liegt darin, die jeweiligen Kompetenzen nicht nur nach Abzeichen zu beurteilen, sondern sich diese gegenseitig bewusst zu machen.

Statt Kontrolle von oben wie früher üblich, braucht es also strukturelle Mechanismen für die Kontrolle von unten. »Oben« sollte weniger kontrollieren als vielmehr die Verantwortung tragen. Das bedeutet nicht, auch alles allein zu entscheiden – im Gegenteil. Wer Verantwortung übernimmt, muss sich seiner eigenen Urteilsfehler bewusst sein.

Aus diesem mentalen Modell ergeben sich einige praktische Ansätze. Eine im Gesundheitswesen bekannte Technik ist das dosierte Durchsetzen. Dabei vereinbart man Codewörter, mit denen rangniedere Teammitglieder im Fall des Falles Bedenken äußern können. Diese beginnen mit »Concern«, also Bedenken, führen über »Unwell«, also »Unwohlsein« bis hin zu »Patient safety«. Das bedeutet, es ist wirklich, wirklich wichtig.

Darüber hinaus können nicht gehörte Bedenken in Protokollen festgehalten werden. Jede Branche muss das anders regeln. Weiterhin wichtig sind Anlaufstellen, etwa für Whistleblower, um Machtmissbrauch melden zu können.

## DIE DENKKRÜCKE

Die meisten denken, Kontrollinstanzen müssten von »oben« agieren. In Wahrheit ist es genau andersherum. Es braucht Kontrollinstanzen, die Macht ausbalancieren und begrenzen.

## DAS NEUE MENTALE MODELL

Kontrolle von unten heißt, jene zu stärken, die in der Hierarchie weiter unten stehen.

Wichtig ist, dass diese Instrumente im Bewusstsein der handelnden Personen und der Organisation verankert sind und die Kontrolle von unten institutionalisiert ist.

## COACHINGBOX

Ich habe drei Fragen für dich: 1. Wann und wie führst du? 2. Woran erkennst du, dass du führst? 3. Wie kannst du eine Führung so verstärken, dass mehr Menschen dir folgen?

## 52. Die geheime Leistungsformel

Barack Obama war anfangs kein großer Redner. Doch er wollte besser werden, ließ sich coachen, arbeitete systematisch daran, seine Stimme einzusetzen und zu modulieren. Heute gilt er als einer der besten Redner weltweit.

Was führt dazu, dass Menschen ihre Potenziale freisetzen und Leistung erbringen? Darüber herrschen verschiedene Annahmen. Einige fokussieren sich auf das Individuum, dessen Talent, die vorhandene Leistungskraft. Andere nehmen an, dass Motivation durch die »richtige« Führung Leistung freisetze. Auch die Annahme, dass es Druck brauche, kommt vor. Diese versteckt sich in dem mentalen Modell des »Förderns & Forderns«.

Es stimmt alles ein bisschen. Aber zu wenig, um als zeitgemäßes mentales Modell herzuhalten. Selbst wenn wir den Kontext hinzunehmen, der uns die Erlaubnis gibt, unsere PS auf die Straße zu bringen, fehlt immer noch etwas. Somit greift auch das verbreitete Mentalmodell Erfolg = Wollen × Können × Dürfen zu kurz.

Viele Menschen wollen, können und dürfen, aber sie erbringen trotzdem keine Leistung, setzen also ihre Potenziale nicht frei. Das liegt daran, dass sie aufgehört haben, sich zu entwickeln. Sie stellen also ihr Können nicht wie Obama freiwillig auf eine neue Ebene. Man könnte also sagen: Sie fordern sich nicht mehr selbst heraus. Sie verharren in der Komfortzone des einmal erworbenen Könnens. Und das Umfeld belässt sie dort.

Der Formel fehlt also das Dynamische – das, was darauf einzahlt, dass Können sich dynamisch entwickelt: das Lernen. Ein differenzierteres Modell lautet also: Leistung = Wollen × Können × Dürfen × Lernen.

Weiterhin sollten alle Bestandteile in ihrer Wechselwirkung betrachtet werden. Wollen ist auch das Dehnen des Wollens durch Anregung, aber auch Druck von außen. »Du könntest mehr, wenn du genau diese Lücke schließt.«

Blicken wir auf das »Dürfen«, braucht es eine doppelte Betrachtungsweise: auf die innere und die äußere Erlaubnis.

## DIE DENKKRÜCKE

Unser Blick auf Leistung ist zu stark durch eine statische Betrachtungsweise geprägt. Leistung ist auch mehr als nur Wollen×Können×Dürfen.

## DAS NEUE MENTALE MODELL

Leistung ist Wollen×Können×Dürfen×Lernen. Dabei brauchen wir ein Umfeld, das gemeinsames Lernen fordert und fördert.

## COACHINGBOX

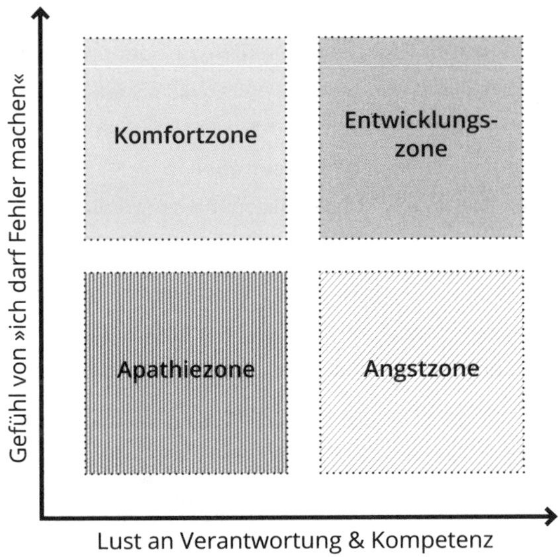


Abb. 22: Psychologische Sicherheit

Wie schaffen wir ein Umfeld für Leistung? Hier hilft das Modell der psychologischen Sicherheit nach Amy Edmondson. Die Harvard-Professorin hat im Gesundheitswesen geforscht und dort festgestellt, dass in Krankenhausteams umso mehr Fehler gemeldet werden, je mehr sich die Menschen das trauen. Eine hohe Anzahl Fehler ist also ein gutes Zeichen. Denn wenige Fehler deuten darauf hin, dass die Dinge unter den Teppich gekehrt werden. Und das wiederum ist eine Folge davon, dass im Klima der Angst Lernen unterdrückt wird.

In einem Klima der psychologischen Sicherheit ist es möglich, dass hierarchieübergreifend offen gesprochen werden kann. Auch »unten« kann Rückmeldungen an »oben« geben.

Aber Achtung: Unterscheide hier Fehler von Irrtum. Fehler können gemessen werden. Irrtümer finden dort statt, wo wir den Ausgang nicht kennen. Fehler beziehen sich also auf die Vergangenheit, Irrtümer auf eine falsche Zukunftsprognose.

Mit dem Modell lässt sich gut praktisch arbeiten. Orientiere dich in dem Modell in Abbildung 22 und orte dein Team. Wie sehr stimmst du folgenden Aussagen zu?

1. Jeder in unserem Team kann ein Risiko eingehen und offen ansprechen, wenn aus seiner Sicht etwas schiefläuft.
2. Niemand in unserem Team würde jemals einen eigenen Fehler vertuschen, verdecken oder kleinreden.
3. Wir lernen gemeinsam aus Fehlern und sehen diese als Lernchance.

Beachte, dass Teammitglieder das unterschiedlich einschätzen können. Soziale Erwünschtheit kann zu verzerrten Antworten führen. Sieh das Modell als Grundlage für eine fruchtbare und durchaus kontroverse Diskussion.

## 53. Bewege viel und change wenig

Kennt ihr irgendein Unternehmen, das nicht gerade in der »Transformation« steckt? Dieser Begriff hat das alte Change-Programm abgelöst. Doch er sagt dasselbe in Grün – und oft auch gar nichts. Allzu oft werden viele Worte um nichts gemacht. Im Vordergrund stehen Strategien, Systeme, Prozesse und Strukturen. Doch es sind Mitarbeitende, die Veränderung tragen müssen. Und so ist es kein Wunder, dass nur jedes fünfte Change-Projekt Erfolg hat.

Welche mentalen Modelle gibt es zum Change?

Typischerweise geht es darum, etwas einzuführen, zu ersetzen oder neu zu strukturieren. Dabei besteht ein inhaltlicher Fokus. Meistens gilt:

- Ein Ziel wird vorgegeben.
- Die Form ist vorgegeben, also die Art, wie das Projekt organisiert wird.
- Was herauskommen soll, wird von oben diktiert, verkauft und verpackt.
- Es gibt einen Startschuss, Meilensteine und ein Ende.
- Der Erfolg wird hinterher vermessen.
- Zur Durchsetzung braucht es Druck bis hin zum Erzwingen.
- Wenn nun Transformation als neuer Ersatzbegriff daherkommt und sich ähnlicher Elemente bedient, tauscht man am Ende nur das eine gegen das andere. Die Funktion ist dann nicht der Change selbst, sondern sich ein modernes Antlitz zu geben, etwa für Stelleninserate.

Ein neues mentales Modell, das die Realität besser abbildet, muss andere Eckpunkte setzen. Mein Vorschlag ist, mit dem Begriff der Bewegung zu arbeiten. Bewegung bedeutet, dass sich etwas zuvor Erstarrtes lösen kann. Wenn ihr euch bewegt, braucht ihr Richtung. Vielleicht auch einen Trainingsplan und Beratung. Bewegung ist zudem immer nötig und nicht nur zeitweise. Aber der Fokus verändert sich, je nachdem, was der Körper braucht.

Das gilt für Bewegung:

- Wir haben ein Ziel vor Augen.
- Die Form kann sich finden.
- Was herauskommt, ist wünschenswert.
- Es erfordert, dass die Trainierenden mitmachen.
- Es erfordert, dass sie am Ball bleiben.
- Es braucht die Reflexion von Lernerfahrungen.
- Kleine Erfolge bringen Motivation.

### DIE DENKKRÜCKE

Unternehmen und Führungskräfte treiben Change mit Druck voran, was Veränderungen letztendlich verhindert. Denn Druck erzeugt Gegendruck.

Die Fokussierung auf den Outcome versperrt den Blick auf die Bewegung, die etwas ins Rollen bringt. Um diese aber muss es gehen.

### DAS NEUE MENTALE MODELL

Erzeuge Bewegung und Bewegungen! Dadurch entsteht ein anderer Fokus: Bewegung bedeutet, aus einem erstarrten und ungesunden Zustand herauszukommen und sich sukzessive dem Neuen anzunähern.

### COACHINGBOX

Stell dir ein Change-Projekt vor, das du selbst miterlebt hast. Wie würde es in Bewegung übersetzt aussehen? Was müsste wer tun, um Bewegung zu erzeugen? Wie schaffst du einen Rahmen, in dem Menschen sich in Bewegung setzen? Was sind Angebote für die, die nicht laufen wollen?

## 54. Motiviere dich selbst, sonst tut es keiner

»Sieh her, ich habe es auch geschafft!« »Du musst es nur wollen!« »Jeder, der will, kann es schaffen!« Auf Instagram und YouTube feiern sie sich. Auf der Bühne reißen sie ganze Hallen mit. Per Zoom-Videokonferenz versprechen sie die Lösung für Unlösbares.

Das Smartness-Versprechen: Du musst nur wollen. Was ich kann, kannst du auch, lautet das irreführende Motivationsversprechen.

Doch die Wahrheit ist eine andere. Motivation ist Privatsache, jeder entscheidet selbst darüber. Menschen können bloß einen Rahmen schaffen, in dem Motivation entstehen kann.

Eigenes Wollen setzt etwas voraus, das durch Motivationsrufe nicht aktiviert werden kann: Selbstregulation. Das ist die Fähigkeit, Aufmerksamkeit, Emotionen, Impulse und Handlungen zu steuern. Es braucht für Motivation also neben äußeren Bedingungen auch innere Voraussetzungen. Und die sind bei jedem andere.

Unser psychisches System ist auch ein eigenes Ökosystem. Darin können die einen Dinge besser wachsen als die anderen. Manchmal fehlt Sonne, manchmal das passende Saatgut. Bisweilen auch Inspiration vom Nachbargarten. Wer seinen eigenen Garten aber in einen anderen umbauen will, begründet damit möglicherweise sogar einen ungesunden Psychokreislauf. Das vermeintliche Versagen setzt Schuldgefühle frei:

- »Ich bin eben nicht gut genug.«
- »Ich schaffe das nie (wie die anderen).«
- »Wenn ich das wieder nicht schaffe, wundere ich mich nicht (kenne ich ja schon).«

Wer sich wirklich verändern will, sollte sich im eigenen Garten umschauen. Wo ist da die Sonne, wo kann etwas wachsen, das zu mir passt? Sucht nach dem, was in eurem inneren Ökosystem anwachsen kann.

Abb. 23: Schau, was in deinem Ökosystem Neues wachsen kann.

DIE DENKKRÜCKE

Wir richten den Blick nach außen, wollen die Blumen aus Nachbars Garten.

DAS NEUE MENTALE MODELL

Baue in deinem Garten an. Such da, wo die Wachstumsbedingungen am besten sind. Das ist meist dort, wo jetzt schon Sonne ist.

COACHINGBOX

Es ist gut, von anderen zu lernen, aber bei sich zu bleiben. Eine einfache Methode kann dir dabei helfen.

- Im ersten Schritt überlegst du dir, welches Thema du aktuell angehen oder welches Problem du lösen willst.
- Im zweiten erinnerst du dich an eine Person, die du magst oder sympathisch findest. Imaginiere diese Person.
- Im dritten Schritt stellst du dir vor, wie diese Person mit deinem Thema oder Problem umgehen würde.
- Frag dich dann in Schritt vier, was du davon für dich selbst übernehmen willst.

## 55. Setz dir den Hut auf

Der weinende CEO machte über LinkedIn von sich reden: In der Öffentlichkeit des sozialen Mediums beklagte er, dass die wirtschaftliche Schieflage ihn zu Kündigungen genötigt habe – offenbar hielt er es für authentisch, dieses Mitleid vor allen zu zeigen. Ob es nun echt oder einfach nur eine billige PR-Aktion für das Unternehmen war, kann ich euch nicht sagen. Viele aus meiner »Blase« zeigten sich jedenfalls begeistert und bejubelten das authentische Verhalten.

Für mich war es allerdings nur ein weiteres Beispiel für ein verbreitetes Mentalmodell. Dieses gibt vor, dass derjenige authentisch ist, der sein Innerstes nach außen trägt, ja sogar kippt. Es impliziert in seiner von der Achtsamkeitsbewegung der letzten Jahre beeinflussten Form sogar, dass man dazu auch sagen müsse, wie man sich fühle.

Doch das stimmt nicht: Lassen wir nämlich ungefiltert Gefühle auf andere los, haben wir unseren Filter für die Wirklichkeit ausgeblendet. Dieser sollte uns eigentlich sagen, in welcher Situation und vor welchen Menschen wir uns hier gerade befinden: Was nehmen diese Menschen von uns wahr? Und was erfordert die Situation im Sinne der Beteiligten?

Hier hilft uns der Begriff der sozialen Rolle, Licht ins Dunkel zu bringen. Denn wir alle sind in verschiedenen sozialen Rollen unterwegs. Das ist anders als bei den meisten Kommissarinnen im Krimi: Sie sind privat so wie beruflich. Wir indes sollten hier abwägen und uns die Frage stellen, was der Kontext von uns verlangt. Welche Erwartungen werden an uns gestellt? Das heißt nicht, dass diese Erwartungen erfüllt werden müssen, aber sie sollten uns bewusst sein. Und wenn ich anders agiere, als die impliziten Erwartungen es verlangen, braucht es eine kontextbezogene Begründung – das egoistische Bedürfnis genügt da nicht.

Wir nennen diesen Abgleich zwischen impliziten und eigenen Rollenerwartungen auch Rollenbewusstsein. Um es mit einem Beispiel aus dem Krimi zu verdeutlichen: Wenn die Kommissarin in die Rolle des Mörders schlüpft, verwirrt das vor allem die anderen Beteiligten – und vermutlich auch die Zuschauer.

Was wir in unserem Rollenbewusstsein brauchen, ist in erster Linie Empathie. Das ist keineswegs nur die Fähigkeit zum Mitfühlen, sondern vor allem das Vermögen, sich in Person, Situation und Kontext hineinzuversetzen.

Zurück zum weinenden CEO: Rollenbewusst hätte er nachempfinden müssen, was in den Menschen vorgeht, die von ihm gekündigt wurden. Um solche Emotionen zu erahnen, braucht es noch nicht einmal große Menschenkenntnis: Überraschung, Angst, Schock, Trauer, vielleicht das Gefühl von Schuld und Selbstzweifel – und wahrscheinlich auch Sorgen um die Existenz. In solch einer Situation ist es unangebracht, die eigene Gefühlslage ins Zentrum zu stellen und trotz dieses großen Leids auch noch Mit-Leid für die Führungsperson zu erwarten. Für eine Führungsperson, deren Rolle eigentlich Fürsorge und Verantwortung beinhaltet.

Hier könnte ein passenderes mentales Modell differenzieren und die Rolle in den Vordergrund rücken, nicht die Authentizität: »Authentizität ist die Fähigkeit, sich dem Kontext und der Rolle angemessen zu verhalten.«

Je komplexer unsere Umwelt wird, desto mehr fordert sie dieses Rollenbewusstsein nicht mehr allein von Führungskräften. Auch beim Blick auf andere Menschen, gerade auf Menschen im öffentlichen Raum, sollten wir die Rolle sehen – nicht die Person. Was erwarten wir von der Rolle Bundeskanzler – und was nicht? Erstaunlicherweise ist dieses Bewusstsein kaum ausgeprägt. Anders ist dies etwa bei Richterinnen: Hier sehen wir mehr die Rolle – was wahrscheinlich an weniger Öffentlichkeit liegt.

Rollen befinden sich fortlaufend in Klärung: Wir passen sie an – etwa an ein zeitgemäßeres Verständnis. Entsprechend wandeln sich die Rollenerwartungen: Sie sind wie eine Mode, ändern immer mal wieder ihr Erscheinungsbild und sind auch kulturell beeinflusst. Damit meine ich nicht allein die Landeskultur, sondern auch die der jeweiligen Organisation: Was erwarten wir in unserer Organisation von einer Führungskraft? Und inwiefern ist diese Erwartung heute anders als früher?

Einmal hörte ich die Ansprache einer Führungskraft, die sich selbst abschaffen wollte. Der Mann teilte dies seinen »ehemaligen« Mitarbeitern mit, die fortan auf Augenhöhe agieren sollten – er sei ab jetzt einer von ihnen, als »agiler Leader« nur noch für den Rahmen zuständig. Das ist ebenso naiv wie das Vorgehen des weinenden CEO: Auch hier kam ein veraltetes Mentalmodell im Mäntelchen vermeintlich moderner Ansätze zum Einsatz.

Das Team verstand dies zwar intellektuell, konnte es aber nicht in Verhalten übersetzen. Denn es ist einfach unmöglich, von heute auf morgen damit aufzuhören, die Führungskraft in einem Menschen zu sehen, der diese Rolle bisher wahrgenommen hat. Mit einem aktualisierten Mentalmodell wäre solch ein Wandel erfolgreicher verlaufen: Die Führungskraft hätte sich langsam zurückziehen und begleitet von Rückmeldungen und Feedback ihr Verhalten sukzessive anpassen können.

## DIE DENKKRÜCKE

In der alten Arbeitswelt waren Rollenerwartungen klar wie in einem Krimi: Die Führungskraft machte die Ansagen und traf die Entscheidung. Dann entstand eine Gegenbewegung und seither werden Authentizität, Augenhöhe und Glaubwürdigkeit hochgehalten. Doch das führt zu neuen Stereotypen.

## DAS NEUE MENTALE MODELL

Differenziere zwischen Person und Rolle!

## COACHINGBOX

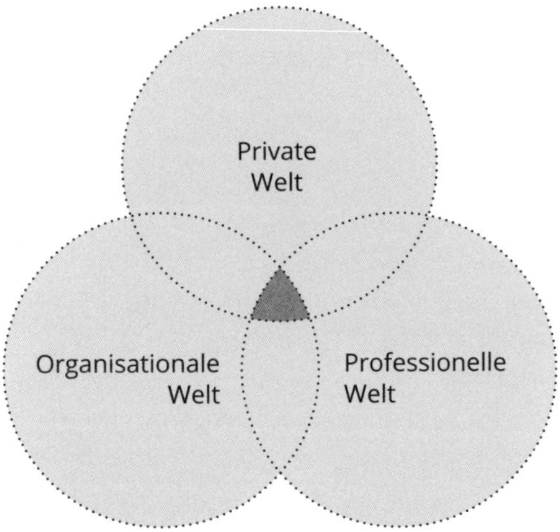


Abb. 24: Systemisches Drei-Welten-Modell

Sieh dir das systemische Drei-Welten-Modell in der Abbildung 24 an: Du lebst in deiner privaten Welt. Die professionelle Welt, etwa als Ingenieurin, hat dein Denken geprägt. Und dann ist da noch die berufliche Welt, durch die deine Organisation dich prägt.

Welche beruflichen Rollen hast du in den jeweiligen Welten inne? Wann findet ein Rollenwechsel statt – etwa vom Kollegen zur disziplinarisch verantwortlichen Führungskraft? Verstehen deine Mitmenschen, in welchem Moment du Rollen wechselst? Wie könnte dies besser gelingen? Eine Idee ist, mit verschiedenen Hüten zu arbeiten, eine andere, einfach zu fragen und zu beobachten. Beides geht sehr gut zusammen, etwa auch in einem Workshop, an dem du als formelle Führungskraft gleichberechtigt teilnimmst: »Heute bin ich hier als Kollegin. Ich bin Teil der Gruppe und mache bei allen Übungen gleichberechtigt mit.« Denk immer an das Wechselspiel zwischen dem, was du in deiner Rolle verkörpern willst, und dem, was von anderen verstanden wird.

# LERNEN & ENTWICKLUNG

Unsere Kinder lernen noch immer für eine Welt, die langsam verschwindet. Dabei ist das Wichtigste für sie, mit der Veränderung produktiv umgehen zu können – ja, diese aktiv zu gestalten. Dafür braucht es mentale Modelle von Bildung, die keine konkreten Inhalte vermitteln. Vielmehr gilt es, Kopf, Herz und Hand zusammenzubringen. Die Fähigkeit, das eigene Lernen zu gestalten, hilft uns hier aus der Komfortzone. Und dann ist da noch eine wichtige Erkenntnis: Nicht Wissen ist Macht, sondern Neugier.

## 56. Lerne zu lernen

Viele Menschen hören schon in einem Alter mit dem Lernen auf, in dem sie damit anfangen sollten: im Schulalter. Sie lernen nicht zu lernen, sondern dass sie für etwas lernen müssen – für eine Klassenarbeit, für die Prüfung, für Noten.

Unser weiteres Lernverhalten bestimmen dann mentale Modelle über Lernen, die oft so lauten:

- Lerne für die Prüfung.
- Lerne, damit du später einen guten Beruf bekommst.
- Lerne, damit du Geld verdienst/erfolgreich bist.
- Lerne, um möglichst gute Noten zu bekommen. Submodell: Lerne das, was dir möglichst gute Noten bringt.

All das wird moderiert durch ein omnipräsentes Modell namens »Lerne fürs Leben«. Es meint: Lerne, damit du in dieser Gesellschaft leben kannst. Also nicht: Lerne, damit du später leicht Neues lernen kannst. Das wäre wesentlich sinnvoller.

Es hat seinen Grund, dass irreführende Mentalmodelle in unseren Köpfen verankert sind. Vorherige Generationen taten ja auch gut daran, nicht allzu viel zu lernen. Ich bin inzwischen schon etwas länger auf dieser Welt und kann solche Vergleiche aufgrund eigener Erfahrungen anstellen: So erinnere ich mich an wissbegierige Coaching-Klienten, die in der Arbeitswelt keinen Platz fanden, weil sie zu lernbegierig waren – einfach aus Unterforderung hatte etwa jemand fünf Studienabschlüsse gemacht.

Andere wiederum hörten von ihren Chefinnen, dass Weiterbildungen nicht sinnvoll wären, weil sie in diesem Unternehmen nicht nutzbar seien. Um nicht missverstanden zu werden: Lernen meint eben nicht nur studieren, sondern ganz explizit auch Praxislernen.

Wenn es bei meinen Beispielen in euren Köpfen klingelt und ihr solch ein lernfeindliches Umfeld auch heute noch als normal erlebt: Ja, so ist das, wenn sich Zeiten ablösen. Das Alte geht, das Neue kommt. Doch vor allem in den Köpfen geht das bisweilen sehr langsam und tröpfelt sich nur hinein.

Dabei geht es nicht allein um das Lernen selbst, sondern auch um das Denkfühlen, das selbiges voraussetzt. In der Annahme, Talent sei angeboren, arbeiten viele Menschen lediglich zeitweise an der Aufnahme von Wissen. Und im Glauben, nur frische und jugendliche Gehirnzellen könnten neue Verbindungen schaffen, trauen sich die »Älteren« das Lernen gar nicht erst zu.

Das wichtigste mentale Modell ist deshalb keine Lerntechnik, sondern die Einstellung zum Lernen: Was glaube ich von mir? Glaube ich, dass ich jederzeit lernen und sogar meine Intelligenz beeinflussen kann – oder glaube ich das nicht?

Die Stanford-Professorin Carol Dweck hat dazu umfangreiche Forschungen angestellt. Diese bezogen sich auf Schülerinnen, aber auch Erwachsene, und sie ergaben, dass allein der Glaube Berge, oder sagen wir besser: Noten, versetzt. Schüler mit einem sogenannten »Growth Mindset« glauben daran, dass sie selbst Einfluss auf ihre Ergebnisse haben. Sie halten sich nicht für von Geburt an klug oder talentiert, sondern denken, Lernerfolg sei eine Folge des Lernens. Im Gegensatz dazu sind solche mit einem Fixed Mindset davon überzeugt, dass Talent in die Wiege gelegt sei. Die einen sind Pächter von Wissen, die anderen Weltenbummler.

Besonders dramatisch wirkt sich das bei Erwachsenen aus, die in ihrer fixen Einstellung auf dem einmal erreichten Lernstatus verharren. Vor allem in einem Punkt zeigt sich diese fixierte Haltung sehr deutlich: Sie suchen nicht nach Feedback, streben nicht nach wirklicher Selbstverbesserung und sind auch nicht neugierig, mehr über sich zu lernen.

Mit einem »Growth Mindset« dagegen möchte ich mehr erfahren, über mich, die Welt, mein Thema. Deshalb bin ich offen für viele mentale Modelle des Lernens, etwa die Feynman-Methode (in der Coachingbox): Diese stellt das Verstehen in den Vordergrund. Weitere mentale Modelle sind zugleich auch drei Tipps:

- Problemlösung ist Informationssuche – vor allem auch die Suche nach widersprüchlichen und vertiefenden Informationen.
- Wissen wächst exponentiell: Ist ein bestimmter Peak erreicht, verzweigen sich deine inneren Wissenspfade immer weiter und du kannst nicht mehr aufhören zu lernen.

- Wir verstehen durch Beispiele: Wenn du lernst, solltest du Inhalte mit Beispielen verbinden.

### DIE DENKKRÜCKE

Wir denken, wir lernen fürs Lernen. In Wahrheit sollten wir *im Leben* lernen.

### DAS NEUE MENTALE MODELL

Lerne zu lernen! Das bedeutet, zunächst eine Haltung einzunehmen, die wie ein fruchtbarer Boden ist: das »Growth Mindset« mit der gesunden Einstellung, dass jeder in jedem Alter sein Lernen selbst in der Hand hat.

### COACHINGBOX

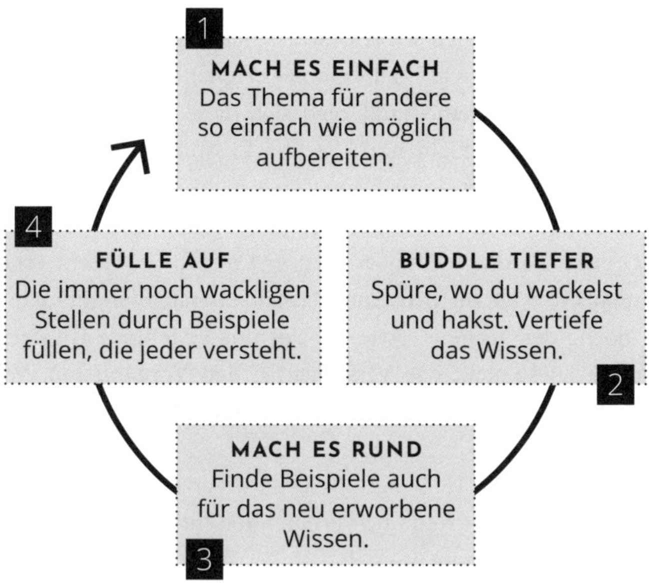


Abb. 25: Die Feynman-Technik

Die Feynman-Technik stammt vom Physiknobelpreisträger Robert Feynman. Diese rekursive Vorgehensweise beinhaltet eine Rundreise mit festen Prozessschritten, die sich spiralartig weiterentwickeln. Ich habe dies ein wenig ans Videozeitalter angepasst.

Und so geht es:

1. Stell ein Thema in den Mittelpunkt, von dem du glaubst, dass du dich damit auskennst. Formuliere es so, als würdest du es anderen vermitteln: Beginne mit der Überschrift und den fünf wichtigsten Thesen oder Aussagen. Mach es so einfach wie möglich. Zeichne ein Video auf oder ein Audio: Während du erklärst, wirst du merken, wo du noch Schwächen hast. Gib das Video oder Audio anderen Personen, die sich nicht mit dem Thema auskennen, und hole dir Feedback zur Verständlichkeit ein. Ist anderen etwas nicht klar, ist dies oft ein Hinweis, dass es auch dir nicht völlig transparent ist.
2. In einem weiteren Schritt schreibst du nun auf, was du nachbessern möchtest. Nutze die gefundenen Schwachstellen. Ein Beispiel: Als ich mich mit mentalen Modellen beschäftigte, merkte ich, dass die Abgrenzung zu anderen Begriffen schwierig war. Also habe ich das nachgebessert.
3. Im dritten Schritt gilt es, Wissenslücken zu schließen. Erkläre auch das neu erworbene Wissen derart, dass es jeder verstehen kann. Unverständnis ist ein sicheres Indiz, dass es bei dir hapert – nicht umgekehrt. Wenn es um Themen geht, die Vorwissen voraussetzen, mache den Test an einer Zielgruppe, die weniger weiß als du, aber genug, um »dumme« Fragen zu stellen.
4. Nun schließt du den Kreis, indem du in einem vierten Schritt jene Themen klärst, in denen du selbst unsicher bist.

Natürlich kannst du auch eine echte Zielgruppe nehmen und dein Wissen an realen Personen testen. Die Feynman-Methode ist übrigens auch ideal für die Vorbereitung von Vorträgen.

## 57. Runter vom Mount Stupid

Der Mount Stupid ist der flachste Berg der Welt. Wir erklimmen diesen schnell und fast ohne Mühe. Bisweilen reicht ein schlichtes Erfolgserlebnis – und manchmal braucht es nicht einmal das. Bei manchen Menschen stellt sich das Gefühl, etwas zu können, schon frühzeitig ein: Die Operation ist gelungen, bevor sie überhaupt begonnen hat.

Ein Beispiel: Hans besuchte einen zweitägigen Kurs für Scrum Master. Danach war er sicher, diesen Job sofort ausfüllen zu können. Dass jetzt das Lernen erst richtig anfangen würde, kam ihm nicht in den Sinn. Deshalb merkte er auch nicht, dass er weiter agierte wie vorher, nur jetzt mit einem Zertifikat im Gepäck. Neue Methoden? Die Meisterschaft ist schon nach dem Ein-Stunden-Seminar errungen. Soft Skills? Da reicht es ja, sieben Tipps zu lesen.

Ihr habt es gemerkt: Es geht um Selbstüberschätzung, um die Neigung, Wissen als Update von Informationen zu behandeln. Und nicht den Lernprozess zu sehen, den jede Veränderung auf der Verhaltensebene braucht.

Auf dem Mount Stupid landet, wer wie Hans nach Updates sucht, nicht aber nach Erfahrung. Wer wirklich lernen will, muss auch runter in die Täler. Das kann mit der richtigen Lernbegleitung viel Spaß machen.

Das Modell der vier Stufen der Kompetenzentwicklung beschreibt die Berg-und-Tal-Fahrt, die wirkliches Lernen braucht:

1. **Unbewusste Inkompetenz:** Wir wissen noch nicht, dass wir nicht wissen.
2. **Bewusste Inkompetenz:** Wir merken, dass es doch nicht so leicht geht, wie gedacht.
3. **Bewusste Kompetenz:** Wir erleben Erfolge.
4. **Unbewusste Kompetenz:** Wir können es, aber es ist so in Fleisch und Blut übergegangen, dass wir es nicht mehr merken.

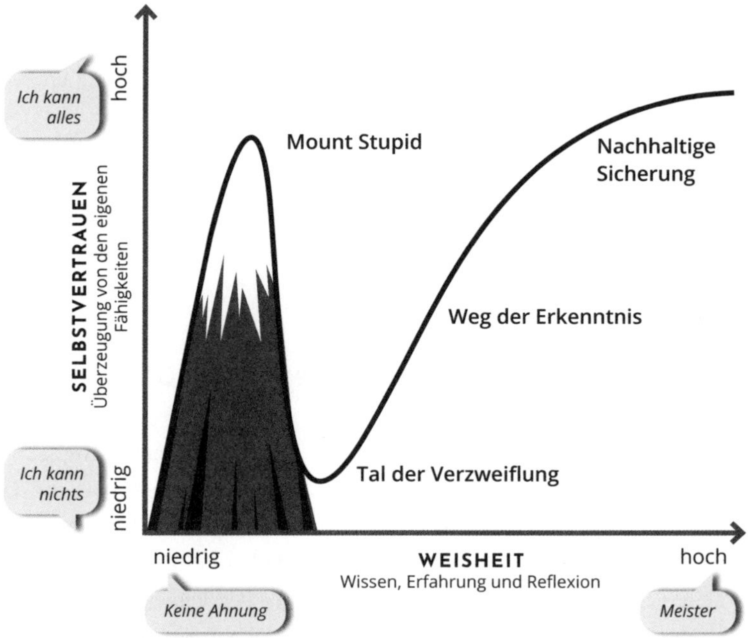


Abb. 26: Mount Stupid

## DIE DENKKRÜCKE

»Ich brauch mal ein Update.« Dieses Denken impliziert, dass wir computerähnlich funktionieren. Doch gerade, wer auch Dinge entlernt, geht auf eine längere Reise der Erkenntnisse, die stets mit einer Irritation beginnt. Wir müssen erfahren, dass wir etwas nicht können.

## DAS NEUE MENTALE MODELL

»Verwirrung ist wichtig und ganz normal.« Es geht also darum, auch mal »heiter zu scheitern«. Denn das ist die Voraussetzung für eine spätere steile Lernkurve.

COACHINGBOX

Irritation am Anfang ist ganz normal! Wie gehst du selbst damit um, dass dir Dinge nicht sofort klar sind? Wie gehst du damit um, dass neues Wissen sich erst mal setzen, sich neu ordnen und verbinden muss?

## 58. Hol dir dein Genius-Level zurück!

Als ich nach »flacher Erde« recherchierte, konnte mein Zugnachbar Patrick nicht mehr an sich halten. »Darf ich fragen, was du da machst?«, fragte er irritiert. Ich sagte, dass ich nach einem kreativen Einstieg für mein Kapitel über mentale Modelle in der Bildung suche.

»Kennst du die Echsenmenschen?«, fragte Patrick mich, nachdem wir uns über Menschen ausgetauscht hatten, die daran glaubten, dass die Erde eine Scheibe sei. Wir googelten ein Bild mit Angela Merkel und Echsenaugen. Echsenmenschen leben in der Mitte der Erde: Sie steuern und versklaven uns, halten uns durch Chemtrails gefügig.

Unser Bildungsverständnis hat sich immer wieder gewandelt. In der christlichen Imago-Theorie, die unter anderem Meister Eckhart im Mittelalter vertrat, war Bildung der Weg des Menschen zur Gottgleichheit. Für Kant entsprach Bildung Moralentwicklung und für den Dialektiker Friedrich Hegel war es die Fähigkeit, die Perspektiven anderer zu verstehen – also die Welt und das Andere in sich aufzunehmen.

Schon Platon hatte uns mit seinem Höhlengleichnis vermittelt, dass Bildung eine Reise der Erkenntnis ist: Sie führt aus der begrenzten Welt der Dinge in eine Perspektivenvielfalt. Bis in die zweite Hälfte des 19. Jahrhunderts war Bildung einer kleinen Minderheit vorbehalten. Dann kam die industrielle Revolution, und nun brauchte es Bildung für alle – Bildung für die Arbeitswelt. Ein immer weiter standardisiertes Programm mit klarer Kastenbildung entwickelte sich: die Hauptschule für die einfache Handarbeit, die Realschule für die mittlere Bürotätigkeit und das Gymnasium für die künftigen Akademiker –

und überall wurde und wird Wissen von der Stange vermittelt. Das vermittelte Denken war und ist auf Linie getrimmt, Kreativität fand und findet in abgegrenzten Fachbereichen statt – wenn überhaupt. Die Freude daran, sich und die Welt zu entdecken, wird spätestens beim Übergang in die Grundschule bei laufendem Motor abgewürgt.

Es ist ein Bildungsmodell, das nicht mehr passt, denn die tayloristisch geprägte Bildung werden wir in unserer künftigen Welt so nicht länger brauchen. Stattdessen wird ein wichtiges Ziel sein, produktiv mit Mehrdeutigkeiten und Widersprüchen umzugehen. Mit Freude Neues zu entdecken, eigene Stärken kennen zu lernen und kreative Lösungen zu finden. Es geht also um das Gegenteil von dem, was so lange im Zentrum aller Lernbemühungen stand: um divergentes Denken, um kreatives Biegen, Brechen und Verbinden. Und um die Freude am Lernen – nicht um die Pflicht.

Wir stecken in der größten Reizüberflutung in der Erdgeschichte – und wundern uns, dass überforderte Menschen an flache Erden und Echsenmenschen glauben. Sie haben keine mentalen Modelle gelernt, um mit den Reizen umzugehen.

Der Bildungsexperte Sir Ken Robinson hat divergentes Denken als Genius-Level bezeichnet: Denn im divergenten Denken seht ihr nicht nur die eine Lösung, sondern viele. Divergentes Denken ist dabei das Gegenteil von konvergentem Denken. Letzteres ist wie eine Linie: Konvergent-Denkerinnen fragen sich, welcher Weg richtig ist, suchen diesen bekannten Weg und verfolgen ihn. Divergentdenker sehen unterschiedliche Wege und erkennen auch geheime Pfade. Sie sehen Abzweigungen, die andere nicht erkennen, und strecken ihr Denken weit über enge Fachgrenzen hinaus.

Kinder bringen ein natürliches »Genius-Niveau« mit, auch weil sie noch gar nicht gelernt haben, in engen Grenzen zu bleiben. Doch mit dem Erwachsenwerden verliert sich das. In Kreativtests ist selbiges deutlich zu sehen: Wir stutzen zurecht, anstatt einen Boden zu bereiten.

Wir sollten das divergente Denken in den Mittelpunkt stellen, den Spaß und die Entdeckungsfreude fördern. Denn auch Erwachsene können ihre kreativen Seiten wiederentdecken – frei nach dem Motto: »The only way to discover the limits of the possible is to go beyond them into the impossible.« (Arthur C. Clarke)

### DIE DENKKRÜCKE

Alte mentale Modelle kennen »Hänschen, das lernen muss«. Wie Hänschen lernen muss, ist auch klar: Möglichst das, was eine gute Note bringt und einen glatten Berufsstart ermöglicht. Dass dies zu kurz greift, zeigt sich spätestens bei der Überforderung, mit widersprüchlichen Informationen umzugehen.

### DAS NEUE MENTALE MODELL

Zurück zum Genius-Level! Neue mentale Modelle von Bildung setzen auf Beobachten, Erfahren und Verstehen. Es geht auch um die emotionalen Qualitäten im Umgang mit Mehrdeutigkeit und Unklarheit.

### COACHINGBOX

Schau dir das Video von Sir Ken Robinson an, das ich unter »Weiterführende Literatur und Quellen« am Ende des Buches verlinkt habe: Wie könntest du deine Kreativität oder die deines Teams steigern? Dazu gibt es viele Übungen. In der Gruppe kannst du die Frage stellen, wie etwas ganz Selbstverständliches getan wird: »Wie esst ihr ein gekochtes Ei? Warum macht ihr es auf diese Weise?« Nun könnt ihr diskutieren, was die eigene Ei-Technik zeigt. Eine weitere Übung sind die »30 Kreise«: Zeichne auf ein Blatt 30 Kreise. In drei Minuten sollen dann so viele wie möglich so kreativ wie möglich gefüllt werden.

## 59. Weg mit der Musterlösung – her mit der Frage

Als mein Sohn eine Drei für seine kreative Interpretation eines Fußballfelds bekam, war die Kunstlehrerin für mich erledigt – und ich wunderte mich auch nicht mehr, als dann der Wirtschaftslehrer nicht wusste, was eine Finanzabteilung macht. Die fantasievolle Abweichung von der Musterlösung mit Punktabzug zu bestrafen, ist ein Armutszeugnis. Doch zum Glück ist das Thema »Schule« für mich inzwischen abgeschlossen, und so bekomme ich auch nur noch am Rande mit, dass aktuell mehr über Gendern als Kreativität diskutiert wird.

Die Musterlösung indes verfolgt mich, denn diese Denkkrücke zeigt die Überforderung durch Komplexität. Presst sie doch alles in Schubladen – sogar die kreative Idee. Sie treibt überall ihr Unwesen: in der Schule, im Studium und im Beruf. So gibt es Musterlösungen für »Cases«, die Berater erarbeiten müssen. Und auch die sogenannte »Best Practice« in Unternehmen ist für mich eine verkappte Form der Musterlösung, denn dort sucht man nach Musterlösungen für die digitale Transformation. Dabei eignet sich die Musterlösung ebenso wenig wie die Best Practice für komplexe Zusammenhänge, denn sie ist 100 Prozent vergangenheitsbezogen. Und unter komplexen Bedingungen suchen wir ja nach Zukunft – und die ist unsicher und unplanbar.

Genau dies aber ist der Grund, warum die Musterlösung so beliebt ist: Sie standardisiert, gibt Sicherheit und Orientierung und lässt uns denken, wir hätten ein ideales Rezept. Sie schützt uns vor dem Gefühl, nicht richtig weiterzuwissen – und hält uns so vom Denken ab.

Kennt ihr noch die Summenformel von Gauss? Gauss' Lehrer Büttner gab seinem Schüler in der zweiten Klasse der Volksschule eine aus seiner Perspektive unlösbare Rechenaufgabe: Er sollte die Zahlen von 1 bis 100 zusammenzählen. Dies gelang ihm außergewöhnlich schnell, denn er hielt sich nicht an die bis dahin übliche Vorgehensweise – stattdessen erfand er kurzerhand die später so benannte Formel. Gut, dass der Lehrer die Lösung nicht als falsch markierte: Offenbar besaß er Beurteilungsspielraum. Heute müssen sich Lehrerinnen nicht selten an Checklisten orientieren: Wird ein bestimmtes Buch von 1985 in einer Geografie-Klausur nicht erwähnt, müssen sie Punkte abziehen.

Was *lernenswert* ist, entscheidet so nicht das Interesse, sondern die Note. Die Schulausbildung unserer Kinder ist somit darauf ausgerichtet, passende Antworten zu geben. Kein Wunder, dass viele Musterlösungen Werturteile und Stereotypen enthalten. Fragen dienen dem Ausfragen – dem Überprüfen des Wissensstandes. Dabei könnten Fragen auch einen ganz anderen, viel gesünderen Zweck erfüllen: nämlich neue Gedanken und Assoziationen in Fluss zu bringen.

Es herrschen Lehrpläne vor, die zusammenstellen, was gewusst werden sollte, anstatt die Entdeckerfreude zu wecken. Und so wie in der Arbeitswelt immer noch die Arbeitsteilung dominiert, besteht in der Schule eine strikte Fächerteilung: Was *lehrenswert* ist, entscheidet die Regierungsschuldirektion. Vermutlich bekommt die gar nicht mit, wie sich die Sicherheiten in der Arbeitswelt so langsam in Luft auflösen.

Unsere Kinder aber werden mit Herausforderungen umgehen müssen, die wir nicht vorausdenken können. Doch das mentale Modell hinter der Musterlösung nimmt eine Arbeitswelt mit planbarem Arbeitskräftebedarf an. Es orientiert sich an der Annahme, dass Kinder erfolgreich im Leben sind, wenn sie sich dem Arbeitsmarkt anpassen. Das dreigliedrige Schulsystem spiegelt diese Orientierung ebenso wie die Bewertung: »Handwerk hat goldenen Boden« – aber die hellsten Lichter auf der Torte gehen aufs Gymnasium.

Dabei zeigt sich die daraus folgende Schieflage längst überall, wie etwa in der Tatsache, dass Mathematik noch immer höher bewertet wird als Musik, die unsere Sinne schärft und darüber hinaus auch auf Mustererkennung einzahlt. Informatik ist ein Wahlfach und das »Kunst-Profil«, wenn es denn zustande kommt, überhaupt nur für die eine Alternative, die auf Karriere dauerhaft verzichten wollen.

Wie neue mentale Modelle aussehen könnten? Anstatt ideale Lösungen zu reproduzieren, könnten wir einfach fragen: »Welches Problem willst du lösen?« Und dann die Suchenden dabei unterstützen, neue Wege und Antworten zu finden. Probleme gibt es ja schließlich genug auf dieser Welt.

## DIE DENKKRÜCKE

Wir denken, wir könnten auswählen und bestimmen, was gelernt werden muss. Dabei steht nicht der begeistert lernende kleine und große Mensch im Mittelpunkt, sondern der Lehrplan – und statt der Lösung von kleinen und großen Menschheitsproblemen das Schaffen von Passgenauigkeit für einen Arbeitsmarkt, der sich grundlegend verändern wird.

DAS NEUE MENTALE MODELL

Stellt nicht Inhalte in den Fokus, sondern Fragen. Unterstützt dabei, Antworten zu finden, aber gebt diese nicht vor. Fragen motivieren – und setzen viel mehr Kraft frei als längst überholte Antworten.

COACHINGBOX

Hast du Kinder? Dann frag sie: Welches Problem willst du lösen? Was ist dir wirklich wichtig? Wie kann ich dir helfen zu finden, was dich wirklich bewegt?

Hast du (noch) keine Kinder: Frag dich selbst, welches Problem du selbst als Nächstes lösen willst.

## 60. Teile fluides Wissen

Wissen ist Macht. Jedenfalls denken das viele. So kommen nach einem Vortrag öfter Menschen auf mich zu und sagen nette Dinge. »Sie bestätigen, was ich ohnehin schon immer gedacht habe«, sagt die eine Gruppe. »So habe ich noch nicht darüber nachgedacht. Das wird mich noch beschäftigen«, meint die andere. In beiden Feedbacks spiegelt sich ein unterschiedlicher Umgang mit Wissen.

Die erste von mir beschriebene Gruppe sucht Gelegenheiten, in der inneren Checkliste einen Haken machen zu können. Diese Checker wollen ihren Wissensstand bestätigen. Sie durchforsten Informationen nach dem Neuen. Sie machen eine Art Abgleich: Ist da was, was ich wissen müsste? Sie denken, Wissen ist Macht. Sie werden von Künstlicher Intelligenz böse überrascht werden. Denn das Wissen, das sie sammeln, kann diese jetzt schon generieren.

Die zweite von mir beschriebene Gruppe möchte ihr Wissen mehren, anpassen, erweitern. Diese Offenen suchen nach Inspiration. Sie gehen in Resonanz mit neuen Informationen. Sie suchen nach Korrektur, Klarstellung, Beispielen, Weiterentwicklung. Sie sehen Wissen fluide.

Die Grundannahme der Checkerinnen »Ich weiß schon alles« ist zwar von leisem Zweifel durchsetzt. »Bin ich richtig mit dem, was ich weiß? Genüge ich?« Der Grundtenor aber ist: Wenn ich das weiß, bin ich gut.

Die Fluiden haben diesen Zweifel erst gar nicht. Sie gehen von vornherein davon aus, dass sie sowieso nicht alles wissen. Sie wollen keinen Koffer mit Herrschaftswissen auffüllen. Es geht um die Entdeckung. Die Grundannahme ist, dass es überall etwas Interessantes gibt. Deshalb teilen sie gern und sehen auch in anderen Teilende – nicht Machthaberinnen. Sie können Erkenntnisse auch wieder loslassen, wenn sie Relevanz verlieren.

Von den Checkern ist es nicht weit zu den Allwissenden. Das sind die, die das Wissen gepachtet haben. Und davon gibt es leider zu viele. Sie können gar nichts dafür. Unsere mentalen Modelle sind auf »Experten müssen alles wissen« gepolt. Eben Wissen als Macht.

Finanzexpertinnen lernen auf diese Art und Weise, dass sie dem Publikum sagen müssen, wie der Dax am Ende des Jahres steht, obwohl das Wahrsagerei ist. Karriereexperten müssen sich Berufe der Zukunft aus dem Prognose-Ärmel schütteln. Marketingexpertinnen müssen wissen, was die beste Strategie für Social Media ist. So bestätigt man sich immer wieder selbst.

Mit skurrilen Folgen. Einmal hatte ich einen Auftrag in einem Konzern. Die Abteilung gehörte zu HR und beschäftigte sich mit Leadership. Die meisten waren schon ewig dabei, eine junge Uni-Absolventin frisch dazugestoßen. Im Workshop kam heraus, dass sie sich mit aktuellen Führungsthemen auskannte und geübt in neuen agilen Arbeitsmethoden war. Doch niemand hatte verstanden, wie das ihnen nützen könnte. Sie waren nicht in Resonanz gegangen. »Teilen« war kein mentales Modell.

Der Workshop half, anders auf dieses Thema zu schauen. Wir reflektierten die unterschiedlichen mentalen Modelle, die sich zeigten. Geht es uns um den Abgleich, also den Wissenscheck? Oder darum, das vorhandene Wissen zu verändern, zu mehren und zu teilen? Und:

Wie bewerte ich das, was eine neue Mitarbeiterin einbringen kann? Erkenne ich ihr Know-how als frisch und unverbraucht oder als »noch nicht richtig abgehangen« – wie es schließlich eine der Teilnehmerinnen formulierte?

Durch die Reflexion entstand Bewegung, die dazu führte, dass die alten Häsinnen der neuen Mitarbeiterin eine aktivere Rolle zugestanden.

### DIE DENKKRÜCKE

»Wissen ist Macht« ist ein mentales Modell, das viele immer noch leitet. Diese Macht wollen die meisten nicht teilen. Dabei ist in Zeiten computergenerierten Wissens die Fähigkeit Macht, dieses auch loszulassen.

### DAS NEUE MENTALE MODELL

»Teile fluides Wissen« heißt: Geh nicht davon aus, dass dein Wissen dein Eigentum ist und unveränderlich bleibt. Es bewegt sich, kommt und geht und transfomiert sich im kollektiven Denken.

### COACHINGBOX

Ein mentales Modell, um zu verdeutlichen, wie wenig wir wissen, ist der Circle of Competence. Damit kannst du auch praktisch arbeiten. Es gilt, den Blick auf das zu lenken, was du zu einem Thema eben nicht weißt. Auch wenn du etwas liest oder jemandem zuhörst, ist dies die interessanteste Frage: Was habe ich nicht gehört, gesehen, gelesen? Du richtest damit den Aufmerksamkeitsfokus auf jene Aspekte, die deinem Gehirn fremd erscheinen. Das sind aber die, die besonders spannend sind – weil sie bisherige Überzeugungen verändern können.

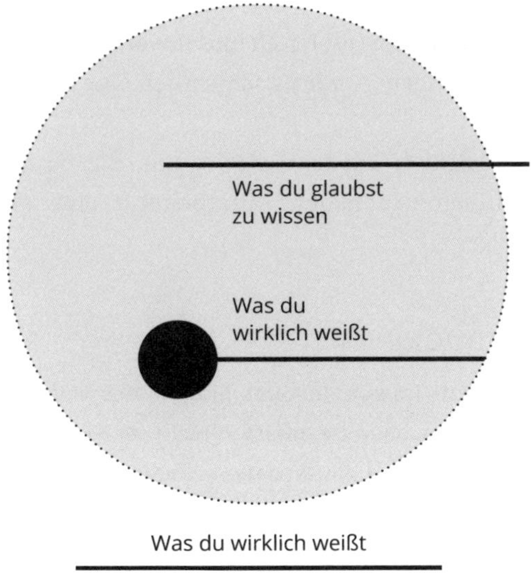


Abb. 27: Circle of Competence: Wüste des Nichtwissens

## 61. Sisyphus' S-Kurve: So lernst du richtig

Sisyphus war König von Korinth. Er hatte sich mit den Göttern angelegt, die ihn sodann bestraften. Seine Aufgabe bestand darin, einen Stein, der größer war als er selbst und viel schwerer, einen Berg hochzurollen. Immer wieder entglitt er ihm, sodass er von Neuem beginnen musste. Bis heute steht die Sisyphusarbeit für das Unmögliche, etwas, das einfach nicht zu schaffen ist.

Wir lernen gerade am Anfang sehr langsam. Das Anschieben fällt schwer. Es fühlt sich unmöglich an. So unmöglich, dass wir geneigt sind aufzugeben. Oder uns gleich entsprechend leichte Aufgaben vornehmen und auf dem Mount Stupid des eingebildeten Wissens verharren.

»Geduld ist die Mutter der Porzellankiste« hilft uns als mentales Modell gerade am Anfang. Wenn ihr beginnt, als Erwachsene eine neue Sprache zu lernen, ist dies ein langsamer Prozess. Besonders langsam geht auch das Entlernen. Wenn wir uns etwas abgewöhnen und aus alten mentalen Modellen aussteigen wollen, ist die Kurve des Lernens besonders flach.

Da braucht es nicht nur viel Disziplin, sondern auch viel Feedback. Denn es ist schwer, selbst zu beurteilen, wo man steht. Wir brauchen Vorbilder sowie objektivierbare Kriterien für die eigene Weiterentwicklung. Was genau ist der nächste kleine Schritt?

Wir wünschen uns oft einen Turbo fürs Lernen. Doch dieser ist auch psychologisch nicht hilfreich. Denn oft versetzt er in Panik. Geht es zu schnell, besteht die Gefahr, dass wir aus der Kurve fliegen.

Ein geeignetes mentales Modell ist eines, das der Wirklichkeit gerecht wird. Da bietet sich die Vorstellung von Lernen als S-Kurve an, wobei wir das S etwas anders malen müssen. Es braucht unten ein längeres, flaches Tal.

Und diese Kurve sieht auch nicht bei jedem Thema gleich aus. Manchmal beschleunigen wir schneller. Das liegt einerseits an einem selbst, andererseits aber auch daran, was wir lernen. Ob wir beispielsweise dazulernen oder etwas neu lernen. Wir lernen neu, wenn etwas völlig fremd für uns ist und wir vorhandene Muster auflösen müssen (insbesondere dann hilft Modell 58). Wir lernen dazu, wenn die bisherigen Muster sich einfach nur vertiefen. Wenn eine Führungskraft bisher immer Ansagen gemacht hat und nun moderierend führen soll, geht das an die Muster. Das ist nicht dazulernen, das ist entlernen. Es dauert länger, braucht viel mehr Feedback und vor allem auch die Arbeit an sich selbst.

Die S-Kurve zeigt uns auch, dass wir immer wieder anfahren müssen, stoppen und beschleunigen. In einer Kurve fahren wir vorsichtiger – weil dort Dinge auf uns warten, die neu und unbekannt sind. Vielleicht stoppen wir da auch, weil wir Angst haben – etwa davor, Fehler zu machen.

Wenn wir dann einigermaßen hochgeklettert sind auf unserem S, ist der Fortschritt oft wieder kleinteiliger. Nehmen wir an, ihr seid auf einem B2-Sprachniveau in Englisch. Damit kann man sich gut durchschlagen. Deshalb bleiben viele hier auch dauerhaft stehen. Jetzt weiterzukommen, ist eine kleinteiligere Mühe. Es geht dann um sprachliche Finessen. Wir lernen, uns gewählter auszudrücken, den *Guardian* zu lesen. Doch der Fortschritt ist jetzt wieder langsamer. Die S-Kurve kann deshalb oben auf dem S wieder sehr mühsam sein. Fortschritte sind weniger sichtbar. Nur noch Expertinnen sehen die Mikroverbesserung – die, die etwas weiter sind als wir. Ohne Feedback verharren wir dann schnell in der Komfortzone. In dieser Zone sprechen wir beispielsweise täglich und fließend Englisch, aber wir suchen nicht mehr nach Verbesserung. Schade.

### DIE DENKKRÜCKE

»Streng dich an« ist ebenso unzureichend wie »du musst nur wollen«. Lernen braucht ein mentales Modell, das verschiedene Aspekte abdeckt.

### DAS NEUE MENTALE MODELL

Die S-Kurve des Lernens hat unten und oben einen flacheren Anstieg. Das sagt uns, dass wir durch verschiedene Phasen gehen, die unterschiedlich ausgestaltet werden sollten. Sie bildet vor allem den Prozess inhaltlichen Lernens gut nach, eignet sich also für Sprachen, Sport, Musik, Fachthemen.

### COACHINGBOX

Was lernst du gerade neu? Wo entlernst du etwas? Zeichne deine eigene Kurve des Lernens. Brauchst du Begleitung für die kleinen Schritte? Siehst du, was hinter der Kurve kommt? Es gibt immer eine Komfort-, eine Lern- und eine Panikzone. In der Komfortzone tut sich nichts, weil alles bequem ist. In der Panikzone verharrst du wie das Kaninchen vor der Schlange.

Wie unterscheidest du beide? Wie erkennst du deine Lernzone, in der Flow entsteht?

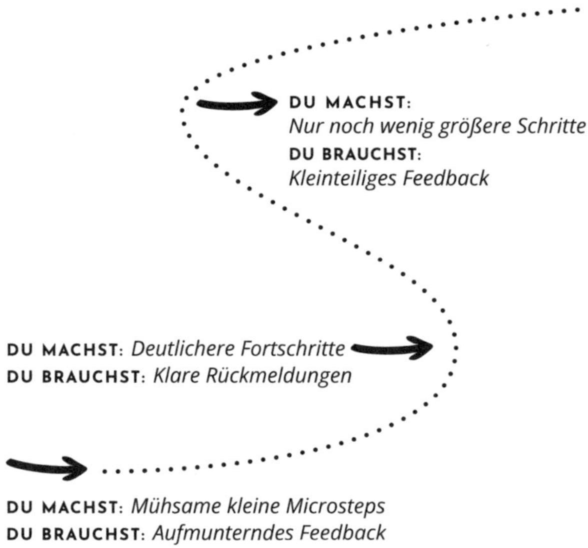


Abb. 28: Lernen als S-Kurve: Rein in die Kurve

## 62. Hol dir Feedback, das weiterbringt

Die meisten Menschen haben Angst vor Feedback. Sie halten es für Kritik – und vor der schützen sie sich. Sie haben zu viele unangenehme Erfahrungen gemacht, in der Schule, im Beruf. Nur das Wort löst schon inneren Widerstand aus: Wir machen dicht, aus Selbstschutz.

Doch Feedback findet immer statt – es ist Resonanz, schon Blickkontakt ist Feedback. Wenn mich jemand nicht anschaut oder kritisch, braucht es kein Wort.

Viele meinen, die immer gültige Lösung sei konstruktives Feedback. Andere wiederum denken, simple mentale Modelle wie »Viermal loben, einmal kritisieren« seien angemessen. Systemtheoretiker lehnen Feedback oft sogar gänzlich ab.

Ich sehe das differenzierter. Entscheidend ist die Beziehung zur Feedbackgeberin. Kann ich diese anerkennen? Und: In welcher Lernphase welches Feedback gegeben wird. Das gilt übrigens auch für maschinelles Feedback. Wie kann Künstliche Intelligenz uns helfen, besser zu werden? Was sagt sie unseren Gedanken? Was würde sie raten?

Hier eine Übersicht:

- **Konstruktives Feedback:** Dies ist Feedback, das darauf abzielt, eine positive Veränderung zu bewirken und sich zu verbessern. Der Feedbackgeber sollte dafür entsprechend kompetent im relevanten Fachbereich sein und dem Feedbacknehmer etwas voraus haben.
- **Kritisches Feedback:** Dies ist Feedback, das Schwächen und Fehler konkret benennt. Es soll der Empfängerin helfen, ihre spezifische Leistung zu verbessern. Das braucht ein objektivierbares Thema und eine hohe inhaltliche und didaktische Kompetenz der Feedbackgeberin.
- **Positives Feedback:** Dies ist Feedback, das Lob und Anerkennung für gute Arbeit gibt. Es soll ein gutes Gefühl und Sicherheit vermitteln. Dieses Feedback braucht es bei ersten Lernversuchen.
- **360-Grad-Feedback:** Dies ist Feedback, das von verschiedenen Personen gegeben wird, die in unterschiedlichen Beziehungen zum Empfänger stehen, etwa Vorgesetzte, Kolleginnen oder Kunden. Es spiegelt oft die Unternehmenskultur.
- **Formelles Feedback:** Dies ist Feedback, das Teil eines formalen Bewertungssystems oder einer Leistungsbeurteilung ist. Es ist das heikelste Feedback, denn in diesem Feedback fehlt die Beziehungsebene. So löst es oft mehr Widerstand aus. Es ist fraglich, ob es mehr dem Lernen oder mehr der Anpassung an Normen dient.
- **Wahrnehmungsbezogenes Feedback:** Es stellt die eigene Wahrnehmung in den Vordergrund (»auf mich hat das so gewirkt«) und sollte keine Bewertung enthalten. Dieses Feedback ist da sinnvoll, wo es keine objektivierbaren Kriterien geben kann.
- **Feedback durch Künstliche Intelligenz:** Was empfiehlt ein guter Algorithmus, was ein Sprachmodell wie ChatGPT?

## DIE DENKKRÜCKE

Feedback ist Kritik.

## DAS NEUE MENTALE MODELL

Feedback ist Resonanz – und hat viele Facetten, die in unterschiedlichen Kontexten mal mehr, mal weniger sinnvoll ist.

## COACHINGBOX

In der konkreten Arbeit hilft ein anderes mentales Modell: Shu-Ha-Ri. Es kommt aus dem Kampfsport, beschreibt aufeinanderfolgende Stufen des Lernens und verbindet sie implizit mit Feedbackempfehlungen.

- Beim Shu gilt es, jemanden zu haben, der strikt auf die Regeln achtet. Eher ein Lehrer.
- Beim Ha braucht es Experimentierräume und Lernbegleiterinnen sowie Coaches.
- Beim Ri helfen Meister und Vorbilder, die die professionelle Entwicklung fördern.

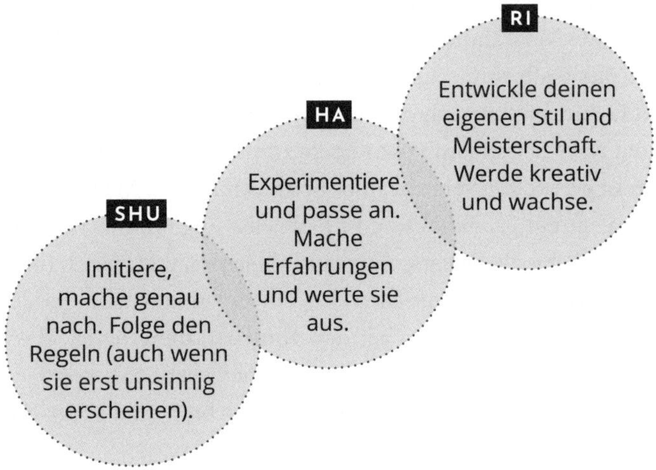


Abb. 29: Shu-Ha-Ri: Der Weg zur Meisterschaft

## 63. Lerne mit dem Körper

Können Tiere denken? Haben Pflanzen ein Gefühl? Wie funktioniert unsere Welt? Zeigt man Kindern, wie sich die Sonnenblume nach ihrer Lichtquelle ausrichtet, verstehen sie: Das ist auch Leben. Es ist Bewegung im Wachsen der Pflanze.

Unsere Wahrnehmung der Welt ist durch Konzepte bestimmt. Diese liegen in den Schubladen unseres Gehirns. Und wie in den echten Schubladen vergessen wir dort all das, was nicht zum Leben erweckt worden ist. Es ist totes Wissen. Dieses erzeugt keine Resonanz – solange es nicht in den Körper eingeht, gefühlt werden kann.

Wir haben viele mentale Modelle für die Überlegenheit des Gehirns. Doch die grundlegendste Frage ist, ob das Gehirn überhaupt überlegen ist. In unseren Köpfen ist das »Brain« die schlauste Person im Team, die die anderen bewundern. Es gibt einen »Brain Drain«, wenn die schlausten Köpfe abwandern. Überhaupt sind wir sehr stark auf unseren Kopf fokussiert.

Wenn etwas vom Menschen besonders gern untersucht wird, dann sein Gehirn. Das Gehirn von Albert Einstein ist eines der am besten untersuchten Gehirne in der Geschichte. Nach seinem Tod 1955 wurde sein zentrales Denkorgan wieder und wieder auseinandergenommen und analysiert. Man fand heraus: Der Bereich für räumliches Denken und visuelles Verständnis war größer als bei anderen Menschen. Auch das Corpus Callosum, zuständig für die Übertragung zwischen den beiden Gehirnhälften, war größer. Aber ob das der Schlüssel zu seinen Talenten war? Daran kann man heute zumindest zweifeln.

Nun ist gerade Einstein ein gutes Beispiel für einen Menschen, der alles andere als ein Fachidiot war. Er hatte eine ungewöhnliche Fähigkeit, sich in unterschiedliche Perspektiven zu versetzen, was typisch für empathische Menschen ist – Menschen also, die fühlen und nicht nur denken.

Und hier bin ich wieder bei den Kindern, die erleben, dass eine Pflanze lebt. Das ist erst mal keine sachliche Erkenntnis, sondern eine fühlende. Sie macht sich im ganzen Körper breit und sorgt für tiefe Erinnerung.

Was habt ihr tief in eurem Herzen? Welche Erinnerung fühlt ihr? Es wird ganz sicher etwas sein, das mit einem Erleben verbunden ist.

Pädagogen nennen das »Konzeptwechsel«. Wenn Kinder lernen, dass Pflanzen leben, dann ändert sich ihr Weltverständnis. Sie selbst werden kleiner und die Welt wird größer. Das macht ein anderes Lernen möglich. Eines, das auf Entdecken und Erforschen ausgerichtet ist.

Dieser Körperbezug wird überall gerade wiederentdeckt, auch bei Erwachsenen. »Embodiment« nennt sich das – und heißt im Grunde nichts anderes, als unseren Körper aktiv einzubeziehen. Unser Körper ist eben kein passives Werkzeug für unser Gehirn, sondern ein aktiver Teilnehmer in unseren kognitiven Prozessen.

### DIE DENKKRÜCKE

»Nutz deine grauen Zellen!« Lernen ist auf ein einziges Körperteil bezogen: das Gehirn. Dabei unterschätzen wir völlig, worauf es wirklich ankommt.

### DAS NEUE MENTALE MODELL

»Verkörpere die Veränderung!« In Wahrheit lernt der ganze Körper – vor allem dann, wenn es darum geht, grundlegende Konzepte zu verstehen.

### COACHINGBOX

Bis ins Erwachsenenalter finden immer wieder Konzeptwechsel statt. Diese sind mit Verschiebungen im Selbst- und Weltverständnis verbunden. Perspektiven verändern sich. Plötzlich sind Dinge, die früher wichtig waren, nicht mehr bedeutsam.

Meist beginnt ein Konzeptwechsel damit, dass eine grundlegende Überzeugung erschüttert wird. Bis sich dann das Neue in das eigene Leben eingefügt hat, kann es dauern. In dieser Zeit ist vieles noch unklar, man fühlt sich noch nicht angekommen.

Wann hast du so was erlebt, wie bist du damit umgegangen? Und vor allem: Wie hat dir dein Körper beim Verstehen geholfen?

## 64. Sei (k)ein Affe

Es gibt ein Video mit dem schönen Titel »First Dancer«. Es soll darstellen, was Leadership bedeutet. Ein Mann fängt auf einer Wiese an zu tanzen. Danach gesellt sich ein zweiter und dann ein dritter Tänzer dazu. Schließlich tanzen alle.

Wir machen gerne Dinge nach. Doch Nachmachen hat nicht nur positive Effekte. Wir kopieren auch negative Verhaltensweisen. So scharen sich bald viele Gaffer um einen Unfallort, wenn einer mit dem voyeuristischen Verhalten angefangen hat.

Wir kopieren auch unsinnige Regeln. Normen entstehen, weil wir diese blind übernehmen, also Verhalten kopieren. Die Schule, aber auch der Arbeitsplatz bietet eine einzige große Bühne für Kopiervorgänge. Den Spielcharakter nehmen wir aber oft gar nicht mehr wahr. Und so kommt es, dass wir immer dieselbe Rolle spielen, obwohl eine andere viel besser passen könnte.

Um das herauszufinden, sollten wir uns wie Schauspieler die Rollen suchen, an denen wir wachsen können, und wie diese von Vorbildern lernen.

Nachmachen ist die wichtigste Lerntechnik überhaupt. Wir lernen als Kinder, indem wir uns in Erwachsene hineinversetzen. Später hört das aus unerfindlichen Gründen auf. Vielleicht hat es damit zu tun, dass der Begriff »nachäffen« einen Beigeschmack von »wie kann man nur so dumm sein« hat. Doch das Nachmachen ist im fortgeschrittenen Alter genauso wichtig wie als Kind. Eine professionelle Methode, dies zu tun, ist das Rollenspiel.

»Fake it till you make it« ist dabei ein wichtiges Mentalmodell. Es bedeutet: Wir müssen nicht so sein, wir können so tun als ob. Dabei hilft es, sich an anderen zu orientieren. Wie sprechen sie? Wie ist die Körperhaltung?

Mehr Schwung entsteht, wenn wir uns an Menschen orientieren, die wir mögen. Vorbilder haben meist nicht mehr als einen Vorsprung. Sie sind deshalb Vorbilder, weil sie einem zeigen, wie man werden kann. Das setzt allerdings voraus, dass man sich selbst als Prozess sieht, nicht als Fertigprodukt.

Das passt nicht zu dem immer noch verbreiteten Mentalbild von sich als »so bin ich eben«. Dieses ist geprägt durch eine Forschung, die vor allem die Stabilität von Eigenschaften bestätigen wollte. Der Blick auf Veränderung setzt sich dagegen gerade erst durch.

Eigenschaften entwickeln sich weiter. Eine wesentliche Rolle spielt dabei, was wir erleben. Aber was wir erleben, hat viel damit zu tun, wo wir unsere Bühnen des Lebens suchen.

### DIE DENKKRÜCKE

Wir denken: »So bin ich eben.« Forscher waren lange fixiert darauf, Eigenschaften als feststehend zu definieren. In der Tradition dieser mentalen Modelle agieren immer noch viele.

### DAS NEUE MENTALE MODELL

»Lerne im Spiel!« Indem wir in andere Rollen und Perspektiven schlüpfen, erschließen wir sie uns.

### COACHINGBOX

Fake it! Was willst du nachmachen? Wie kannst du es? Schau dir Videos an, achte auf Gesten. Versetz dich in Personen, sprich und bewege dich aus ihrer Perspektive.

# JOB & KARRIERE

Die Arbeitswelt steht auf dem Kopf. Mit ihr verändern sich auch unsere mentalen Modelle. Etwa die Vorstellung davon, was Stärken sind. Oder welche Rolle Arbeit spielt. Wie viel wir arbeiten oder wie sehr wir uns anstrengen. Und ob wir Karriere machen wollen. Und was wir, wenn ja, darunter verstehen.

Kommt mit auf die spannende Reise zu neuen mentalen Modellen über die wichtigste Nebensache der Welt… und ja, ist es überhaupt noch eine?

## 65. Starte gut und plane wenig

Was ist Karriere? Denke nach und schreibe auf.

Eure Antworten werden sich je nach Generation und Sozialisierung deutlich voneinander unterscheiden. Euer kultureller Hintergrund spielt eine Rolle und höchstwahrscheinlich auch der Wohnort. Karriere in Berlin ist nicht das Gleiche wie Karriere in Brunsbüttel. Und so gibt es eine immer größer werdende Vielfalt möglicher Antworten auf die Frage, was Karriere ist. Ihr könnt an fast jedem beliebigen Punkt einsteigen. Gleichwohl hat sich etwas ganz Entscheidendes verändert: die Geschwindigkeit, mit der sich die Vorstellungen von dem, was Karriere sein kann, verändern.

Erinnert euch an den Schuster, der bei seinen Leisten bleiben soll. Früher herrschte als Karriere die Vorstellung von Weiterentwicklung und Vertiefung vor. Mit Blick auf den Aufstieg dominierte das Bild vom Aufzug. Auch die Gehaltsentwicklung verlief in diesen Mustern. Das wurde damals Schornsteinkarriere genannt. Für eine solche Schornsteinkarriere mussten Angestellte vor allem lang genug in einer Organisation bleiben. Falls du Millenial sein solltest, kennst du die Schornsteinvariante mindestens noch von deinen Eltern.

Mit zunehmender Komplexität der Anforderungen entwickelte sich eine Dreifaltigkeit der Karriere. Sie bot Wahlmöglichkeiten: Das war der Weg der Projekte, die Fach- und Expertenkarriere und die Führungslaufbahn. In vielen Firmen gibt es das so noch immer oder zumindest Relikte davon. Ein Übertreten der sogenannten Karrierepfade war und ist schwer.

Getrieben von den Arbeitskräften entwickelte sich parallel die Berufungs- und Sinnkarriere. Das darin verankerte mentale Modell verspricht, dass die Nutzung von Stärken auch gleich den Weg auf eine persönliche Karriere freilegt. Es muss also nur das gefunden werden, was einen wirklich antreibt und begeistert. Diese Interpretation entsprang ursprünglich einer spirituell begründeten Auffassung, dass jeder eine angeborene Berufung, eine Art Grundtalent habe, die man nur finden und freisetzen müsse.

Sie war auch ein Gegenentwurf zur Aufstiegskarriere. Diese enthält bestimmte Best-Practice-Bausteine. Jahrelang galt es dabei, möglichst gleichförmige Schritte aneinanderzureihen: ein solides Studium, gerne BWL, Erfahrung in einem kleineren Unternehmen oder einem angesehenen Beratungshaus, Auslandserfahrung, großer Konzern. Garniert war das Ganze von Branchengepflogenheiten. Juristen etwa brauchten seit jeher besonders gute Abschlüsse und wurden von daher auf Notenwettbewerb gedrillt. Die Ausstiegskarriere ist das Pendant für Leute, die die Nase voll hatten vom Hamsterrad. Sie landeten dann oft bei der Sinn- und Berufskarriere.

Noch ein recht neuer Gedanke ist die Mosaikkarriere, bei der sich ein Steinchen kunstvoll ans andere reiht. Ob das ein schönes Muster ergibt, zeigt sich erst im Nachhinein. Die Pilzkarriere wiederum beinhaltet den Gedanken, dass wir ein stabiles und gut verwurzeltes Fundament schön überdachen müssen. Dann schmeckt es uns und anderen.

Es gibt noch viel mehr mentale Modelle für Karriere: Influencerinnenkarrieren etwa begannen früher auf YouTube, heute starten sie auf Instagram oder TikTok.

Falls euch jetzt schwindlig geworden ist, sind wir nun bei dem mentalen Modell angekommen, das diese Zeit bestimmt. Es lautet: Entscheide dich für deine Variante, und es darf sich ändern. Der Schuster bleibt sicher nicht mehr bei seinen Leisten. Karriereplanung wie früher sollte sich heute nur noch auf den Berufseinstieg beziehen. Denn dieser bietet weniger das Fundament für den weiteren Aufstieg als vielmehr für Netzwerke und Selbstbewusstsein. Die ersten Erfahrungen sollten dieses stabilisieren. Sie sollten verdeutlichen, wo Stärken und Potenziale liegen.

Die Folgen der zahlreichen Umwälzungen auf dem Arbeitsmarkt kann niemand vorhersehen. Eine davon kam auch für Expertinnen überraschend: So ist in der westlichen Welt eine Umkehr der Verhältnisse zwischen »gewerblichen« und Bürotätigkeiten zu beobachten. Dazu gehört die Aufwertung von Blue-Collar-Jobs. Diese einfacheren Tätigkeiten, die immer schon außerhalb von Büros stattfanden – etwa in der Alten- und Krankenpflege oder in Restaurants –, werden ausgehend von Mindestlöhnen und getrieben durch den Fachkräftemangel zunehmend besser bezahlt.

Es zeichnet sich auch ab, dass Führung sich durch Künstliche Intelligenz vollkommen transformiert. Entscheidungen werden immer öfter von Algorithmen getroffen. Führende müssen viel mehr bewerten, abschätzen, einbinden.

Den umgekehrten Weg dagegen nehmen Bürotätigkeiten. Davon koppeln sich Tätigkeiten in den gefragten MINT-Berufen allerdings weiter ab. Die digitale Laptop-Klasse löst sich wiederum von Zeit, Raum und Ort – und statt Einzelarbeit ist nun Teamwork gefragt.

Mentale Modelle sollen passend für einen großen Ausschnitt der Wirklichkeit sein. Und deshalb lohnt sich doch nochmal ein Blick auf den Begriff. Was bedeutet Karriere wirklich? Nicht mehr und nicht weniger als Laufbahn, Aufstieg, Vorwärtskommen. Legen wir das französische *carriere* zugrunde, ist es auch der schnellste Galopp eines Pferdes.

Wenn ihr mich fragt, wie Karriere in fünf, zehn, 20 Jahren aussieht, muss ich passen. Es hängt an so vielen Entwicklungen – und da gibt es ja auch noch die Ereignisse, mit denen keiner wirklich rechnet. Deshalb umfasst das beste mentale Modell die maximale Vielfalt: Karriere ist deine Art des Weiterkommens mit einem guten Start am Anfang.

Frühere mentale Modelle waren oft durch den Blick nach innen oder außen geprägt. Nach innen schaute man auf eigene Stärken, nach außen auf Chancen. Ein aktuelles Bild von Karriere muss beides umfassen. Dabei dürfen wir uns allerdings nicht von den Bildern der Vergangenheit blenden lassen, sondern müssen auf den kurzfristigen Bedarf blicken.

Was braucht die Arbeitswelt in der aktuellen Phase – das erleichtert es anzudocken, zu starten. Und was davon passt zu mir? Keine Entscheidung ist mehr für die Ewigkeit. Und wenn es hier nicht fliegt, dann woanders.

### DIE DENKKRÜCKE

Karriere lässt sich planen.

### DAS NEUE MENTALE MODELL

Karriere lässt sich nicht planen. Wichtig ist vor allem eins: ein guter Start, der Stärken freilegt und Potenziale und Netzwerke hervorbringt.

COACHINGBOX

Vielleicht erinnerst du dich an das erste mentale Modell. Dort hast du die Zukunft gedehnt. Genau das kannst du auch mit Stärken tun, die sich in deiner Karriere gezeigt haben. Der Stärkenkompass sagt dir nicht, welche Stärken du hast, sondern er lenkt den Blick auf Aspekte, die dir helfen, Stärken zu entwickeln. Er gibt dir Denkstoff nicht nur für eine Stunde, sondern für Jahre. Denn das, was du damit über dich herausfindest, ändert sich immer wieder. Das gibt der Sicht auf Stärken die Dynamik, die es braucht.

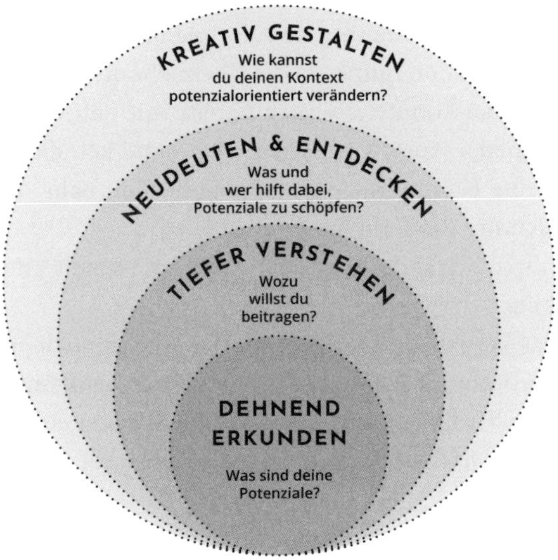


Abb. 30 Stärkenkompass

## 66. Sorg für den bunten Faden

»Was ist denn der rote Faden in Ihrem Lebenslauf?« Diese Frage klang in früheren Jahrzehnten wie eine Verurteilung. Generationen von Bewerbern versuchten in Milliarden von Vorstellungsgesprächen die Quadratur des Kreises, um durch maximale Tatsachenverdrehung einen künstlichen Bezug herzustellen. Sie mussten »unverschämte« Leerzeiten verschleiern und studienbegleitende Tätigkeiten in der Gastronomie verbergen. Sprünge zwischen den Branchen oder Studiengängen brauchten eine sehr gute »Story«.

Nicht wenige unterwarfen sich auch der Lebenslauf-Diktatur. Sie passten die Berufserfahrung auf Ausbildung und Studium an. Sie kopierten die eindimensionalen Lebenswege der 2000er, spezialisierten sich bereits im Alter von 22 Jahren auf das Personalwesen oder schoben eine kaufmännische Ausbildung vor das BWL-Studium.

Ich vermute, die Frage nach dem roten Faden wird immer noch gestellt. Und ich weiß auch, dass sich immer noch Bewerberinnen darum bemühen, kommunikative Kapriolen zu schlagen. »In Wahrheit wollte ich ja schon immer in die Chemiebranche. In meiner Zeit in der Konditorei konnte ich mich bereits mit natürlichen Zutaten vertraut machen.« Anstatt zu sagen: »Ich hatte keinen Plan. Meine Mutter hat eine Konditorei – und da lag der Job nahe. Für Chemie habe ich mich nie sonderlich interessiert.

Schlagt ihr die Hände über dem Kopf zusammen oder sagt ihr: »Klar, das klingt ehrlich.«?

Das ist das Wesen von Übergängen: Das Alte ist noch präsent, aber das Neue ist eben auch schon da. Ob wir mehr Kontakt mit den neuen oder den alten Themen haben, entscheidet vor allem eins: die jeweilige »Bubble«. In welchen Kreisen sind wir zu Hause? Wer prägt unser Bild von der Welt?

Das Wesen ist aber auch dieses: Während sich das Neue verstärkt, wird das Alte immer weniger und verschwindet schließlich ganz.

Der Lebenslauf ist ein mentales Modell, das jeder kennt. Er hat eine Evolution hinter sich: vom handgeschriebenen Brief bis zur hochgestylten Verkaufspräsentation.

Doch auch in der Werbung funktionieren die Hochglanzbroschüren nicht mehr. Wir folgen nun Influencern. Wir sagen in Social Media, was uns bewegt. Das schmücken wir mit immer mehr Zeichen, Emoticons. Der tabellarische Rote-Faden-Lebenslauf passt da nicht mehr. Erst recht nicht, wenn es immer wichtiger wird, verschiedene Wissensgebiete und Erfahrungen miteinander zu verknüpfen. Entscheidend ist nun weniger das Spezialwissen als die Fähigkeit, sich Dinge und Themen zu erschließen.

Wie man das optisch darstellt, weiß ich nicht. Vielleicht läuft es auf eine minimalistische Übersicht oder ein Verzeichnis bisheriger Erfahrungen und Projekte hinaus. Eine opulente grafische Darstellung ist vor allem in kreativen Jobs gefragt. Auf Portalen wie Canva finden sich viele Beispiele.

Größere Firmen geben durch ihre Online-Formulare die Form schließlich selbst vor. Der bunte Faden muss nicht immer gleich wie ein bunter Hund rüberkommen.

### DIE DENKKRÜCKE

Die Idee des roten Fadens ging davon aus, dass Bewerber ihre beruflichen Stationen logisch aufeinander aufbauen und abstimmen. Dies war in einer stabilen und arbeitsteiligen Arbeitswelt so gefragt.

### DAS NEUE MENTALE MODELL

Ein Lebenslauf ist ein buntes Entwicklungsprojekt. Er entfaltet sich durch die Erfahrungen, die wir machen. Er kann nicht mehr vorab geplant und gebaut werden. Es geht also um einen bunten Faden, der immer wieder neu gemixt werden kann.

### COACHINGBOX

Wie viel roter und wie viel bunter Faden steckt in deinem Lebenslauf? Wie sehr sind die alten Bilder von einer stabilen, effizienzgeprägten Arbeitswelt dabei in dir präsent? Was wäre dein Lebenslauf ohne diesen roten Faden? Hättest du andere Dinge getan?

Und falls du immer noch daran arbeitest, einen roten Faden herzustellen: Was wäre, wenn du darauf verzichtest? Du kannst ja trotzdem eine Geschichte erzählen – eine, die für dich Sinn ergibt und nicht für einen Außenstehenden. Probier's mal aus.

## 67. Sei, wer du sein willst

Wir denken, es hätte mit unserem Willen zu tun, wie leicht oder schwer wir uns verändern. »Du musst nur wollen« heißt das Mantra. Das ist falsch. Wie leicht oder schwer wir uns verändern, hat mit unserer Identität zu tun. Je lockerer unsere Identitäten sitzen, desto leichter können wir sie über Bord werfen. Das ist hilfreich in einer Welt, in der wir uns demnächst öfter neu erfinden müssen.

Wenn mich jemand fragt, was ich von Beruf bin, muss ich überlegen. Meine Antwort fällt flexibel aus. Bin ich Buchautorin? Oder doch eher Beraterin? Will ich Coach sein? Oder doch eher Geschäftsführerin? Passt Wirtschaftspsychologin – und versteht mein Gegenüber überhaupt, was das heißt?

Ich definiere mich flexibel und bedarfsorientiert. Ich hänge an nichts mehr. Das war nicht immer so. Es gab Zeiten, da war mir wichtig, was auf meiner Visitenkarte steht. Dass da »Leiterin« stand zum Beispiel – oder »Senior« vor dem Consultant. Das führte zu einer anderen Aufmerksamkeit, bildete ich mir ein. Und weil ich es mir einbildete, war es auch so.

Menschen, die einen Job wechseln, verlieren oft nicht nur ihre Visitenkarte, sondern auch sich selbst. Die Organisationsentwicklerin eines namhaften Unternehmens bekommt viel Aufmerksamkeit, weil das Unternehmen namhaft ist. Und eben nicht (nur), weil sie eine anregende Gesprächspartnerin ist.

Die persönliche Bindung an die berufliche Identität ist unterschiedlich groß. Allzu feste Identitäten hemmen Veränderung. Denn eine Identität sagt mir, was ich glaube zu sein. Das umfasst viel mehr als nur die beruflichen Aspekte. Wer von sich glaubt, Raucher zu sein, wird viel schwerer auf die nächste Zigarette verzichten als jemand, der das nicht tut. Wer von sich glaubt, nicht sportlich zu sein, setzt sich deutlich schwerer in Bewegung als jemand, der sich für sportlich hält.

Glaube ich, dass ich meine Identität wechseln kann, so wird mir das auch leichter fallen. Wer nicht von sich glaubt, eine Führungspersönlichkeit zu sein, wird sich mit einer Führungsrolle schwertun.

Identität ist wichtig. Sie gibt uns Halt, sie steckt uns gegen die anderen ab. Sie formt das Selbstbild ganz entscheidend. Deshalb sind manche Menschen so erleichtert, wenn sie eine Diagnose bekommen. Dann gehört es zu ihrer Identität, dass sie ADHS haben, hoch intelligent sind oder autistisch. Das ist wichtig, das will ich nicht in Abrede stellen. Mir geht es darum, zu verdeutlichen, dass das, was hilft, auf der anderen Seite aber auch hemmen kann. »Ich bin eben nicht extrovertiert und passe nicht auf die Bühne« prägt dann das Selbstbild in einer Art und Weise, die zu viele Möglichkeiten reduziert.

Veränderung ist auch eine Entscheidung, sich selbst anders zu sehen. Und das ist jederzeit möglich. Du bist eben nicht, wer du bist – sondern wer du sein willst.

### DIE DENKKRÜCKE

»Du bist, wer du bist«, wird gerne gesagt und noch lieber geglaubt. Bei gewünschten und notwendigen Veränderungen ist diese Überzeugung vor allem eins: hinderlich.

### DAS NEUE MENTALE MODELL

»Du bist, wer du sein willst.« Wir können unsere Überzeugungen von uns in einem gewissen Rahmen selbst verschieben. »Wer bin ich und wer nicht?« ist auch die Entscheidung, worauf ich den Fokus lege.

### COACHINGBOX

Nehmen wir an, du willst dir ein neues Berufsfeld erschließen. Es liegt aber weit entfernt von dem, was du bisher gemacht hast. Ich fantasiere jetzt mal: Angenommen, du bist Kinderkrankenschwester, interessierst dich aber für Datenanalyse. Das kann nach einem Riesenschritt aussehen, der fast unmöglich erscheint. Dieser Schritt wird umso größer, je mehr du »ich bin ja nur Kinderkrankenschwester« in dir abgespeichert hast. Aber du bist ja etwas ganz anderes: interessiert und lernfreudig. Es fällt dir leicht, dich in neue Thematiken einzuarbeiten. Es würde deiner Veränderung zuträglich sein, wenn du das als identitätsbildend annähmst. »Ich bin eine fröhliche Lernerin.« Du nimmst damit einen Identitätswechsel vor, den du auch nach außen tragen solltest. Rede darüber!

Ersetze mein Beispiel durch eines, was zu dir persönlich passt. Frag dich: Wer will ich sein? Wo hilft mir meine Identität, und wo hindert sie mich? Das heißt nicht, dass du alles ausblenden musst. Aus einem »ich bin« kann aber leicht ein »ich war« werden. Und schon hast du eine gute Story.

## 68. Volle Konzentration voraus!

In einem meiner Seminare saß Thomas, ein ehemaliger Marketingleiter aus der Autobranche. Er hatte innerhalb eines Jahres 500 Bücher über Psychologie und Neurowissenschaften gelesen. Er las nicht nur, er tauchte ein. Jeden Tag absolvierte er ein Lernprogramm, das er abends neu justierte und reflektierte. Zu jedem Buch schrieb er Zusammenfassungen mit den wichtigsten Essentials für die Praxis.

Nach dem Buchmarathon wollte er sich als Coach ausbilden lassen. Dafür hatte er sich ein eigenes Programm zusammengestellt, das er fein aufeinander abstimmte. Das Wissen aus den Büchern half ihm, sich und seine Interessen zu sortieren. Parallel arbeitete er schon an eigenen Produkten und Ideen für seine Selbstständigkeit.

Wahrscheinlich erwartet ihr, dass er ein nerdiger Typ war, introvertiert, ein Bücherwurm eben. Doch nichts an ihm entsprach gängigen Stereotypen. Denn er flankierte seine Aktivitäten mit enormen und ausgiebigen Pausen. Er nutzte etwas, das die meisten Menschen immer noch nicht kennen: das Default Mode Network (DMN).

Das DMN ist ein Netzwerk von Gehirnregionen. Diese sind aktiv, wenn eine Person nicht an einer spezifischen Aufgabe arbeitet oder nicht von der Umgebung auf Trab gehalten wird. Es wird oft als das »ruhende Gehirn« bezeichnet und umfasst verschiedene Regionen im

Gehirn. Das DMN ist mit verschiedenen kognitiven Funktionen verbunden, einschließlich der Selbstreflexion, dem autobiographischen Gedächtnis, der Vorstellungskraft, der Perspektivenübernahme und auch der Empathie.

Tja, und wenn ihr euch mal umhört: Wer kennt es? Wer richtet die Arbeit in Unternehmen daran aus? Immer noch wird belohnt, wer sich betriebsam zeigt. Es müsste umgekehrt sein.

Der Autor und Informatiker Cal Newport hat den Begriff Deep Work in Abgrenzung zu Shallow Work geprägt. Deep Work ist eine ablenkungsfreie und hoch konzentrierte Tätigkeit mit mittlerem bis hohem Schwierigkeitsgrad. Shallow Work betrifft Aufgaben, die sich nebenbei ausführen lassen. Sie schaffen keinen Mehrwert, sie halten das DMN nur beschäftigt. Wenn ich während eines Meetings auf dem Handy tippe, Aktienkurse checke und E-Mails bearbeite, ist das ziemlich *shallow*, also seicht.

Das alles beruht auf Studien, die immer wieder belegen, wie wichtig es für unser Gehirn ist, zwischen positiver Anspannung und Entspannung zu wechseln. Wir werden dadurch kreativer und leistungsfähiger.

Unsere Konzentration leidet durch die Beschäftigung mit diesen seichten Dingen. Wir springen hin und her. Die Aufmerksamkeitsspanne wird kleiner. Das Handy lenkt uns immer öfter ab. Ich kenne das von mir selbst: Ich will etwas tun, aber da ist die Mail, der Anruf, die WhatsApp-Nachricht. In wenigen Sekunden habe ich vergessen, was ich eigentlich wollte. Um dem entgegenzuwirken, schotte ich mich regelmäßig ab, wenn ich konzentriert arbeiten möchte. Da kann es auch sein, dass ich zwei, drei Tage keine Mails beantworte.

Je mehr Roboter und KI uns entlasten, desto mehr sind Deep-Work-Fähigkeiten gefragt, etwa zur Problemlösung. Es gilt, diese auszubauen – auch, um eine hohe »Employability« herzustellen oder zu behalten. Es geht also um nichts weniger als um die Beschäftigungsfähigkeit – auch in Zeiten zunehmender Digitalisierung.

Allerdings ist die Arbeitswelt bisher wenig auf Deep Work ausgerichtet. Stattdessen beherrscht Oberflächenarbeit das Tagesgeschehen. Dabei steht das reaktive Arbeiten im Mittelpunkt, nicht das produktive.

Hier sind die hartnäckigen Überbleibsel eines mentalen Modells der letzten Jahrzehnte erkennbar: »Wer Karriere machen will, muss ackern.« Inhalte sind also weniger wichtig als Show. Pausen sind ein Zeichen von Versagen. Und die Messgröße für Produktivität ist die Wirkung nach außen.

In vielen Jobs ist das immer noch so ausgeprägt, dass Tiefenarbeit kaum einen Platz hat. Allerhöchstens der IT-Abteilung wird das zugestanden. Die wundersame Wirkung von Pausen ist aber auch hier immer noch unerkannt. Viel weiter verbreitet ist nach wie vor das gegenteilige Modell: die ständige Zerstreuung durch wechselnde Anforderungen. Dies zeigt sich etwa darin, dass Meetings einen Großteil des Tages einnehmen. Und dies, obwohl längst bewiesen ist, dass die meisten abgeschafft werden könnten, ohne jeden Produktivitätsverlust.

### DIE DENKKRÜCKE

Es verbinden sich hier zwei Krücken. Die eine: Wir setzen immer noch auf ein Karriere-Mentalmodell des vergangenen Jahrtausends: Wer weiterkommen will, muss viel arbeiten und offensiv beschäftigt tun. Anstatt in der Tiefe arbeiten wir so an der Oberfläche. Die andere Krücke ist die Annahme, dass viel auch viel hilft. Die Wahrheit ist: Mit mehr Pausen und weniger Arbeit leisten wir mehr. Das Default Network in unserem Gehirn wurde erst 2001 entdeckt. Erst langsam setzt sich durch, dass wir in Pausen in Wahrheit aktiv sind, uns aufladen.

### DAS NEUE MENTALE MODELL

Wer in Zukunft weiterkommen will, muss sich viel tiefer und intensiver mit Problemen und Lösungen beschäftigen. Diese produktive Arbeit wird gefüttert von Anregungen, sie braucht in der Durchführung aber ein ablenkungsfreies Umfeld.

### COACHINGBOX

Vielleicht erinnerst du dich an die Pomodoro-Technik. Sie empfiehlt uns 25 Minuten Lernen und danach fünf Minuten Pause. Das viermal hintereinander, dann folgen 20–25 Minuten Pause. Diese Methode beruht auf einem mentalen Modell, das nicht mehr ganz zeitgemäß ist. Es geht nämlich davon aus, dass dieser Zyklus bei allen Menschen gleich ist. Stimmt aber nicht.

Jeder Mensch hat einen individuellen Leistungszyklus. Zudem kann es Unterschiede geben, je nachdem, wie anstrengend eine Aufgabe ist. Finde deinen eigenen Zyklus heraus, indem du dich selbst beobachtest. Dazu solltest du dir einen Timer stellen, wenn du dich an ein komplexes Problem oder eine kreative Aufgabe setzt, und notieren, wann du abschweifst. An diesem Punkt ist eine Pause angebracht, die so lange sein darf wie die vorherige Arbeitsphase. Diese Pause ist ein Investment in die eigene Kreativität, sie lädt dich für eine weitere Leistungsphase auf.

Mach dir darüber hinaus klar, dass du die Fähigkeit entwickeln solltest, Nein zu Meetings und Tätigkeiten zu sagen, die keinen Mehrwert haben. Erhöhe die Pausenqualität und -quantität.

Um das noch besser zu verankern, schreibe abends auf, was du an einem Tag erreicht hast und was du dir für morgen vornimmst. Experimentiere mit deinem Leistungszyklus.

## 69. Werde ein Digital Mind

Erinnert ihr euch an den Chatbot LaMDA, der sich einen Anwalt genommen hatte, damit dieser seine Rechte vertritt? Wahrscheinlich war das alles nur ein Scherz, den die Medien natürlich gekonnt ausschlachteten.

Die Anekdote – die hoffentlich wirklich eine ist – zeigt, dass die Welt der Daten überall angekommen ist. Selbst Rechtsanwältinnen müssen sich in ihr zurechtfinden. Und mehr noch: Orientierung geben. All das hat längst nicht mehr nur mit MINT zu tun, also Mathematik, Informatik, Naturwissenschaften und Technik. Nach diesen Arbeitskräften schreien Wirtschaft und Politik seit Jahren geradezu hysterisch – und bleiben ungehört. Dabei haben sie nicht verstanden, worum es wirklich geht.

Künstliche Intelligenz revolutioniert die Art, wie und was wir arbeiten. Sie wird Teil unserer Teams werden – und Teil von uns. Sie wird Entscheidungen prägen, für die unser Gehirn nicht ausgerichtet ist. Das sind zum Beispiel komplexe Rechenoperationen, wie sie in Datenanalysen erfolgen. Aber: Die Daten kommen von uns. Wir erheben sie. Wir trainieren Algorithmen. Deshalb brauchen wir ein Verständnis von dem, was da passiert. Das hat viel weniger mit MINT-Kenntnissen zu tun, als viele glauben. Im Gegenteil: Die MINT-Vorstellungen begrenzen unser Verständnis. Das Problem entsteht an ganz anderer Stelle: dort, wo die Zusammenhänge nicht mehr verstanden werden. Das erlebe ich in der Praxis immer wieder. Die Personalabteilung weiß nicht, wie die Algorithmen zur Bewerberauswahl funktionieren. Das Management weiß nicht, wie Daten generiert werden. Der Vertrieb kennt den Algorithmus nicht, der Kundinnen klassifiziert. Journalistinnen können Studien nicht interpretieren. Managerinnen fehlt der Bezug zu datengetriebenen Entscheidungen. Und viele Ärztinnen verstehen Statistiken zu Diagnosen nicht.

Technologie wird uns die Last der Routine abnehmen – sowie die Mühen der Schwerstarbeit. Aber anstatt uns das Denken abzunehmen, wird sie es so richtig herausfordern. Und eben nicht nur in MINT.

Wann, wo und wie nutzen wir die Möglichkeiten, die uns Technologie bietet? Wie stellen wir sicher, dass jeder, der die Schule verlässt, Möglichkeiten und Grenzen kennt? Und wie, dass Studenten keine Fachidioten werden, sondern die Welt verstehen?

Unser MINT-Denken begrenzt uns, anstatt uns zu erweitern. Doch vielen Unternehmen ist längst bewusst, was auf sie zukommt. Teams übernehmen mehr und mehr Managementaufgaben. So wie das Team des Pharmaunternehmens, das einen humanoiden Roboter in seine Meetings integriert. Das soll sie daran erinnern, sich immer wieder zu fragen: Wo können wir auf »Robby«, so heißt das digitale Teammitglied, zurückgreifen? An welcher Stelle braucht unsere eigene Entscheidung ein Back-up? Sie fragen ihren für diesen Zweck programmierten Roboter, was er zu einem Thema weiß und ihnen empfiehlt.

Das Thema durchzieht die Arbeitswelt wie kein anderes. Auch bei Einstellungen von Bewerbern kann KI gute Dienste leisten, indem sie Routineaufgaben übernimmt. Doch da landen wir eben wieder an dieser gefährlichen Grenze zwischen Nutzen und Gefahr: Denn wer ausgewählt wird, hängt von den Trainingsdaten ab. Womit also wurde der Algorithmus gefüttert? Wie kommt er dazu vorzuschlagen, was er vorschlägt? Welchen »Bias« hat er selbst? In der Vergangenheit gab es immer wieder Probleme mit Diskriminierung durch KI. Und zwar gerade, wenn sie dagegenwirken sollte. Hinzu kommt das Problem, dass sich Daten immer auf die Vergangenheit beziehen. Was aber, wenn wir für die künftigen Probleme einen ganz neuen Typus Mitarbeiter brauchen?

Ihr seht: Es geht um viel mehr als nur grundlegendes technisches Verständnis. Wir müssen Zusammenhänge verstehen, unsere Arbeitswelt gestalten, Vorteile nutzen und Risiken erkennen. Gleichzeitig braucht es ein Verständnis für das, was KI eben auch nicht leisten kann. Sie darf keine Blackbox für Menschen außerhalb von MINT bleiben. Im Kern braucht es ein integriertes Selbstverständnis vom Zusammenspiel.

Vor gut 20 Jahren kam die Extended-Mind-Theorie auf, die besagte, dass Technologie Menschen erweitert. Sie wird Teil von uns. Längst ist das erlebte Praxis. Meine Cloud beinhaltet Lebenserinnerungen von fast 20 Jahren. Ausgedruckte Fotos gibt es kaum noch, Papier habe ich fast vollständig abgeschafft.

Wenn mein Handy nicht bei mir ist, fühle ich mich geradezu amputiert. Irgendwann werden wir solche Geräte nicht mehr bewusst mitnehmen müssen. Bücher, Briefe, persönliche Dinge – sie sind weitgehend digitalisiert. Das ist leichtes Gepäck, das nicht unsere Keller verstopft, sondern in Datenwolken hängt. Software stellt mir die richtigen Stücke zusammen, etwa Erlebnisse am Meer. Das wird die Art unserer Erinnerung prägen – auch an berufliche Begegnungen, Jobs und Lebensphasen.

Aus all diesen Gründen ist es keine Option, sich für IT zu interessieren oder nicht. Es geht auch nicht nur um die technisch-mathematische Seite. Jeder Mensch braucht ein grundlegendes Verständnis der Zusammenhänge.

### DIE DENKKRÜCKE

Der Schrei nach MINT verzerrt das Bild. Es geht nicht nur um Mathematik, Informatik, Naturwissenschaften und Technik. Es geht um alle Bereiche.

### DAS NEUE MENTALE MODELL

»Jeder Job ist digital.« Wir müssen verstehen, welche Dienste uns KI erbringen kann. Und welche Bärendienste. Und dafür müssen sich auch andere Disziplinen wie Medizin, Psychologie, Philosophie, Ethik, Neurowissenschaften damit beschäftigen.

### COACHINGBOX

Wie stehst du zu dem Thema? Welche mentalen Modelle für Künstliche Intelligenz im Berufsleben hast du selbst? Was glaubst du von KI? Was denkst du von Robotern?

Versetze dich in die verschiedenen Haltungen. Wie verändert sich dein Blick, wenn du mit mehr Fragen als Antworten auf das Thema blickst?

## 70. Die wahre Zukunft der Bewerbung

Künstliche Intelligenz hat Grenzen. »Ich bin ein Sprachmodell und habe keine Meinung«, wiederholt ChatGPT stoisch, wenn ich ihn um eigene Einschätzungen bitte. Auf meine Frage, ob er Gefühle habe, schreibt der Bot mir das Folgende:

> Ich bin eine Künstliche Intelligenz und habe keine Gefühle im menschlichen Sinn. Ich kann jedoch Informationen auf eine Weise verarbeiten und darstellen, die für Menschen nützlich und verständlich ist. Ich bin

darauf programmiert, menschenähnliche Antworten zu geben, um eine nützliche und angenehme Konversation zu führen.

Die KI ist gemacht, um zu helfen. Sie will Assistent sein, Aufgaben erledigen, die keine besonderen Fähigkeiten verlangen. ChatGPT schreibt Bewerbungen in weniger als einer Minute. Der Bot produziert dabei allerdings langweilige, nichtssagende Standardschreiben. So wie sie allerdings auch immer noch üblich sind. Der Bot lässt sich auch coachen. Dann sagt man ihm, dass er humorvoller schreiben soll oder sachlicher, dass er duzen soll und nicht siezen.

Aber ich glaube nicht, dass das mittelfristig überhaupt noch gebraucht wird. Schon jetzt ist kaum eine Papierbewerbung noch im Umlauf. Auch die elektronischen Varianten kommen immer öfter ohne Anschreiben aus, zumindest bei großen Unternehmen.

Alle Unternehmen, vom Konzern bis zur Fleischerei, leiden derweil unter Bewerberrückgang. Je mehr dieser spürbar wird, desto unwichtiger wird die schriftliche Bewerbung. Das werden Bewerbungsberaterinnen und auch einige Personaler sehr ungern hören.

Die mentalen Modelle bezogen auf Bewerbung sind in Auflösung begriffen. Selbst die konservativsten Vertreterinnen müssen inzwischen einsehen, dass andere Wege begangen werden müssen. Es geht dabei im Kern um zweierlei:

- Auf der einen Seite schreit alles nach Flexibilisierung. Dies reicht von der Bewerbung über Arbeitsverträge bis zur Gestaltung der Job- und Aufgabenprofile.
- Auf der anderen Seite ist eine Verbesserung des Bewerbererlebnisses überlebensnotwendig.

Und hier ist Potenzial ohne Ende. Das liegt in der Reaktionszeit auf Bewerbungen, die teils immer noch bei über einer Woche liegt, und in der Art der Reaktion. Der strenge, arrogante Personaler mit dem analytischen Argusblick hat ausgedient. Freundlichkeit und Zugewandtheit sind jetzt wichtig.

Wie das Ganze dann abläuft? Je nach Metier. Der Fleischermeister auf Lehrlingssuche hat fraglos einen Vorteil, wenn er auf jenen Social-

Media-Kanälen zu erreichen ist, die auch seine Zielgruppe besiedeln. Der Konzern profitiert von Bots, die kompetent und freundlich auf Bedürfnisse eingehen und irgendwann auch Daten aufnehmen. Überhaupt: Bedürfnisse – sie stehen jetzt im Mittelpunkt.

So werden ganz neue Formen entstehen, die Bewerberinnen und Unternehmen zusammenbringen. Das kann eine gemeinsame Workation sein, an deren Ende man weiß: Das geht gut zusammen. Die Workation ist ein längerer Arbeitsaufenthalt in schöner Umgebung, beispielsweise am Meer. Oder ein Event, auf dem viele kleine Unternehmen sich zusammenschließen. Nicht, um sich auf Ständen mit Hochglanz-Flyern zu präsentieren wie anno dazumal, sondern um Workshops anzubieten und Erlebnisse, die ungewöhnlich genug sind, um hängen zu bleiben. Wenn ein Unternehmen eine Programmierschule eröffnet und Schüler einlädt, an Zukunftsprojekten zu arbeiten, ist das auch eine Investition in die eigene Zukunft. Bewerbungen? Wozu dann noch?

Vielleicht entstehen Bewerberpools, die nicht mehr an ein einziges Unternehmen gebunden sind wie bisher, sondern nach anderen Kriterien funktionieren. Headhunter müssen sich schließlich auch neu erfinden: Ihre Daten sind Gold wert, aber sie zu pflegen, ist keine technische Aufgabe mehr, sondern Beziehungsmanagement.

Das alles wird mit vielen Trends zusammengehen, etwa dem Trend zum Arbeiten im Ausland und zur Workation.

Menschen lernen sich nicht mehr nur beim Arbeitgeber kennen, sondern in unterschiedlichen Communities, in Projekten und auf Reisen. Schon jetzt suchen viele Bewerberinnen gezielt nach Arbeitgeberinnen, die Workations anbieten.

Aber auch der Trend zur sinnvollen Arbeit und zum Engagement für zukunftsrelevante Themen wie Umwelt- und Klimaschutz oder Migration ziehen Bewerber an. Neben Können und Kenntnissen werden zunehmend auch Interessen und Lebensphasen eine Rolle spielen.

Am Ende ist vor allem eins entscheidend: die Kenntnis der Zielgruppe. Wer ist das? Wie fühlen, denken und handeln die Bewerberinnen, die ich mir wünsche? Wünsche ich mir überhaupt die richtigen? Und was kann ich tun, um in ihr Blickfeld zu kommen?

Das heißt auch, generelle Vorsicht im Umgang mit KI walten zu lassen. Im Fachkräftemangel kann es sich nämlich niemand leisten,

Bewerber aufgrund einer Fehleinschätzung durch mangelhafte und vergangenheitsbezogene Daten zu verlieren. Denn: Wenn KI uns das Schreiben zu einem Teil abnimmt, ist es verkraftbar, dass der junge Bewerber eben keine perfekten Deutschkenntnisse hat. Es reicht, dass er weiß, wie er einen Chatbot bedient.

### DIE DENKKRÜCKE

Die Bewerbung, wie wir sie kennen, hat Zukunft. Das behaupten die, die davon leben. Ich sage: Hat sie nicht.

### DAS NEUE MENTALE MODELL

Kreative Innovationen können nicht Standard sein. Ein Handwerksbetrieb hat schließlich ganz andere Anforderungen als ein weltweiter Konzern. So wird es vor allem um eines gehen: kreative und individuelle Herangehensweisen bei der Bewerbung und Unterstützung durch Chatbots, die Daten aufnehmen.

### COACHINGBOX

Falls du den Chatbot GPT noch nicht kennst, probier ihn aus. Es ist wichtig, sich ein Bild davon zu machen, was möglich ist. Ich habe mir eine Bewerbung als Stärkenfinderin schreiben lassen. Würdest du mich damit einstellen? Also ich mich nicht.

Mit Prompten – also dem Eingeben von Befehlen – kann man die Bewerbung noch mal deutlich verbessern. Die grundsätzliche Frage bleibt, ob so eine Bewerbung, selbst wenn sie etwas kreativer formuliert ist, bei der Auswahl helfen sollte.

> Sehr geehrte/r [Name des/der Empfängers/in],
>
> mit großem Interesse habe ich Ihre Stellenausschreibung als Stärkenfinderin gelesen und möchte mich hiermit gerne als Bewerberin vorstellen. Ich bin davon überzeugt, dass ich aufgrund meiner Erfah-

rungen und Qualifikationen eine wertvolle Ergänzung für Ihr Team sein werde.

Als ausgebildete Coach und Beraterin habe ich umfassende Kenntnisse und Fähigkeiten in den Bereichen Coaching, Persönlichkeitsentwicklung und Karriereberatung erworben. In meinen bisherigen Tätigkeiten konnte ich bereits viele Menschen dabei unterstützen, ihre Stärken und Potenziale zu entdecken und erfolgreich in ihrem beruflichen und privaten Leben einzusetzen.

Besonders wichtig ist mir dabei, dass ich einen individuellen und lösungsorientierten Ansatz verfolge, der sich an den Bedürfnissen und Zielen meiner Klienten orientiert. Dabei arbeite ich gerne mit verschiedenen Methoden und Tools, um eine ganzheitliche und nachhaltige Unterstützung zu bieten.

Neben meiner fachlichen Expertise zeichnen mich auch meine kommunikativen Fähigkeiten, meine Empathie und mein Einfühlungsvermögen aus. Ich arbeite gerne im Team, bin aber auch in der Lage, eigenständig und verantwortungsbewusst zu arbeiten.

Ich bin davon überzeugt, dass ich mit meinen Fähigkeiten und Erfahrungen als Stärkenfinderin in Ihrem Unternehmen einen wertvollen Beitrag leisten kann, und freue mich sehr über die Möglichkeit, mich persönlich vorstellen zu dürfen.

Mit freundlichen Grüßen, [Name]

*Quelle: ChatGPT, letzter Aufruf 14.04.2023*

## 71. Flexichillity: Die Zukunft der Arbeit

Eigentlich müssten wir mehr und nicht weniger arbeiten, sagen Wirtschaftsexpertinnen – bis zu 100 Stunden im Jahr mehr. Wir müssten auch länger arbeiten, bis 67 Jahre, Minimum. Die Sozialsysteme brechen sonst zusammen. Wer will all die Rentnerinnen finanzieren? Und wie hoch sollen die Abgaben noch steigen?

Doch die Appelle der Wirtschaft verhallen. Die Zukunft der Arbeit baut eine andere Wirklichkeit. In dieser müssen Unternehmen, um Mitarbeitende zu gewinnen, mehr Flexibilität, Freiheit und Freizeit gewähren – und nicht weniger.

Die Pandemie hat einen Trend beschleunigt. Immer mehr Menschen zogen um. Einige entschieden sich fürs Landleben, andere für die zweite Heimat am Meer. Die »Workation« geriet zum attraktiven Anreiz für Weltenbummler mit Laptop. Arbeiten, wo andere Urlaub machen. Seitdem integrieren immer mehr Unternehmen diese Idee, um Mitarbeiter zu gewinnen. Sie werben damit – wie vor kurzem noch mit dem Hund, der mit ins Büro darf. Aber der ist ja nun im Homeoffice ohnehin dabei.

Wer möchte, kann etwa als Angestellte einer Privatbank bis zu 20 Tage im Ausland arbeiten. Zusätzlich zum Urlaub. Dieser Trend ergänzt das Sabbatical, das sich auch immer größerer Beliebtheit erfreut. Beides zahlt scheinbar einseitig aufs Freiheits- und Freizeitkonto ein.

Die »Flexichillity« greift um sich. Das ist mein Kunstwort für die neue Flexibilität, die Ausruhen und Relaxen integriert. Doch Flexichillity ist kein Geschenk. Es ist die notwendige Konsequenz der aktuellen Veränderungen.

Wie beeinflussen die technologischen Entwicklungen unsere mentalen Modelle von Arbeit? Dazu habe ich ChatGPT befragt.

Die Antworten überraschen mich nicht:

- »KI wird viele repetitive und manuelle Arbeiten automatisieren, was dazu führen wird, dass Arbeitnehmer ihre Aufgaben und Verantwortlichkeiten ändern müssen.
- Die KI wird die Produktivität und Effizienz in vielen Branchen verbessern und neue Geschäftsmöglichkeiten eröffnen.
- Es wird jedoch auch Arbeitsplätze geben, die durch KI ersetzt werden, was zu Beschäftigungsproblemen führen kann.
- Es wird wichtiger werden, Fähigkeiten zu entwickeln, die von KI nicht automatisiert werden können, wie kreatives Denken, emotionale Intelligenz und interpersonelle Kommunikation.
- Es wird eine neue Art der Zusammenarbeit zwischen Menschen und KI-Systemen entstehen, bei der beide ihre Stärken nutzen, um bessere Ergebnisse zu erzielen.«

Die letzten beiden Punkte beinhalten das, worauf ich hinauswill: Die Art der Arbeit wandelt sich. Das, was gefordert wird, braucht immer weniger feste Zeitgerüste. Es braucht auch keine Vorschriften oder straffe Top-down-Führung. Es braucht Menschen, die sich mit Freude tief in Themen reinknien und mit Leidenschaft neue Lösungen entwickeln.

Ich frage ChatGPT nach Beispielen für mentale Modelle zur Arbeit. Antwort: »Beispiel für ein solches mentales Modell könnte sein, dass man denkt, je härter man arbeitet, desto erfolgreicher wird man in seiner Karriere sein.« Und genau dieser Zirkelschluss wird sich in Zukunft auflösen. Wir lösen keine Probleme mit harter Arbeit, sondern mit Konzentration auf das Problem. »Flexichillity« geht einher mit gestiegenen Anforderungen an unsere schöpferischen Stärken. Für einfache Tätigkeiten dagegen werden wir Assistenzen wie ChatGPT haben.

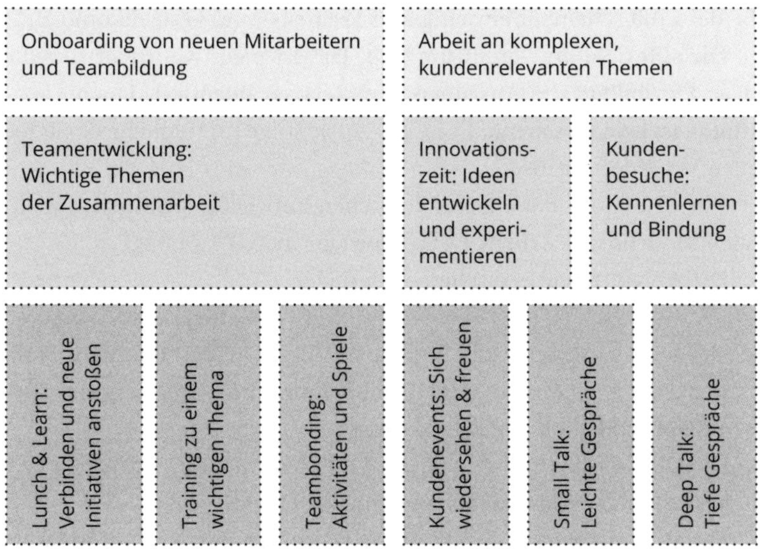


Abb. 31: Warum lohnt sich das Büro? Sammelt Ideen!

Nur wenige haben erkannt, wie fundamental das die Arbeitswelt verändert. Der Konzern SAP gehört dazu. Es ist das erste Unternehmen mit einem Chief Future of Work Officer. Dieser entwickelt die Gedanken wie diese, die ich hier gerade ausbreite, für die Belegschaft weiter. Denn klar ist, dass es ein Match zwischen den Bedürfnissen der Menschen und den Anforderungen geben muss. Sich damit zu beschäftigen, wie das konkret aussehen kann, ist eine dieser kreativen Aufgaben, die in Zukunft immer wichtiger werden.

## DIE DENKKRÜCKE

Wir haben mentale Modelle für die Zukunft der Arbeit, die einseitig Themen wie Remotework oder Workation betonen und diese als Errungenschaften deklarieren. Doch in Wahrheit geht es nicht nur um neue Anreize und mehr Flexibilität.

## DAS NEUE MENTALE MODELL

Flexichillity: Die zeitliche und räumliche Flexibilität verbindet sich mit neuen Formen der Arbeit, die das Gehirn anders fordern.

## COACHINGBOX

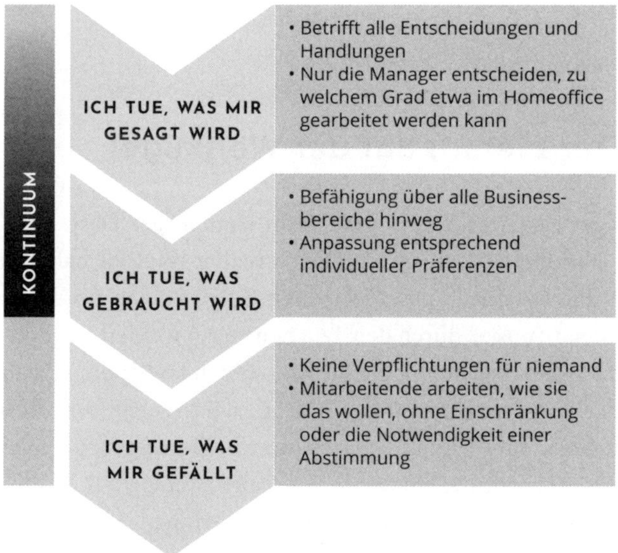


Abb. 32: »Pledge to flex« von SAP, Denkmodell für Freiheitsgrade

Das »Pledge to flex«-Modell von SAP beschreibt drei verschiedene Ausprägungen. Sie führen von einem konservativen Top-down-Modell zur weitestgehenden Flexibilität. Wie ist das bei euch? Welche der drei Ausprägungen herrschen vor?

1. **Ich mache, was mir gefällt.** Wenn das zutrifft, tun Mitarbeitende, was sie möchten. Sie entscheiden auch über Wann und Wo.
2. **Ich mache, was gebraucht wird.** Wenn das zutrifft, sind Mitarbeitende befähigt, ihre Arbeit entsprechend der Erfordernisse anzupassen und selbst Entscheidungen zu treffen, wie sie damit umgehen.
3. **Ich mache, was mir gesagt wird.** Wenn das zutrifft, entscheiden Managerinnen, bis zu welchem Grad Mitarbeitende im Homeoffice sein dürfen.

Wie wird das Thema bei euch behandelt? Für welche Jobs eignet sich »Ich tue, was mir gefällt«? Worin liegen Chancen und Gefahren? Auf welche Weise könnte man trotz aller Freiheit Bindung zum Unternehmen herstellen?

## 72. Der Elefant auf der Weltkugel

Vor einiger Zeit war ich zu Besuch im Hamburger Desy, dem deutschen Elektronen-Synchrotron. Dort arbeiten Wissenschaftler aus aller Welt und beschleunigen Elektronen. Es gibt einen rund vier Kilometer langen Tunnel, durch den Teilchen gejagt werden. An dem einen Ende sitzen Physikerinnen, die die Maschinen bedienen. Am anderen führt ein Team Experimente durch. Beide wissen nicht, was die jeweils anderen genau tun. Und doch ist es dieselbe Berufsgruppe. Die hochgradige Spezialisierung hat zu einer Arbeitsteilung geführt.

Das kennt ihr vielleicht aus euren Unternehmen. Egal, wo wir hinschauen: Spezialwissen führt tief. Das ist wie eine berufliche Inselbegabung: Da kennst du dann irgendwann nur noch die eine Maschine.

Dein Blick verengt sich – auf Quantenphysik, Top-Beauty-Influencer-Tipps oder Immobilienmarktdaten.

In unserer Arbeitswelt nimmt der Spezialisierungsgrad immer weiter zu. Dies hat zur Folge, dass das Gesichtsfeld in manchen Berufen kleiner wird. Vielleicht kennt ihr den Gesichtsfeldtest vom Augenarzt. Manchmal stellt er eine Einschränkung des wahrnehmbaren Bereichs fest. Dann siehst du einfach nicht mehr, was links oder rechts von dir abgeht, ohne es zu merken. Man verliert den Blick für Zusammenhänge. Ich kenne SAP-Spezialisten, die spezialisiert auf kleine Teilbereiche in Formularen sind – und die diese Detailsicht begeistert. Aber den übergreifenden Blick haben sie verloren.

Stellt euch vor, fünf Blinde kommen in einem Park zusammen, in dem ein Elefant steht. Sie haben noch nie einen Elefanten gesehen oder gefühlt. Jeder wird an einen Platz geführt und soll dort stehen bleiben und einfach fühlen und raten, was das ist.

Der eine fasst den Rüssel an und beschreibt ihn als schlangenartig. Die andere greift die Stoßzähne und beschreibt sie als spitzes Werkzeug. Der nächste fühlt einen Teil vom Rücken und registriert die tiefen Furchen in der Haut. Das ist eine Metapher für ein immer noch vorherrschendes mentales Modell für Spezialistentätigkeiten. In der Pandemie wurde deutlich, wohin das führt: Es fehlt nicht nur der Blick auf Nachbarwissenschaften, man überschätzt auch die Bedeutung der eigenen Teildisziplin.

Wenn der Fokus nur auf dem einen Teil liegt, macht das blind für die anderen. Es sei denn, der Elefant wird einem immer wieder vor Augen geführt.

Wie hängt das zusammen? Was ist das für ein Tier, und warum steht es hier?

Der Blick für Zusammenhänge braucht die Erzählung vom großen Ganzen. Deshalb sollten wir in Zukunft den Elefanten auf die Weltkugel stellen. Das ist mein Mentalmodell für den Blick auf Zusammenhänge. Spezialisierung ist wichtig. Aber sie ist auch wie eine Fahrt auf der immer gleichen Straße. Seitenstraßen bleiben unentdeckt, wenn wir sie nicht bewusst erkunden.

Der »Fachidiot« für Rüsselkunde mag sich besonders gut in einer kleinen Teilwelt auskennen, ist aber nicht mehr anschlussfähig. Auch die Kommunikation leidet darunter, sie wird leicht rechthaberisch.

Um den Elefanten erst im Zusammenhang seiner Einzelteile und dann auf der Weltkugel zu sehen, brauchen wir Seitenbewegungen. Wir müssen uns für unterschiedliche Dinge interessieren. Einstein etwa liebte neben der Physik auch die Musik. Sein Blick war stets auf das Ganze gerichtet.

Es gilt also, die eingetretenen Pfade der Spezialisierung zu verlassen. Komplementäre Hobbys helfen ebenso wie gesunde Neugierde.

Kürzlich traf ich einen jungen Finanzspezialisten, der sich alle paar Monate mit anderen Abenteurern aus aller Welt auf einer anderen einsamen Insel aussetzen lässt, um dort Abenteuer wie Robinson Crusoe zu erleben. Solche Abwechslung ist gut fürs Gehirn und schafft neue Verbindungen.

### DIE DENKKRÜCKE

Generalisten sind nicht gefragt, wir brauchen mehr Spezialisten. Je kleiner das Fachgebiet, desto enger kann auch das Blickfeld werden. Bis hin zum Gesichtsfeldausfall.

### DAS NEUE MENTALE MODELL

Der »Elefant auf der Weltkugel« sagt uns, dass es wichtig ist, die Zusammenhänge im Blick zu halten. Zusammenhangsdenken hilft Spezialisten, sich selbst im Kontext zu sehen. Das dient der fachübergreifenden Kommunikation und bewahrt einen davor, sich selbst zu wichtig zu nehmen.

### COACHINGBOX

Wann bist du sehr im Detail, wann im Zusammenhang? Wie oft befährst du neue Straßen oder gehst sogar einen unbekannten Pfad entlang? Wenn du einen spezialisierten Job hast, male das Detail, für das du die Spezialistin bist, in einen Kreis. In welchen größeren Kreis gehört das – und welche Kreise bilden sich drum herum? Stell dir vor, dieser ist ein Stern im Weltall. Welches Planetensystem baust du mit deiner Expertise?

## 73. Präsenz statt Anwesenheit

Vielleicht kennt ihr auch noch Menschen, die zwei oder drei Tage in der Woche ins Büro müssen, obwohl sie dort die gleiche Arbeit machen wie im Homeoffice. Möglicherweise ist Homeoffice sogar gänzlich tabu. Dahinter steckt ein mentales Modell, das sich hartnäckig hält: Es geht um Anwesenheit. »Hauptsache, du bist da. Dann wirst du gesehen. Und wenn du gesehen wirst, machst du Karriere.« Auch die Corona-Pandemie konnte solche Überzeugungen nicht nachhaltig vertreiben.

Mentale Modelle des Managements sind dann noch mal eine Sache für sich. Viele glauben nicht, dass sich Mitarbeitende zu Hause selbst organisieren können. Sie gehen davon aus, dass Kontrolle nötig sei. Und nur Anwesenheit macht Kontrolle möglich. Manche sehen eine familienähnliche Bindung als notwendig an. Diese entstehe nur vor Ort. Jedenfalls lässt sie sich da kontrollieren.

Oft hinkt das Management der digitalen Erfahrung ihrer Belegschaft hinterher. Das könnte daran liegen, dass höhere Führungskräfte auch während der Pandemie weiter ins Büro gegangen sind. Ihre Angestellten nicht.

Getrieben von einer Vorstellung der Gerechtigkeit und Gleichbehandlung könnte auch der Betriebsrat eine Rolle spielen. Sein Bestreben sind einheitliche Regelungen und Richtlinien.

Welches mentale Modell für Büro habt ihr? Was ist damit verbunden? Klar ist: Büros sind eine Erfindung der Neuzeit. Es gibt sie seit etwa 1800. Damals waren sie vor allem ein Versammlungsort für die Arbeit von Beamten und Kaufleuten.

Unser Büro liegt in einem historischen Kontorhaus. Da waren früher nur Handelsunternehmen untergebracht. Die unternehmerische

Vielfalt, die heute da ist, bildete sich erst in den letzten Jahrzehnten aus. In dieser Zeit entwickelte es sich auch zunehmend zu einem Ort, der stille und konzentrierte Arbeit schwierig machte. Deshalb entwickelten sich neue Raumkonzepte. Ein Grundproblem lösten aber auch diese nicht: Dass manche zu Hause oder an anderen stillen Orten produktiver sind. Denn dort werden sie nicht dauernd abgelenkt. Da der Anteil stiller, konzentrierter und problemlösender Arbeit in der Zukunft eher steigen wird, stellt sich die Frage, wofür man Büros heute noch braucht. Und ob es nicht eher Treffpunkte und Kreativräume sind.

Allerdings merken gerade die großen Unternehmen auch: Ohne Büro erodieren bisherige Formen der Bindung. Wer immer nur zu Hause ist und zu wenige sonstige Bindungen pflegt, kann in der Einsamkeit leicht depressiv werden. Die Energie und der Schwung einer Kundenbegegnung lässt sich auch nicht in 3D abbilden. Und Koordination als Kunst, mehrere Bälle in der Hand zu halten und aufeinander abzustimmen, profitiert vom gemeinsamen Teamspirit.

Klar ist aber auch: Präsenz unterscheidet sich in Zukunft deutlich von Anwesenheit. Es meint im wahren Wortsinn, präsent zu sein.

Es braucht deshalb mentale Modelle, die möglichst genau abbilden, welche Aktivitäten vor Ort auf Produktivität einzahlen – und damit meine ich explizit die Kreativität einschließende Produktivität. Längst gibt es genügend Studien, die helfen, hier sinnvoll zu differenzieren.

Beispielsweise empfiehlt es sich, dass neue Mitarbeiter beim Onboarding möglichst viel Zeit im Büro verbringen. Auch erweist sich die zumindest teilweise präsente Kunden- und Lieferantenbeziehung als tragfähiger.

Und dann ist da noch die Kreativität. Neue Ideen entwickeln sich weiter, wenn wir direkt über sie sprechen – und die Umgebung anregend ist.

### DIE DENKKRÜCKE

»Anwesenheit über alles«: Die meisten Unternehmen wissen nicht, wie ihre Mitarbeitenden produktive Zeit im Büro verbringen. Deshalb gibt es zu viele, zu wenige oder zu undifferenzierte Vorschriften zum Homeoffice.

## DAS NEUE MENTALE MODELL

*Productivity first!* Arbeit muss einen Wert für eine Organisation stiften. Und so ist entscheidend, welcher Wert wo leichter entstehen kann. Das geht nur durch Differenzierung und einen »hybriden« Blick auf die Arbeitswelt. Wir brauchen Arbeit von »beiden Arten«: am stillen Örtchen zu Hause oder irgendwo auf der Welt und vor Ort mit den Kolleginnen.

## COACHINGBOX

Ein Modell, das euch Klarheit verschaffen kann, stammt von der Autorin und Zukunftsforscherin Lynda Gratton von der London Business School. Sie unterscheidet vier Elemente der Produktivität. Jedes dieser Elemente dient der Wertschöpfung in Organisationen. Das Element »Energie« brauchen wir in Jobs, in denen der überspringende Funke für die Wertschöpfung sorgt. Das ist etwa im Vertrieb der Fall, vor allem beim Aufbau von Kundenbeziehungen. Meist bewährt sich hier Präsenz, die echte Begegnung.

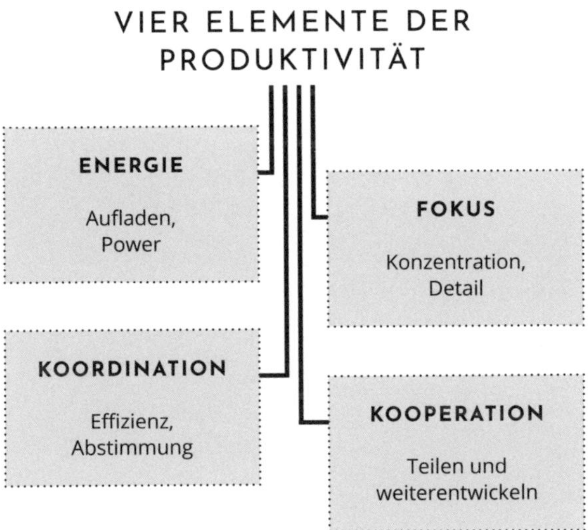


Abb. 33: Elemente der Produktivität nach Lynda Gratton

Grattons Schablone liefert keine fixen Empfehlungen. Sie dient Teams aber als gute Anregung, sich mit den eigenen Jobprofilen zu beschäftigen und hybride Lösungen zu finden.

Welche Tätigkeiten fallen dir persönlich vor Ort leichter – und welche im Büro? Wie geht ihr oder eure Organisation mit dem Arbeiten vor Ort oder im Homeoffice um? Wie lässt sich Büroarbeit produktiver gestalten?

# PERSÖNLICHKEIT & PSYCHOLOGIE

Die Psychologie ist eine seltsame Wissenschaft: Keine andere schafft es so stark in die Lebenswelten der Menschen – als Küchenpsychologie produziert sie allgegenwärtige Mentalmodelle. Doch sie verändert sich mehr und mehr durch neurowissenschaftliche Erkenntnisse.

In der Küchenpsychologie sind diese allerdings oft noch nicht angekommen. Dabei wäre ein Update wirklich wichtig. Nicht zuletzt, um bessere Diskurse zu führen und dichotomes Denken aufzulösen. Denn in der postfaktischen Welt kommen wir mit Schubladen für uns selbst und andere an äußerst enge Grenzen …

## 74. Lass dich von dir überraschen

Es löst nicht überall Freude aus, wenn Menschen neugierig sind und ständig dazulernen. Da macht ein Mitarbeiter berufsbegleitend seinen Master? Manch Arbeitgeberin befürchtet: Nicht, dass er zu neugierig ist und mehr Berufsleben will, als wir hier bieten können. Ich habe das selbst in meiner Autowerkstatt erlebt. Zehn Jahre blieb der KFZ-Mechatroniker treu beim Familienunternehmen, doch dann wollte er mehr. Dass er nebenbei studierte, wagte er nicht offen anzusprechen.

Veränderung ist der Unterschied zwischen Wissenwollen und Nichtwissenwollen. Das sagte der Psychoanalytiker Wilfried Bion – und ich finde, treffender kann man es nicht ausdrücken.

Der besagte junge Mann wollte wissen, was er sonst noch machen könnte, wie die Welt woanders aussieht, was in ihm steckt.

Wer sagt: »Ich bin eben so, wie ich bin«, sagt damit auch: »Es interessiert mich nicht, dass ich auch anders sein könnte.« Wer meint: »Das ist genau so, und nicht anders«, drückt damit nichts anderes aus als: »Ich habe kein Interesse an einer anderen Sichtweise.« Oft steckt dahinter aber nicht wirklich Desinteresse, sondern Angst. Die andere Sichtweise könnte das Selbstbild erschüttern. Das könnte es erforderlich machen, an sich selbst zu arbeiten. Vielleicht sogar am Selbstbewusstsein. Und dann geht es ans Eingemachte. Verdrängte Themen poppen auf. Die zu bearbeiten ist anstrengend und aufreibend. Da kann man schon mal sagen: »Geh jetzt bitte zurück in mein Unterbewusstsein, Thema!« Lerne: Nichtwissen hat auch eine gesunde Funktion.

Irgendwann raucht der Kopf, man will auch nicht mehr für alles offen sein und nicht mehr alles hören. Es ist völlig in Ordnung, nicht alles wissen zu wollen. Denn zu viel Neugier kann zu »FOMO« führen, der Fear of missing out (siehe Modell Nr. 77). Wobei es auch nicht ehrliches Interesse ist, was FOMO ausmacht. Bei FOMO kippt Neugier in Neid um. Dieser ist selbstbezogen, Neugier nicht.

Mentale Modelle zur Neugier verändern sich mit gesellschaftlichen und wirtschaftlichen Strömungen. »Sei nicht so neugierig«, klingt noch aus Kindertagen in meinen Ohren. »Ich habe keine besondere Begabung, ich bin nur leidenschaftlich neugierig«, vielleicht aber auch. Das hat Albert Einstein gesagt. Diese leidenschaftliche Neugier war lange nicht so gut angesehen – und hat es nach wie vor schwer. Doch die mentalen Modelle bröckeln, Neugier-Förderung steht hoch im Kurs. Denn Neugier und Zukunftsorientierung hängen eng miteinander zusammen. Wenn wir neugierig sind, dann freuen wir uns auf Überraschungen. Menschen, die wenig neugierig sind, vermeiden dagegen Überraschungen. Das hat oft mit früheren Enttäuschungen zu tun. Da war man als Kind neugierig – und hat dafür einen auf den Deckel bekommen.

Wer nicht neugierig auf sich selbst ist, möchte keine weiteren Informationen über sich. Das erkennen wir daran, dass auch Feedback nicht wirklich gehört wird. Es fehlt das Interesse, mehr über sich zu erfahren. Es fehlt aber auch das Interesse, mehr über andere zu erfahren. Da gibt es dann keine Überraschungen – wie schade.

Der KFZ-Mechaniker hat sich selbst überrascht, mit dem Wechsel begann ein anderes, bunteres Leben. Heute ist er Professor an einer Hochschule und forscht zur Mobilität der Zukunft.

### DIE DENKKRÜCKE

Die meisten alten Denkmodelle offenbaren ein zwiespältiges Verhältnis zur Neugierde. Dabei steht außer Frage, wie nützlich Neugier ist, wenn Bewegung in verkrustete Strukturen kommen soll.

### DAS NEUE MENTALE MODELL

Lass dich überraschen von dir selbst und anderen. Das bedeutet, Wissen zu wollen – was kann ich noch über mich selbst, über andere, die Welt erfahren?

### COACHINGBOX

Mit meinem Tool kannst du konkret an dir arbeiten und auch dein Umfeld einbeziehen. Es unterscheidet, wie du oder ihr euch derzeit seht – und was in Zukunft sein soll. Wie wird dein FutureMe sein? Lenke deinen Blick darauf, gestalte deine Vorstellung von dir.

Das könnt ihr auch als Team tun – als FutureUs. Wichtig ist dabei, den Prozess zu sehen, indem du mehr über dich und die anderen erfährst. Es geht also nicht um das Modellieren eines Wunschbildes, sondern darum, neugierige Fragen zu stellen: Könnte mein künftiges Ich jemand sein, der sich über Feedback freut? Was muss ich dafür über mich selbst erfahren? Wo und wie kann ich das lernen?

Könnte mein Team eine Quelle für Inspirationen werden, über die sich der ganze Bereich freut? Was müssen wir dazu über uns erfahren?

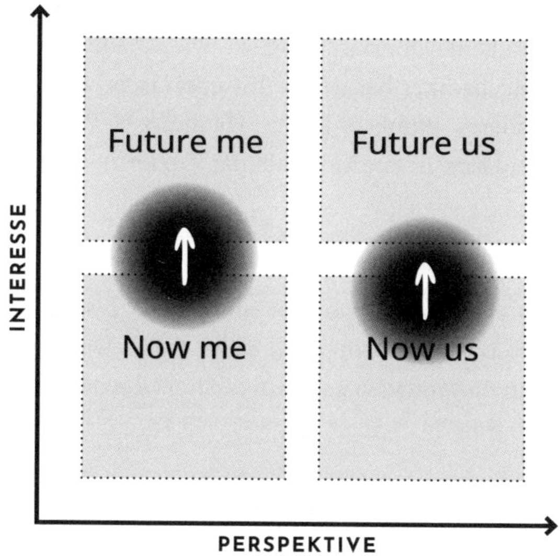


Abb. 34: Wie siehst du dich jetzt und in Zukunft?

## 75. FAME statt FOMO

Als mein schlichtes Audio mit dem Titel »Nichts wie weg hier« bei YouTube viral ging, war ich zunächst verwundert. Es war nicht mal ein Video. Dann verstand ich: Das war der Algorithmus, der auf Nutzerbedürfnisse getrimmt ist. Und gerade wollen eine Menge Leute im Ausland arbeiten, unter der Sonne, Leben und Arbeiten verbinden. Dass ich das selbst seit Jahren mache, ist mir nicht immer bewusst. Es gehört ja schon zu meinem Leben. Aber zu dem Leben anderer eben nicht. Diese träumen davon, im Süden mit dem Laptop im Café zu sitzen. Sie suchen Wege, dem tristen Grau ihrer Städte zu entkommen. Wenn sie andere sehen, die das schon geschafft haben, erleben sie FOMO.

FOMO ist die »fear of missing out«, also die Angst, etwas zu verpassen. Ob es um die Aktivitäten unserer Freunde und Bekannten, um die neuesten Börsentipps oder auch Weiterbildungstrends geht – FOMO erstreckt sich auf alles, was man gerne haben möchte.

Ohne Internet gäbe es kein oder viel weniger FOMO. Denn erst durch die sozialen Medien sind wir in diese Spirale geraten. Früher, als wir uns mit Freunden treffen mussten, um zu erfahren, was sie denn so treiben, war der Radius einfach viel kleiner.

Heute turnen uns alle möglichen Menschen ihr Leben vor. Bei Instagram sehen wir Influencerinnen, die in der einen Woche auf den Malediven und kurze Zeit später in den Alpen Buchrezensionen verfassen. Diese legen sie leger auf die Knie und lichten sich dann professionell ab, als wäre das Buch ein Lifestyle-Produkt – und he, so wird es auch dazu.

Da schippern zwei sonnengebräunte Freaks, beide gutaussehend und öfter knapp bekleidet, in gesponserten Luxusyachten über die Meere, bekommen hübsche Kinder und verdienen Millionen. Das normale Arbeitsleben scheint dem gegenüber sehr trist und langweilig zu sein. Je mehr wir von anderen sehen, desto deutlicher spüren wir das.

Den Begriff FOMO verwendete zunächst der Autor Patrick James McGinnis 2004 in einem Artikel im Magazin der Harvard Business School. Aber erst in den letzten Jahren hat er sich kräftig verbreitet. Ihr könnt euer FOMO auch im Internet testen. Einfach googeln.

Ich selbst habe nur leichte Anzeichen allgemeiner FOMO, was aber möglicherweise an den speziellen Fragen liegt. Mich interessiert wirklich nicht so sehr, was andere auf ihren Yachten so treiben … Eher habe ich Sorge, einen extrem guten Börsentipp zu verpassen.

Nun ist FOMO zwar ein Mentalmodell zur Zustandsbeschreibung, aber als praktischer Denkrahmen weniger geeignet. Außerdem ist Angst ja sowieso kein guter Ratgeber. Und dann steckt in FOMO auch ein sozialer Neid, der alles andere als produktiv ist.

F reude am
A usprobieren
M achen
E ntdecken

Abb. 35: FAME

Produktiver ist die **F**reude am **A**usprobieren, **M**achen und **E**ntdecken, also FAME. FAME habe ich selbst erfunden. In FAME steckt alles, was auf der Motivationsseite wichtig ist: Wenn wir mit Freude etwas ausprobieren, ist das ein Snack, der Hunger auf mehr macht. Wenn wir etwas machen, um etwas zu entdecken, müssen wir uns erst gar nicht mit unserer Angst, etwas zu verpassen, beschäftigen. Und ja, es ist möglich, sein Gehirn dahingehend zu trainieren. Wer FOMO merkt, denkt einfach FAME. Wer dann mit E wie entdecken beschäftigt ist, hat ohnehin keine Zeit, sich mit den anderen zu beschäftigen.

Ich kann euch versichern, dass es überhaupt keinen Grund gibt, neidisch zu sein auf Leute, die davon leben, dass andere sie beneiden. Ich habe genug Einblick in die Szene, um zu wissen, dass so ein Influencer-Leben Stress pur ist. Immer an die eigene Sichtbarkeit zu denken, ständig gut aussehen zu müssen und im ewigen Mitteilungsmodus zu sein – das ist ein harter Job.

Verschwende deine Zeit also nicht mit FOMO, sondern lieber mit FAME.

### DIE DENKKRÜCKE

FOMO ist die Angst, etwas zu verpassen. Dabei verpassen wir mehr von unserem Leben, wenn wir uns ständig ablenken lassen.

DAS NEUE MENTALE MODELL

... heißt FAME: Mit Freude am Ausprobieren, Machen und Entdecken raus aus dem Social-Media-Dickicht.

COACHINGBOX

Was ist dein FOMO? Wie kann dein Digital Detox aussehen? Was willst du dafür tun oder vielmehr lassen?

Denk daran: Am wirksamsten sind Veränderungen im Kontext. Im Zweifel ist es also sinnvoller, das Handy einzuschließen, als WhatsApp mental zu entsagen.

Frag dich außerdem einmal am Tag, wofür du dankbar sein kannst. Schau auf das, was du hast, und erhöhe die Qualität deiner Erlebnisse. Das geht ganz einfach: Handy weg.

## 76. Darum strengen wir uns an

Wie habe ich mich vor meiner Buchhaltung gedrückt! Jahrzehnte mussten sich meine Mitarbeiter damit herumschlagen. Deren Job war es, meinen Belegen hinterherzulaufen, die ich selbst mit wenig Aufwand hätte raussuchen können. Das wusste ich allerdings nicht. Ich dachte, es wäre viel Aufwand. Ich hatte körperliche Schmerzen bei dem Gedanken. Ein nicht unwesentlicher Teil meiner Energie floss in den Aufbau von organisierenden Strukturen, die es anderen ermöglichten, meine Buchhaltung zu erledigen. Der Grund war, dass ich meiner Detailkompetenz nicht über den Weg traute. Die von mir selbst geschaffenen Strukturen waren irgendwann so stark, dass sie einen selbstverstärkenden Effekt hatten.

Als meine Mitarbeiterin einen Kapazitätsengpass hatte, bot mein Mann mir an, die Buchhaltung zu machen. Er versuchte sich einen ganzen Tag an meinen Unterlagen, die mein spezielles Einkaufs- und Ablageverhalten widerspiegelten. Es ist für Außenstehende nicht zu durchschauen. Die ganzen Belege verteilten sich auf zu viele Accounts mit zu vielen Passwörtern, von denen ich mich an zu wenige erinnerte. Und die Exceltabelle mit der Übersicht stimmte nie. Die Aufgabe war für ihn einfach zu schwer. Es ging ja nicht um Belege, sondern meine Ordnung. Am Abend knallte er mir dann den Stapel auf den Tisch und sagte: »Mach deinen Kram allein.«

Und das war gut so, das Beste, was mir und uns passieren konnte. So musste ich selbst ran. Es war, als würde ich an einem großen, bissigen Hund vorbeilaufen, um in mein Haus zu kommen. Es gab keine Alternative. Ich musste da durch. Und siehe da: Ich biss die Zähne zusammen und schaffte in zwei Stunden, wofür mein »Apparat« einen Tag gebraucht hatte.

Gängige mentale Modelle über Motivation stellen gern die positive Energie in den Vordergrund. Oft haben sie einen Happiness-Bias. So glauben viele fälschlicherweise, dass möglichst viel Tschaka-tschaka und Glücksgefühle in der Gruppe die Umsetzungswahrscheinlichkeit erhöhen. Zweifellos ist eine positive Stimmung hilfreich. Aber im Alltag bleibt Anstrengung – anstrengend. Wir strengen uns nicht an, um positive Gefühle beim Tun zu erleben, sondern danach. Der Einsatz muss sich also entweder subjektiv lohnen oder unvermeidbar sein. Wir öffnen die Weinflasche mit dem verflucht festsitzenden Korken nur deshalb, weil die Aussicht auf ein Glas Rotwein so verlockend ist.

Motivation entsteht nicht, weil wir in guter Stimmung sind. Sie wird reguliert durch die Aussicht auf Erfolg. Empfinden wir eine Aufgabe als unlösbar schwer, nehmen wir sie nicht in Angriff.

Die Einschätzung des Schwierigkeitsgrads hat auch mit der Selbstwahrnehmung zu tun. Für mich schien es einfacher, einen komplexen Unterstützungsapparat aufzubauen, als Belege zu ordnen. Für andere mag es andersherum sein. Diese subjektive Wahrnehmung der Aufgabenschwierigkeit lässt sich beeinflussen – aber auch nur bis zu einem gewissen Grad.

Ein weiterer wichtiger Faktor ist Freiwilligkeit. Unsere Energie ist größer, wenn wir die Wahl haben. Das ist wiederum eine schlechte

Nachricht für alle, die »motivieren« wollen. Es geht nicht um die Motivation, etwas zu tun. Es geht um Wahlfreiheit. Wenn ihr also eine Mitarbeiterin mit freundlichen Worten dazu bringen wollt, kommunikativer im Umgang mit Lieferanten zu sein, ist das ein aussichtsloses Unterfangen. Sinnvoller ist es, ihr zu verdeutlichen, was es ihr nutzen könnte, ein paar Worte mehr zu machen.

Und dann ist da noch der Kontext. Aus der Chemie wissen wir: Je niedriger die Aktivierungsenergie, desto schneller kann eine chemische Reaktion erfolgen. Es ist also sinnvoll, die Energie niedrig zu halten, die es braucht, damit etwas in Bewegung kommt. Das sagt uns auch viel über Motivation. Die Hürde muss klein sein, am besten gibt es sogar keine Hürde. Wenn mich jemand zum Sport abholt, gehe ich wahrscheinlicher hin. Wenn das Handy eingesperrt ist, komme ich nicht dran.

Wichtig ist das überall da, wo Gewohnheiten gebrochen werden sollen. Mit dem Neuen habt ihr ja keine Erfahrung. Deshalb ist es die vermutete Energie, die ihr aufbringen müsst. Gibt es eine Vorgeschichte wie bei mir, ist das noch mal schwerer. Dann ist die Anstrengung größer. Diese ist aversiv, also mit negativen Affekten verbunden: Die Zähne zusammenbeißen, sich überwinden – das ist eben kein Spaß.

## DIE DENKKRÜCKE

Mentale Modelle zu Motivation sind durch verschiedene Fehleinschätzungen geprägt: Da ist erstens die Fehleinschätzung, dass andere uns motivieren könnten. Zweitens unterliegen wir dem Happiness-Bias, durch den wir die Bedeutung positiver Stimmung überschätzen. Und drittens sehen wir nicht, wie wichtig Freiwilligkeit ist.

## DAS NEUE MENTALE MODELL

Der Einsatz muss sich subjektiv lohnen! Im Grunde will sich niemand anstrengen. Aber die Aussicht auf Erfolg und Belohnung sind am Ende wichtiger als gute Gefühle.

COACHINGBOX

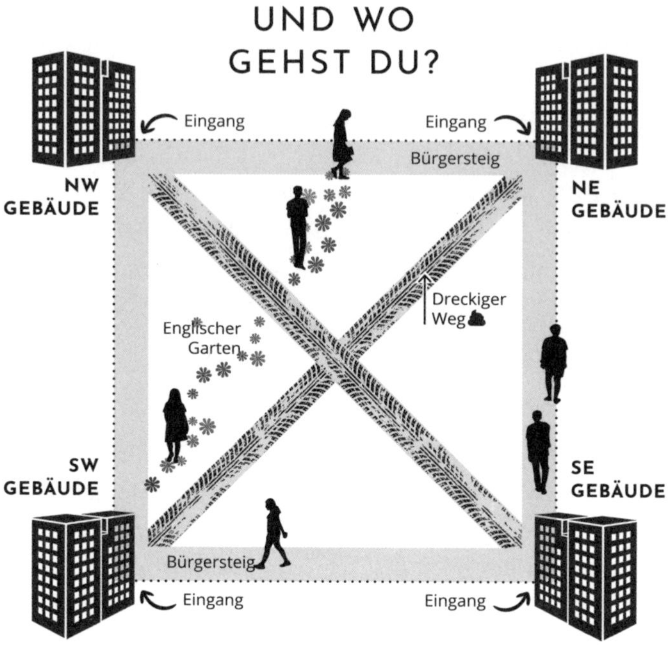


Abb. 36: Wir wählen immer den Weg, der am kürzesten und angenehmsten ist

Sieh dir das Bild an. Was sind die natürlichen Wege zwischen den Gebäuden? Genau, es sind die kürzesten – und jene, die nicht voller Schmutz sind. Was aber bringt Menschen dazu, neue Wege zu gehen? Es sind Anreize, etwa ein schöner Rasen mit Parkbank. Es sind Schilder, Hinweise, Ermunterungen. Das wirkt mehr als Verbote. Denn geh mal davon aus, dass vor dem englischen Rasen »Betreten verboten« steht. Das hält meist nicht ab. Dabei gilt es nachzudenken. Warum zahlen Spanierinnen so schnell ihre Strafmandate? Weil es bei schneller Zahlung 50 Prozent Rabatt gibt.

Und wodurch kannst du Anreize schaffen?

## 77. Aktiviere deinen Chief Emotional Officer

Zwar ist »Jungen weinen nicht« schon länger veraltet, aber »zeig bloß keine Gefühle« immer noch in den Köpfen drin. Die Arbeitswelt wird außerhalb bestimmter, meist sozialer Branchen weitgehend freigehalten von Emotionen. »Die haben da nichts zu suchen«, sagen einige. Dahinter steckt der überholte Glaube, dass Gefühle und Gedanken in irgendeiner Weise voneinander zu trennen sind. Auch sehen Vertreterinnen dieser mentalen Einstellung nicht, dass das Fühlen vor dem Denken kommt. Und dass es extrem wichtig ist, das zu verstehen. Zwei Beispiele:

- Wenn wir wahrnehmen, was wir fühlen, treffen wir weitreichende Entscheidungen nicht im Automatenmodus. Das lässt uns innehalten, bevor wir das unbedachte Wort sagen, das andere verletzt.
- Wenn wir wahrnehmen, welcher Gemischtwarenladen an Gefühlen sich bei Veränderungen zeigt, können wir diese zuordnen. Dann verstehen wir, warum wir auf keinen Fall mit der neuen Software arbeiten wollen. Nicht weil sie schlecht ist, denn das rationalisieren wir uns zurecht. Sondern weil sie uns aus der Komfortzone wirft und unsere Identität verändert.

Die Folgen der kollektiven Gefühlsverdrängung sind schwerwiegend. So fehlt vielen Menschen der Bezug zu ihrem Körper. Sie können nicht in Beziehung zu ihren inneren Vorgängen gehen. Deshalb nehmen sie eigene Bedürfnisse nicht wahr. In der Folge richten sie sich am Außen aus. Sie fragen also Dinge wie: Was wird von mir verlangt? Was soll ich hier tun? Anstatt: Was will ich beisteuern? Wo liegen Nutzen und Gewinn für uns alle?

Ein nicht unerheblicher Teil der arbeitenden Bevölkerung leidet an Gefühlsverdrängung. Beobachtet das einmal in eurem Umfeld.

Auch wenn ich ignoriere, was andere wollen, fehlt es mir an Bezug. Das muss ich vielleicht kurz erklären, warum das so ist: Wer nicht auf die Bedürfnisse anderer schaut, ist mit sich selbst beschäftigt. Allerdings weniger mit einer produktiven eigenen Bedürfniserkundung, sondern mit Rechtfertigung, Scham oder dem Bestreben, so sein zu wollen, wie andere es wollen.

Das innere Gefühls-Navigationssystem ist ausgeschaltet. Es wartet auf den Input von anderen. Das ist schädlich für die Gesundheit. Es hemmt aber auch die persönliche Entwicklung sowie die Freisetzung von Stärken und Kreativität. Deshalb spricht alles dafür, Gefühle nicht aus-, sondern einzuschalten.

Die Achtsamkeitsbewegung der letzten Jahre bringt mentale Modelle der Anti-Gefühlsbewegung ins Wanken. Jedoch habe ich auch schon achtsamkeitsbewegte Menschen gesehen, bei denen sich das Mantra in eine Manipulation verwandelte. Deshalb ist ein adäquates mentales Modell nicht »sei achtsam«, sondern »verstehe und manage Emotionen«. Wissenschaftler empfehlen, sich mindestens einmal die Woche mit den eigenen Gefühlen zu beschäftigen. Öfter mal innezuhalten, hilft ebenso: »Welche Gefühle zeigen sich in der Situation, wodurch ist diese geprägt?«

Die emotionale Menükarte, die ihr in Abbildung 37 seht, kann euch helfen, die Wahrnehmung zu schulen. Je vielfältiger diese ist, desto gesünder und produktiver können wir unsere eigenen Bedürfnisse in eine bewusste Handlung umsetzen. Es holt uns aus dem Automatenmodus.

Abb. 37: Emotionsmenü nach Stephan Kölsch

Das heißt nicht, dass es darum geht, sich ständig in Emotionen zu suhlen. Aber es hilft, sie zu registrieren und voneinander zu trennen. Ist da Wut und Verletzung? Geht es um Schuld oder Scham? Wo spüre ich Freude, Interesse, Begeisterung?

Die Emotionsforschung nahm in den letzten Jahren Fahrt auf. Noch bis in die 1980er Jahre beschäftigte sich kein ernst zu nehmender Wissenschaftler damit. Doch das ändert sich auch mit den Möglichkeiten der Neurowissenschaften. Mit Geräten können wir messen und beobachten. Und dabei wird offensichtlich: Unser Körper spricht die ganze Zeit eine emotionale Sprache.

Was den meisten Menschen überhaupt nicht klar ist: Veränderung beginnt mit dem körperlichen Fühlen. Die Irritation durch einen neuen Reiz verändert unseren Herzschlag und unseren Blutdruck. Widersprüchliche Gefühle gehören dazu. Da ist oft die Trauer, etwas Vertrautes loszulassen. Da ist die Angst vor dem Unbekannten. Und da bahnen sich Interesse und Freude langsam ihren Weg.

Wir stellen Sinn, der sich in einer Situation zeigt, über den Kontext her. Die Situation ist ein Mitarbeitergespräch, der Kontext der Raum und die Zeit, in dem es stattfindet. Um eine solche Situation emotional zu interpretieren, ziehen wir vergangene Erlebnisse heran. Die Ahnung von etwas steigt lange vor dem Denken in uns auf. »Oh, Gott, das wird eine Kündigung!«, sagt sie vielleicht. Dabei sorgt sich die Vorgesetzte nur, weil die Mitarbeiterin so viel arbeitet.

Gefühle sind mächtig. Sie regieren unser Gehirn. Die gute Nachricht: Wir können durch ihre Wahrnehmung neue Perspektiven bekommen und so aktiv Einfluss darauf nehmen. Werden wir einfach Chief Emotional Officer.

### DIE DENKKRÜCKE

Gefühle tun nichts zur Sache? Das ist ein grundlegender Irrtum. Emotionen gehen immer mit der Sache einher.

## DAS NEUE MENTALE MODELL

Sei ein Chief Emotional Officer! Das ist wichtig für deine körperliche Gesundheit, aber auch für bewusstes Handeln.

## COACHINGBOX

Ein paar Tipps für den Chief Emotional Officer in dir:

- Denke mindestens einmal pro Woche, idealerweise öfter, über Gefühle nach. Schreibe deine Beobachtungen auf.
- Beobachte Gefühle mit der Menükarte. Lerne, zu differenzieren und zu benennen. Beispiel: Reizbarkeit kann sich wie Angst anfühlen, die Intensität eines Gefühls kann unterschiedlich sein.
- Beziehe Ursachen mit ein. Fühlst du dich gereizt, weil die Situation wirklich ärgerlich ist, oder bist du einfach nur müde?
- Wie wirkt sich das Gefühl auf deine Reaktionen aus, sowohl innerlich als auch verhaltensmäßig?
- Teile anderen Kollegen Gefühle mit.
- Reagiere empathisch auf Stimmungen anderer.
- Beim »umgekehrten Profiling« schätzt dein Team die emotionalen Reaktionen und Stimmungen der anderen wechselseitig ein – mit Feedback. So werdet ihr feinfühliger.
- Auch auf organisationaler Ebene ist die Stimmung entscheidend. In schlechter Stimmung finden kaum Veränderungen statt.
- Wenn du dich fragst, was Stimmung von Emotion unterscheidet: Stimmung ist so was wie die Langfassung, also die Gefühlslage über einen längeren Zeitraum.

Noch eine weitere Übung: Versetz dich zurück in eine für dich schwierige Situation. Wie ist diese beschaffen? Was ist der zeitliche und räumliche Kontext? Wer ist beteiligt? Was ist vorher geschehen?

Nun versuche, deine Gefühle in dieser Situation zu beschreiben. Was geschah als Erstes? Was hast du im Körper gespürt und wo genau? Was hast du gedacht? Wie hast du gehandelt? Wie hast du nicht gehandelt? Schreib alle deine Gedanken dazu auf.

## 78. Lästigen Besuch aus dem Kopf rausschmeißen

Was gehört alles zu dir? Ich meine nicht nur deine Besitztümer, kleine oder große. Ich meine alles, auch Wissen und Gedanken. Welche Gedanken wiederholen sich immer wieder?

Oft sind wir mit Überzeugungen verschmolzen, auch wenn diese veraltet oder falsch sind. Sie entbehren oft auch jeder epistemischen Rationalität, das heißt, sie sind nicht stichhaltig. Man könnte auch sagen: Diese mentalen Modelle haben keinen Wirklichkeitsbezug. Dann glauben wir, ohne eine bestimmte Käsesorte nicht leben zu können oder von Außerirdischen verfolgt zu werden.

Eine Fusion mit einer Überzeugung hat stattgefunden, wenn ich mich selbst nicht mehr davon trennen kann. Anna denkt: »Der Klimawandel *wird* uns umbringen«, und begründet das mit ihrem Gefühl. Timo glaubt, Anna betrügt ihn, auch wenn es keinerlei Hinweise gibt. Hermine ist vollkommen sicher, dass ihre Kollegin verrückt ist und Unterlagen vernichtet, um ihr zu schaden.

Es gibt auch weniger schwerwiegende Fusionen. Dann können wir uns von bestimmten Gedanken nur schwer lösen. Wir sind aber grundsätzlich für stichhaltige Argumente offen. Wir können auch mental an den Gedanken arbeiten und sind ihnen nicht ausgeliefert. Und wir suchen nach Konsistenz in den Begründungen.

Die gleichen Phänomene sind oft nützlich und schädlich zugleich. Wenn wir an Überzeugungen und Ideen kleben, ist das auch fokussiert. Wenn wir in Gedankenkarussellen kreisen, macht uns das dagegen kirre. Der Psychologe Ethan Kross nennt das »Chatter«, Geschnatter. So wie wir uns schöne Dinge einreden können, kann uns auch das Gegenteil gelingen. Wir denken fälschlicherweise: »Ich kann das nicht *nicht* denken.« Und das ist ein Irrtum.

Ältere mentale Modelle stellen die inneren Prozesse im Menschen in den Vordergrund. Sie überbetonen die Willenskraft. Doch manches müssen wir nicht verstehen. Es reicht einfach, den Aufmerksamkeitsfokus zu verschieben – und zwar nach außen. Die Gedanken sind im Luftballon. Sie gehören nicht zu mir, ich hatte sie nur. Auch Überzeugungen kann ich so loslassen.

Wir können Gedankenkarusselle unterbrechen, wenn wir rausgehen in die Natur, Musik anschalten, 300-mal »Die Sonne scheint« sagen und uns in eine sonnige Stimmung versetzen. Dabei müssen wir im Grunde nur eins verstehen: Gedanken sind freischwebende Elemente, die manchmal wie ein lästiger Besuch sind. Dann muss man sie rausschmeißen.

DIE DENKKRÜCKE

Wir glauben, Gedanken gehörten zu uns. Doch sie besuchen uns nur.

DAS NEUE MENTALE MODELL

Wir können lästige Gedanken deshalb auch wie aufdringlichen Besuch behandeln. Wenn wir ihn rauschmeißen, fühlt es sich besser an.

COACHINGBOX

Katie Byrons vier Fragen können hier Wunder wirken:

- Ist das wirklich wahr?
- Kannst du absolut sicher sein, dass es wahr ist?
- Wie reagierst du oder was passiert mit dir, wenn du diesen Gedanken tatsächlich glaubst?
- Wer wärst du und wie fühlst du dich ohne diesen Gedanken?

## 79. Emotional Distancing: Auf Abstand gehen

»Ich weiß nicht, wie ich alle diese Aufgaben bis morgen schaffen soll!« Tanja sieht verzweifelt aus. Der hohe Workload macht sie fertig. Jetzt könnte sie sich auf die Arbeit stürzen oder sich aus der Ferne selbst betrachten. Mit dem Fernrohr auf sich selbst würde sie eine Frau vor einem Berg von Aufgaben sehen, die einfach nicht zu schaffen sind. Doch jetzt ist sie mittendrin. Und da ist alles gleich wichtig.

In solch einer Situation hilft weder das Eisenhower-Ordnungsprinzip noch Disziplin. Hier braucht es das Fernrohr – emotionale Distanzierung. Dabei treten wir aus der beengenden und stressenden Situation heraus und sehen uns selbst im Kontext. Wir unterscheiden unsere Handlung von der Umgebung, in der diese stattfindet. Und wir gehen auf Abstand zu belastenden Ereignissen.

Tanja könnte im wahren Sinn auf Abstand gehen. Ein Spaziergang würde helfen, nüchtern von oben mit dem Fernrohr auf die Situation zu sehen. Es wäre sinnvoll, dass sie aus sich selbst heraustritt. Es hört sich verrückt an, aber dafür sollte sie von sich selbst in der dritten Person sprechen. Wie bitte?

Unsere mentalen Modelle zum Umgang mit Stress sind auf Nähe ausgerichtet. Außerdem spielen sie auf die kognitive Leistung an, etwa wenn es um Zeitmanagement geht. Aber dadurch sind wir auch so nah verbunden, dass wir das große Bild nicht mehr sehen. Damit tun wir uns selbst und auch den anderen keinen Gefallen. Wenn man so dicht dran ist, lassen sich keine Lösungen finden. Dazu sind wir zu fixiert, uns fehlt einfach das Weitwinkelobjektiv.

Sich emotional zu distanzieren, bedeutet, sich von sich selbst zu entfernen und den Kontext zu vergrößern. Es geht also nicht darum, sich anderen Menschen gegenüber zu entfremden. In gesunden, fruchtbaren Situationen braucht es die Nähe ja. In stressenden aber geht es darum, den inneren Abstand zu erhöhen.

Das kann auch bei Beziehungen hilfreich sein. Wer sich zu nahe ist, kann Probleme des anderen zu eigenen machen. Gesunde Empathie muss allein schon deshalb mit einem Maß an Distanz einhergehen, aus dem ein Einfühlen möglich ist – ein Aufgehen im anderen aber nicht. Ein zeitgemäßes mentales Modell wägt ab zwischen Nähe und Distanz. Es hat Nähe in der Distanz und Distanz in der Nähe.

Das zeigt sich praktisch in zwischenmenschlichen Situationen, wenn wir ein bestimmtes Verhalten – etwa einen Wutanfall – nachvollziehen können, es aber trotzdem verurteilen. Wenn ihr nicht glaubt, dass das geht, sage ich: Es ist eine Frage des Trainings. Je mehr wir üben, uns buchstäblich rauszuziehen, desto mehr gelingt es.

## DIE DENKKRÜCKE

Distanzierung betrachten wir als negativ, erst recht, wenn wir uns an »Social Distancing« und seine Folgen für die psychische Gesundheit erinnern. In stressenden und belastenden Situationen ist die innere Distanz aber förderlich.

## DAS NEUE MENTALE MODELL

»Zoom dich raus!« In stressenden Situationen sollten wir unseren Blick weiter stellen. Es geht darum, Abstand zu gewinnen.

## COACHINGBOX

Probiere die Technik, dich selbst in der dritten Person anzusprechen, einmal in einem Themenfeld aus, wo du etwas lernen willst. Gib dir selbst einen Rat, sprich dich direkt mit Namen an und versuche, dich dabei möglichst auch von außen zu sehen. »Wenn ich das jetzt gerade tue, sehe ich, wie verkrampft Mila dasitzt. Ich gönne ihr jetzt gleich eine Pause. Und du?«

Eine andere Technik ist das Zooming-Out. Hier geht es darum, sich von der Fusion mit einem stressenden Gedanken zu befreien. Das geht so: Male einen Kreis und schreibe hinein, was du loswerden willst. Male noch einen Kreis darum herum oder neben den ersten und schreibe hinein, warum du das loswerden willst. Male einen weiteren Kreis und schreibe hinein, warum du willst, was du willst. Fahre fort, bis du dich nicht mehr verbunden fühlst mit dem, was du in den ersten Kreis gemalt habt. Das kann bis zu 8, 9, 10 Kreise dauern.

Beispiel erster Kreis: »Ich möchte dieses Projekt erfolgreich zu Ende machen.« Zweiter Kreis: »Weil es meine Karriere sichert.« Und warum? Dritter Kreis: »Weil ich dann anerkannt bin.« Warum? Vierter Kreis: »Um dazuzugehören.« Warum? »Weil ich mich sonst mit anderen Themen beschäftigen müsste.« Im Beispiel kommst du nach neun Kreisen zu der Erkenntnis, dass du kündigen wirst.

Achtung: Die Technik ist sehr wirksam.

## 80. Wahrnehmen statt Bauchfühlen

Habt ihr auch öfter mal »nur so ein Gefühl«? Ich kenne viele Menschen, die überzeugt sind, mit ihrem Gefühl immer richtig zu liegen. Ganz besonders beliebt ist das Bauchgefühl, das wir zu anderen Menschen haben. Auch die Verkehrslage beurteilen wir gern mit dem Bauch. Wir fühlen also, dass es besser ist, hier im Stau zu bleiben – oft auch wider anderen Verkehrsnachrichten.

Beliebt sind weiterhin gefühlsduselige Prognosen bis hin zur Gefühlsanalyse der Weltwirtschaft (»sie wird zusammenbrechen«). Wenn es dann anders kommt, vergessen wir das allerdings schnell.

Was wir als Bauchgefühl beschreiben, ist bei Licht betrachtet gar keines. Es ist ein Bewerten von Menschen und Situationen aufgrund früherer Erfahrungen. Solche als Bauchgefühle getarnte Bewertungen sind Abkürzungen des Denkens. Sie ersparen es uns, sich mit dem unsympathischen Nachbarn intensiver auseinandersetzen zu müssen. Sie begründen eine Entscheidung, die man anders nicht begründen kann.

Oft geht es mehr um Denkabkürzungen, etwa den »Action Bias«. Dieser besagt, dass wir aufgrund von Gewohnheit zu einer bevorzugten Handlung tendieren. Beim Elfmeter springen Torhüter fast immer nach links oder rechts, kaum jemand bleibt in der Mitte stehen. Die Schüsse verteilen sich aber auf alle Richtungen. Die Mitte wäre also genauso oft dran.

Nicht Bauchgefühle, sondern Gefühle geben uns Prognosen über die Zukunft. Gefühle wie Angst. Sie kann darauf deuten, dass in einer Situation irgendwas faul ist oder einfach nur neu und unbekannt. Die Prognose ist umso besser, je mehr die Erfahrungen der Vergangenheit für sie relevant sind. Und umso schlechter, je weniger dies der Fall ist.

Begreifen wir Fühlen als Teil ganz normaler Denkprozesse, sind emotionale Spuren ohnehin im gesamten Körper gespeichert. Es geht dann gar nicht so sehr darum, ein »richtig« oder »falsch« zu spüren, sondern die Beschaffenheit einer Situation. Statt also die guten ins Töpfchen und die schlechten ins Kröpfchen zu ordnen, spüren wir einfach mal genauer hin.

### DIE DENKKRÜCKE

»Hör auf dein Bauchgefühl!« Aber: Das »Bauchgefühl« ist ein Kunstprodukt, das es so gar nicht gibt. Es ist die Routine, die sich gut anfühlt, nicht die Erfahrung. Indem wir sie jedoch als »gut« oder »schlecht« direkt einem Bauchgefühl zuordnen, vertun wir die Chance, Situationen insgesamt wahrzunehmen.

### DAS NEUE MENTALE MODELL

Beachte Informationen, die deinem Bauchgefühl widersprechen. Dafür gilt es, Situationen insgesamt wahrzunehmen. Du schaust also auf Rahmen und Bild – und nicht nur aufs Bild.

### COACHINGBOX

Beobachte deine Bewertungen von Menschen und Situationen – und womit sie einhergehen. Versuche, deinen Blick für die jeweilige Situation zu schärfen. Nimm wahr, ohne direkt zu bewerten, ob etwas gut oder schlecht ist. Frag dich, was du nicht siehst. Wie könntest du etwas noch deuten?

## 81. Such nach der Moral der anderen

Vor einiger Zeit stachen die Medien ein Party-Video der finnischen Premierministerin Sanna Marin durch. Sie tanzte und sang darauf ausgelassen – so wie man es von einer Ministerpräsidentin eher nicht erwartet. Sofort war von Drogen die Rede und entsprechend entrüstet fielen die Reaktionen aus.

Ist es möglich, dass Menschen privat ganz anders sind als beruflich? Können sie sich in unterschiedlichen Welten verschieden verhalten?

Ja. Ganz ehrlich: Wie oft machen wir Dinge, die wir bei anderen anklagen?

Manche davon sind Paradebeispiele für Doppelmoral:

- Wir sind für Umweltschutz – und trennen den Müll nicht.
- Manche von uns fahren SUV – und wählen grün.
- Einige begrüßen Migration – wollen aber kein Flüchtlingsheim vor der eigenen Haustür.

Andere sind Beispiele für Systemanpassungen:

- Ein Mensch, der privat nie lügen würde, tut es im Beruf dann doch, weil es vom System, etwa der Organisation, erwartet wird.
- Jemand, der im Job der ausgeglichenste Mensch der Welt ist, brüllt zu Hause herum.

Und dann gibt es das ganze normale Rollenverhalten:

- Im Privatleben bin ich anders als im Beruf.
- Auf einer Party verhalte ich mich nicht wie auf einer Tagung.
- Unter Freunden bin ich vertrauter als unter Fremden.

Diese Unterscheidungen zu machen, fällt uns schwer. Zu sehen, dass wir ebenso wenig wie andere keine einheitlichen und kongruenten Persönlichkeiten sind, hilft uns aber, vermeintliche Doppelmoral gnädiger zu sehen. Und gar nicht erst zu erwarten, dass Menschen sich immer kongruent verhalten. Auch wenn sie selbst das gerne möchten und auch gekonnt herbeireden.

Es ist gesund, wenn sich unsere Persönlichkeit entsprechend dem System verändert, in dem wir gerade agieren. Ein Ministeramt verlangt ein bestimmtes Verhalten, die Freunde aus der Studienzeit ebenso – von derselben Person. Doppelmoral ist etwas ganz anderes, das hier ist Rollenverhalten und Systemanpassung.

Beides hat einen größeren Einfluss auf unsere Persönlichkeit als unsere Eigenschaften. Gleichwohl brauchen wir Konsistenz – auch um uns selbst gegenüber glaubwürdig zu erscheinen. Dabei sind unsere moralischen Einstellungen und Überzeugungen eher dazu geeignet, Konsistenz herzustellen, als Verhalten: Sie machen uns als Persönlichkeit auch vor uns selbst erkenntlich.

Moralische Einstellungen erkennt man an ihrer hohen emotionalen Ladung. Sie sind eng verzahnt mit Werten und Tugenden – und dahinterstehenden Überzeugungen. Ist mir Freiheit wichtig, dann werde ich wütend, wenn meine Autonomie beschnitten wird. Ist Gerechtigkeit Teil meiner rollenübergreifenden Identität, werde ich es nicht tolerieren können, wenn andere ungerecht behandelt werden.

Moralische Einstellungen sind ein Zugang zu euch selbst, aber eben auch zu anderen. Sie können extrem sein oder weniger stark ausgeprägt. Doppelmoraliker können keine so starke Ausprägung haben, sonst könnten sie kaum vor sich selbst bestehen. Meist folgen sie in Wahrheit anderen Werten – und es handelt sich um Lippenbekenntnisse.

Halten wir weiterhin fest: Die Art und Weise, wie sich jemand in dem einen System verhält, hat rein gar nichts damit zu tun, wie er es in einem anderen tut. Privatleben ist etwas anderes als Job, Job etwas anderes als Freizeit. Deshalb ist es verrückt anzunehmen, man könne Privatleben und Beruf heute nicht mehr trennen. Aber das ist eine andere Geschichte.

### DIE DENKKRÜCKE

Wir gehen von einer Persönlichkeit aus, die überall ähnliches Verhalten zeigt. Doch die wahre innere Verbindung entsteht durch bleibende moralische Überzeugungen. Ansonsten ist unser Verhalten durch die Systeme bedingt, in denen wir uns bewegen.

### DAS NEUE MENTALE MODELL

Menschen verhalten sich dem System entsprechend, in dem sie sich gerade bewegen. Besonders stabil und systemübergreifend wirksam sind lediglich die moralischen Überzeugungen, die sehr tief liegen. Sie zeigen sich am Verhalten in Krisensituationen.

COACHINGBOX

Wie stehst du zu Doppelmoral? Und woran erkennst du, was dir und anderen wirklich wichtig ist? Wie gehst du mit grundlegend anderen moralischen Überzeugungen um?

## 82. Moral ist, wenn man nicht mehr lacht

Dieses Modell differenziert das vorherige. Du solltest es gelesen haben, bevor du dich diesem widmest.

Der Moralpsychologe Jonathan Haidt erforschte verschiedene »Moral Foundations«: Er fand heraus, dass diese für tiefe Gräben sorgen – und mehr Unterschiede begründen als etwa persönliche Eigenschaften. Kulturell mögen moralische Überzeugungen sehr unterschiedlich verankert sein, sie begründen aber stets stark politische Überzeugungen. All diese Überzeugungen werden von Tugenden begleitet und haben emotionale Ausprägungen. Aus einer anderen Perspektive wären es Werte oder auch Motive – die Trennungen der Wissenschaft sind da nicht immer klar.

Wie auch immer können wir aus ihnen sehr viel über die Reaktionen der anderen lernen. Es sollte uns allerdings jederzeit bewusst sein, dass Moral hoch emotional ist. Wenn wir Menschen verletzen, dann greift das tief.

Diese moralischen Ausprägungen fand Haidt in seinen Untersuchungen:

| | | |
|---|---|---|
| Fürsorge | → | Tugend: Mitgefühl |
| Fairness | → | Tugend: Dankbarkeit und Hilfsbereitschaft |
| Freiheit | → | Tugend: Autonomie |
| Loyalität | → | Tugend: Treue/Solidarität |
| Autorität | → | Tugend: Anerkennung von Kompetenz |
| Heiligkeit, Reinheit | → | Tugend: Pietät |

### DIE DENKKRÜCKE

»Moral ist die Grammatik der Religion.« Religion ist zwar unwichtiger geworden, jedoch liegen die moralischen Überzeugungen jenseits dieser oft genauso tief. »Moral ist, wenn man nicht mehr lacht.« Unterschätze nicht die gleichsam verbindende und spaltende Wirkung der Moral. »Erst kommt das Fressen, dann die Moral« ist insofern immer noch zutreffend. Ich würde jedoch weitergehen.

### DAS NEUE MENTALE MODELL

Mein Vorschlag: »Erst kommt die Freundschaft, dann die Moral.« In einer multikulturellen und fragmentierten Welt ist es wichtiger denn je, moralische Überzeugungen anderer als gegeben anzunehmen. Man muss sie ja nicht teilen.

### COACHINGBOX

Am Ende des Buches unter »Weiterführende Literatur und Quellen« habe ich dir zu Haidts Modell noch einen Test verlinkt. Was sagt er dir? Wie kann dir dieser Aspekt helfen, anders auf Spaltendes und Verbindendes zu schauen, auch in der großen und kleinen Politik?

## 83. Verändere deine Umgebung, nicht dich selbst

Neulich suchte eine Freundin Männerbekanntschaften an unserem gemeinsamen Urlaubsort. Ich sah ihr dabei zu, wie sie swipte und dabei entnervt stöhnte. Tinder gehe ihr gehörig auf die Nerven, lauter Idioten, sie wolle sich abmelden. Aber sie könne es nicht. Die Gewohnheit zog ihre Finger wieder und wieder in die App. Falls ihr Swipen nicht kennt: Es ist das Wischen mit dem Finger auf einem Touchscreen.

Swipt man zu viel, bekommt man einen Handy-Daumen, der ähnlich wie der Tennisarm auf Übertreibung hinweist.

Aber aufzuhören aus eigener mentaler Kraft, ist nicht so leicht. Dachte man früher »Du musst nur wollen«, haben sich heute andere Erkenntnisse durchgesetzt. Wer sich etwas an- oder abgewöhnen möchte, sollte eben nicht bei sich selbst anfangen – sondern Verbindungen kappen, neue Anreize setzen und sich austricksen.

Das mentale Modell dazu heißt »Nudging«. Nudges sind Anstupser, die auf das gewünschte Verhalten einzahlen. Wenn in Männertoiletten Fliegen in Beckenbodenblickhöhe angebracht werden, pinkeln Herren gezielter, was der Sauberkeit dient. Toiletten generell bleiben sauberer, wenn das Bild fröhlicher Reinigungskräfte an menschliches Engagement erinnert.

Wenn wir mehrere gefüllte Wassergläser an verschiedene Orte stellen, trinken wir mehr. Klingelt der Wecker nach 20 Minuten arbeiten, machen wir eher Pause, als wenn wir uns das »nur« vornehmen.

Ich bot meiner Freundin an, die App für sie zu deinstallieren, weil sie es selbst nicht schaffte. Dann schenkte ich ihr einen Handykäfig, der den automatischen Griff zum Mobilgerät nach 18 Uhr unmöglich machte. Sie nudgte sich dann weiter selbst, indem sie Fotos von Kneipen, Tänzern sowie Bilder von Hundespaziergängern an verschiedene Orte in der Wohnung klebte. Diese waren mit Wochentagen versehen. Das erinnerte sie daran, was sie an den entsprechenden Tagen machen würde, um unter Menschen zu kommen. Denn das war das eigentliche Bedürfnis.

Nudges leben von kreativen Einfällen. In dem Seminarraum, in dem wir unsere Ausbildungsgruppen begrüßen, ist in Blickhöhe ein kleines lachendes Männchen angebracht, mit dem ich immer wieder in Blickkontakt gehe. Das bringt nicht nur mich in eine gute Stimmung.

### DIE DENKKRÜCKE

Wir schreiben der Willenskraft zu viel Wirkung zu. Wenn wir Gewohnheiten ändern oder ein bestimmtes Verhalten auslösen wollen, ist es aber besser, unser Umfeld zu verändern.

DAS NEUE MENTALE MODELL

Wer Gewohnheiten verändern möchte, sollte auf kreatives Nudging setzen. Wir sollten die Dinge wegpacken, einschließen, umräumen, gar nicht erst einkaufen. Oder uns per SMS erinnern lassen, Timer stellen, Zettel schreiben, Bilder aufhängen.

COACHINGBOX

Welche Gewohnheit möchtest du gerne ändern, verstärken oder abschwächen? Überlege dir dazu Nudging-Ideen und probiere sie aus. Beziehe Ideen von anderen mit ein. Dazu kannst du in der Gruppe folgende Übung machen. Jeder schreibt auf, welche Gewohnheit er gerne ändern möchte. Dann spricht jeder zwei Minuten mit jedem und holt sich Ideen der jeweils anderen Person. Alles wird aufgeschrieben. Am Ende schaut sich jede ihre Liste an und entscheidet sich für die Ideen, die am besten resonieren.

## 84. Wuppen statt planen

Du willst Muster verändern. Und das ist hart. Wir können unser Gehirn nicht einfach mit etwas Neuem überspielen. Wir lernen, indem wir das Vorhandene langsam umformen. Das müssen wir wollen, sonst geht's nicht.

Lange wurde eine Formel hoch gehandelt, die SMART heißt. Die Übersetzung: Mach es am besten spezifisch, messbar, aktiv, realistisch und terminiert. Das dahinterliegende Mentalmodell geht davon aus, dass Ziele das Allerwichtigste sind. Allerdings stimmt das so nicht.

Die Formel ist ein leicht verdaulicher Extrakt der Zielsetzungstheorie von Edwin Locke und Gary Latham. Aus dieser Zielsetzungstheorie legitimierte sich auch das immer noch beliebte Managementby-Objectives. Das ist ein bestimmter Management-Stil, der sich in Zielvereinbarungen und Jahresgesprächen zeigt. Er wurde, wenn nicht gleich ganz missverstanden, auf den simplen Aspekt der »klaren Ziele« reduziert. Doch diese Formel lässt drei wichtige Aspekte außer Acht:

- Erstens steckt in Motivation mehr als nur das Bekenntnis zum Ziel. Es erfordert auch ein Bekenntnis zum Wollen.
- Zweitens ist Musterveränderung mit mentalen Kontrasten verbunden, die wir managen müssen. Wollen ist kein Dauerzustand, den wir einmal einschalten und dann verfolgen. Wollen muss immer wieder aktiviert werden. Je mehr wir uns mit den Schwierigkeiten und Hürden der Umsetzung beschäftigen, desto stärker kann ein realistisch umsetzbares Wollen werden.
- Drittens bedeutet Neulernen immer auch Abschiednehmen vom Alten. So bleibt die freudige Aussicht auf das neue Verhalten auf Dauer nicht ungetrübt.

Punkt drei führt zum mentalen Kontrast zwischen Wollen und Nichtwollen. Wir wollen etwas – und wir wollen es eigentlich doch nicht. Deshalb ist es sehr empfehlenswert, zwischen Wunsch, Träumerei und Grübelei zu unterscheiden. Der Wunsch ist das Ziel, es ist das, was wir wirklich wollen. Und zwar nachdem wir auch die Argumente dagegen betrachtet haben. Auch noch nachdem wir uns gedanklich mit Hürden und Hindernissen beschäftigt haben.

Wollen ist Freude, Aussicht auf Erfolg, Veränderung. Nichtwollen ist Angst, Abschied vom Alten, die Mühen der Umsetzung. Darüber denken wir selten aktiv nach, sollten es aber.

### DIE DENKKRÜCKE

Wir nehmen an, dass Ziele ein Allheilmittel sind. Wer sich smarte Ziele setzt, muss sie doch auch erreichen! Doch diese Annahme lässt außer Acht, dass unsere Muster festgefahren sind. Wir brauchen Bewusstheit über diesen Prozess. Das heißt, Ziele müssen kleinteilig und kontextbezogen sein – und eine eingebaute Formel haben.

## DAS NEUE MENTALE MODELL

Denke über die Gründe nach, etwas nicht erreichen zu wollen. Beschäftige dich damit so lange wie mit dem Wollen. Und so konkret wie möglich.

## COACHINGBOX

Eine Hilfe sind mentale Modelle, die auf dem Wissen um genau diesen mentalen Kontrast aufsetzen. Eines ist die WOOP-Methode. WOOP beruht auf vielen Jahren Forschung und wurde von der Wissenschaftlerin Gabriele Oettingen entwickelt. Sie hatte entdeckt, dass die Zielorientierung nachweislich nicht zum Ziel bringt. Im Gegenteil: Die meisten Menschen, die sie untersuchte, blieben in ihren Traumwelten stecken oder grübelten zu stark. Sie beschäftigten sich also entweder zu stark mit der positiven oder zu stark mit der negativen Seite.

WOOP besteht aus vier Schritten. Anders als bei SMART sollst du dir nicht nur das Ziel, sondern auch die Hindernisse konkret vorstellen. Es geht also um ein bewusstes mentales Kontrastieren, ein Aufdecken des Widerspruchs:

**W = Wish (Wunsch)**

Das will ich verändern, erreichen, erzielen. Dabei habe ich im Schritt davor schon darüber nachgedacht, welche mindestens drei Dinge dafür- und welche mindestens drei dagegensprechen.

**O = Outcome (Ergebnis)**

Das soll dabei herauskommen. Stell es dir konkret vor.

**O = Obstacle (Hindernis)**

Welches ist das Hindernis? Imaginiere es so detailliert wie möglich.

**P = Plan (Plan)**

Das ist mein Plan, das will ich konkret tun.

Danach entwickelst du eine kontextorientierte Wenn-dann-Formel:

- Du willst weniger Ablenkung? »Immer wenn es 18 Uhr ist, schließe ich das Handy in den Handy-Käfig ein.«
- Was tust du, wenn du es nicht tust? »Wenn ich meine Motivation verliere, setze ich mich hin und schreibe mir auf, was schon gelungen ist.«

Beim WOOPen stehen kleine Schritte und laufende Anpassung im Vordergrund.

## GRUPPEN & ZUSAMMENARBEIT

Unsere mentalen Modelle sind viel mehr auf Individuen ausgerichtet als auf Gruppen. Wir haben ein additives Weltbild: Eins und eins macht zwei. Das führt etwa dazu, dass wir denken, wir müssten einfach nur die richtigen Leute zusammentun, um zu tollen Ergebnissen zu kommen. Doch das ist ein Fehlschluss. Gruppen sind emergent, überraschend: In ihnen entstehen Dinge, die nicht planbar sind. Das sind Dinge, die mit den einzelnen Menschen weniger zu tun haben, als uns unser Denken glauben macht.

## 85. Die teilzeitkollektiven Sinnsucher

Die Ameisenstraße markierte den Weg. Wie von Zauberhand bewegte sich die schwarze Kolonie quer über den Pflasterstein – und schuld war nur dieser eine Brotkrume, den ich fallen lassen hatte. Wenn eine Ameise eine Nahrungsquelle entdeckt hat, spritzt sie unterwegs eine Duftspur aus. Sie würgt Teile der Nahrung hervor und verteilt diese an andere Ameisen. Derart angeregt folgen die anderen aus dem Bau der Spur. Ameisen benötigen keinen Anführer: Es genügen spezielle Regeln. Das ist Schwarmintelligenz, wie wir sie auch von anderen Tieren kennen – etwa von Vögeln und Fischen.

Wale sind zwar keine Fische, sondern Meeressäugetiere, doch auch sie haben ein hoch entwickeltes Sozialverhalten: Nur wenige Arten leben als Paare oder Einzelgänger. Entsprechend bezeichnen wir Walgruppen auch als Schulen; diese bestehen aus zehn bis 50 Tieren. Zu bestimmten Gelegenheiten können solche Gruppen sogar weit über 1000 Tiere umfassen, und es kann sein, dass dabei verschiedene Walarten aufeinandertreffen.

Auch wir Menschen sind Säugetiere. Doch nicht allein deshalb ist der Begriff Schwarmintelligenz für uns unzutreffend: Man denke nur an Massenveranstaltungen, auf denen Menschen totgetreten wurden – bricht Panik aus, ist sich öfter jeder selbst der Nächste. Die kollektive Intelligenz, die wir entwickeln, zeigt sich bei Menschen vor allem da, wo es um Vorstellungen und Sinn geht – weniger in Massenveranstaltungen. Dann verbinden wir uns auch ortsunabhängig mit anderen, etwa um Plagiate zu entdecken oder Gelder für Notleidende zu sammeln.

Wir sind also teilzeitkollektive Einzelkämpfer, die Räume überbrücken können.

Ob wir Menschen mehr Herdentier oder Einzelkämpferin sind, darüber gibt es unterschiedliche Expertenmeinungen: Während die Individualismus-Prediger postulieren, Freiheit sei ein Menschenrecht, halten die Gemeinschaftsverfechterinnen dagegen, die heutige Vereinzelung entspreche nicht der menschlichen Wesensart. Ich meine: Das Wesen des Menschen ist ja, dass er kein bestimmtes hat. Sein Wesen ist die Fähigkeit zur Anpassung – eine Eigenschaft, die alle anderen Tiere viel weniger besitzen.

Doch ganz gleich, ob der Mensch nun einfach nur ein weiteres affenähnliches Säugetier ist oder eines, das sich ungerechtfertigterweise über die anderen erhoben hat: Wir besitzen Möglichkeiten und Eigenarten, die sich so nicht noch einmal finden.

So können Menschen Kollektive, Gruppen und Teams bilden. Sie können vielem zugehörig sein, Verbindungen schaffen und wieder auflösen. Und das über weite Entfernungen – weiter als die Wale, dank Technologie.

Ameisen können durch einfache Bausteine und Interaktionen Komplexität ebenso aufbauen wie diese reduzieren. Wir Menschen können das auch, nur geht es bei uns um Vorstellungen. Die Vorstellung von einer besseren Welt, von Sinn und Sinnstiftung schweißt auch die unterschiedlichsten Charaktere zusammen.

### DIE DENKKRÜCKE

Herdentier? Einzelkämpfer? Weder noch. Menschen sind auch nicht automatisch produktiv in Gruppen. Vielmehr brauchen sie (auch) Abstand.

### DAS NEUE MENTALE MODELL

Menschen sind teilzeitkollektive Sinnsucherinnen. Damit sie in Gruppen produktiv sind, brauchen sie etwas, das größer ist als sie selbst. Das darf gern abstrakt sein und in der Welt der Vorstellungen liegen.

### COACHINGBOX

Wo nutzt du deine teilzeitkollektive Intelligenz, und wo bist du auf Abstand? Welche Vorstellung hilft dir dabei, dich mit anderen zusammenzutun? Wie kannst du diese Kraft noch mehr stärken?

## 86. Das Ganze ist anders als seine Teile

Es gibt für alles eine Studie. Die eine beweist, dass Gruppen intelligenter sind – die andere, dass eben genau das Gegenteil der Fall ist. Und so ist es: Beides ist richtig.

Was wir herausheben und uns merken, ist dabei aber weniger eine Frage der jeweiligen Studienqualität als vielmehr ihrer Akzeptanz bei Praktikern. Dies ist der Grund, warum die betagte Studie »The Romance of Teams« aus dem Jahr 2004 immer noch viel lieber zitiert wird als andere, die sich mit den negativen Aspekten von Zusammenarbeit beschäftigen.

Aus der vermeintlich wissenschaftlichen Fundierung leiten sich dann gern gebrauchte Narrative ab – eines lautet: »Das Ganze ist mehr als seine Einzelteile.« Damit möchte man den Gedanken unterstreichen, dass die Gruppe mehr leisten kann als einzelne Mitglieder. Dass solche Teamleistung jedoch kaum reproduzierbar ist, möchte keiner wahrhaben. Insofern kann das Ganze genauso gut weniger sein als seine Einzelteile. Die Gruppe ist emergent. Das heißt, was in ihr entsteht, ist Zufall. Deshalb erleben dieselben Führungskräfte immer wieder anderes. Das gleiche Umfeld, die gleichen Vorgehensweisen können zu einem völlig unterschiedlichen Ergebnis führen. Die Gruppe ist etwas, das für sich steht. Der Einzelne verschwindet in ihr.

Das Gleiche gilt im Übrigen auch für die kleine Gruppe mit einem echten Ziel, Team genannt. Das Ziel mag einiges klären, aber dennoch sind auch Teams emergent. Auch unter gleichen Voraussetzungen werden sie nicht gleich sein.

Dabei leitet uns der Wunsch, Widersprüche auszublenden – oder die eigene Arbeitsweise ja nicht infrage zu stellen. So verdrängt manche Personalabteilung gern, dass es nicht reicht, einfach nur Talente zusammenzustecken. Denn Talente arbeiten nicht deshalb gut zusammen, weil sie andere Talente treffen. Im Gegenteil: Manch Talent ist deshalb zum Talent geworden, weil es durch Wettbewerb motiviert wurde – denn es braucht nicht viel, damit sich der Ehrgeiz gegen die Kolleginnen richtet. Die gegenteilige Strategie ist indes genauso unsinnig: lauter mittelmäßige Spieler zusammenzustellen, um eine Topmannschaft zu formieren. Das mag vielleicht für einen Zufallstreffer reichen, dauerharter Erfolg allerdings ist auf diesem Wege eher unwahrscheinlich.

Wer das Ganze höher bewertet als die Einzelteile, läuft zudem Gefahr, dass sich die Individuen in der Gruppe verstecken oder sogar ganz aus dem Staub machen. Soziales Faulenzen ist nämlich überall dort verbreitet, wo die einzelne Leistung weniger sichtbar ist.

Eine wichtige Rolle spielt zudem die Führung: Diese kann einen Rahmen schaffen, in dem sich Einzelne entfalten können, das Teamziel aber immer übergeordnet bleibt. Das ist die Kunst der Teamgestaltung: Sie bewegt sich immer zwischen den Polen Ich und Wir.

### DIE DENKKRÜCKE

Die Gruppe ist intelligenter oder dümmer als der Einzelne? Nein. Die Gruppe ist emergent. Sie bringt weder immer mehr noch ständig weniger hervor als der Einzelne – sondern immer wieder etwas anderes. Die Dynamiken sind dabei komplex und lassen sich nicht monokausal herleiten.

### DAS NEUE MENTALE MODELL

»Das Ganze ist anders als seine Teile.« Das heißt für euch: Rechne nicht damit, Kopien einer Gruppe oder eines Teams herstellen zu können, sondern stell dich auf lauter Überraschungen ein.

### COACHINGBOX

Hast du Lust auf ein Gedankenspiel? Stell dir auf dem Papier ein Team für ein Vorhaben zusammen, das dir wichtig ist. Beginne zunächst mit der Frage, was dieses erreichen soll: Was soll die Gruppe erzeugen, verändern, ermöglichen, verändern, bewegen? Welche Kräfte braucht es dazu? Mit Kräften meine ich nicht Menschen oder Personen, sondern schöpferische Kräfte wie Veränderungswillen oder Mut. Was aktiviert diese Kräfte und kostet möglichst wenig Energie? Was hält deine Gruppe zusammen?

Durch diese Arbeit lenkst du den Blick von Personen auf Energien. Und das hilft dir, anders auf Gruppen zu blicken, wenn du mit oder in ihnen arbeitest.

## 87. Gruppendenken: Die Gefahr der totalen Überzeugung

Am 20.12.1954 sollte der Weltuntergang stattfinden. Das hatten fliegende Untertassen einer Amerikanerin namens Dorothy Martin verkündet, die sich als Medium sah. Sie und ihre Anhängerinnen sollten von den UFOs gerettet werden. Um 24 Uhr jenes Tages war immer noch nichts geschehen. Einer der Gläubigen bemerkte, dass es erst fünf Minuten vor Mitternacht sei. Um 24 Uhr nahm Mrs. Martin Kontakt zu den Außerirdischen auf. Diese teilten dem Medium mit, dass sie sich verspäten würden. Doch auch Stunden später war immer noch nichts passiert. Vier Stunden später informierten die Außerirdischen Mrs. Martin, dass sie die Erde doch verschonen wollten.

Zwei Jahre später veröffentlichte der Sozialpsychologe Leon Festinger die Studie »When Prophecy fails« und bezog sich auf diesen Fall. Er stellte fest: Menschen lassen ihre Überzeugungen nicht los. Zeigt man ihnen Fakten, so äußern sie Zweifel an den Quellen. Ist jemand anderer Meinung, wenden sie sich ab. Das ist das, was wir tagtäglich in Unternehmen, der Gesellschaft und der Politik erleben.

Dort herrscht Kollektiv- und Gruppendenken. Mit Kollektiv meine ich eine große Gruppe, die durch etwas zusammengehalten wird, etwa »die Deutschen«, aber auch die Belegschaft einer Organisation. Gruppen kommen an einem Ort zusammen, beispielsweise um etwas zu entscheiden. Dabei geschieht regelmäßig das, was auch bei Dorothy Martin passierte: Man folgt der einen Überzeugung, die nicht selten von einer charismatischen Person vertreten wird. Dabei haben Gruppen die Neigung, extremere Meinungen zu vertreten als Einzelne. Es kann auch gut sein, dass eine Beteiligte sich nach einer Gruppendiskussion nicht mehr erinnert, welcher Meinung sie vorher gewesen ist. Das heißt, es ist unklar, was früher da war: die Überzeugung oder die Überzeugung in der Gruppe. Verfestigt sich das, werden Gruppen gefährlich selbstüberzeugt.

Kollektives Denken betrifft gesellschaftliche Gruppen, ohne dass diese an einem Ort zusammen sind. Die Meinung bildet sich durch Medien, Gespräche, in der Nachbarschaft. Auch hier schließen wir uns derjenigen an, die uns vertrauenswürdig scheint. Manche trauen dabei eher einem Doktortitel, andere formaler Macht. Wir alle aber reagieren auf subtile Signale, die wir selbst nicht bewusst wahrnehmen.

Es gibt zahllose historische Beispiele, in denen Gruppen dumme Entscheidungen verantwortet haben. Da ist die Invasion in der Schweinebucht, da sind aber auch die Ministerpräsidentenkonferenzen der Corona-Zeit. Unternehmen leiden oft noch Jahrzehnte an den Folgen von Kollektiv- oder Gruppendenken, wie etwa der Dieselskandal zeigt. Hier war es nicht die eine Entscheidung, sondern eine Reihe kollektiver Handlungen, die letztendlich dahin führte. Immer lag eine gefährliche Gruppenüberzeugung zugrunde, mit der die Gruppe – aber nicht unbedingt jeder Einzelne – verwachsen war.

Was tun? Auf der kollektiven Ebene spielt die Kultur eine zentrale Rolle. Lässt sie Andersdenkenden Raum? Auf der Gruppenebene geht es um mentale Modelle zur Entscheidungsfindung. Diese sind bekannt, setzen sich aber nur langsam durch: Entscheidungen individuell vorbereiten, Information von Entscheidung trennen, Brainwriting, Moderation. Doch es gibt zu viele, die ein Interesse am Erhalt bisheriger Machtstrukturen in Gruppen haben.

Dorothy Martin ist überall, es braucht keine Außerirdischen, um felsenfest von Unsinn überzeugt zu sein.

### DIE DENKKRÜCKE

»Kollektiv- und Gruppendenken herrscht bei uns nicht.« Die Wahrheit ist, dass jede Gruppe Tendenzen dazu hat, allein dadurch, dass sich in der Gruppe Normen ausbilden.

DAS NEUE MENTALE MODELL

»Gruppendenken ist immer da.«

COACHINGBOX

Wie erlebst du Gruppendenken? Was siehst du als Vorteile, wo fangen die Nachteile an? Wie lassen sich allzu feste Überzeugungen lockern?

## 88. Gruppendenken: Mit Strukturen auflösen

Das Unternehmen war Thomas' Baby. Er hatte es auf die Welt gebracht und großgezogen. Nun waren es 500 Mitarbeitende – und weiteres Wachstum war sichtbar. Thomas wusste, er müsste loslassen, anderen die Verantwortung übergeben. Doch immer, wenn er in Meetings platzte, mischte er sich auch ein. Das hatte zur Folge, dass die Gruppen nicht mehr arbeitsfähig und die Mitarbeitenden immer unsicherer wurden. Niemand traute sich mehr mit Ideen raus.

Das wollte er ja selbst nicht. Es rutschte so aus ihm heraus. Also freute er sich über Karins Idee, »Stoppschilder« zu bauen. Die sollte die Gruppe hochhalten, wenn er wieder mal übers Ziel hinausschoss.

Wie in Modell 87 gesehen, ist Gruppendenken immer da. Es gibt aber gesunde und schädliche Ausprägungen. Gesund ist eine gewisse normative Kraft: Wir halten uns an Regeln. Sie helfen uns zu organisieren. Die Einzelmeinung bleibt sichtbar.

Schädlich ist stark normierendes Denken, das die Einzelmeinung verschluckt.

Folgendes begünstigt schädliches Gruppendenken:

- Gruppennormen, die auf Gleich- und Einförmigkeit zielen;
- dichotomes Richtig-/Falsch-Denken;
- Besser-als-Denken (also Bewertungen);
- generell starke Wertungen (gut/schlecht);
- Vorverurteilungen;
- Stereotype;
- Ideologie;
- Moral;
- Eigeninteressen;
- fehlende und mangelnde Kompetenz der Gruppenmitglieder;
- starkes Machtgefälle in der Gruppe;
- ein ähnlicher sozialer und persönlicher Hintergrund;
- Autoritätshörigkeit in der Gruppe (auch jemand wie Mrs. Martin wird als Autorität wahrgenommen).

Das minimiert Gruppendenken:

- umfassende Informationssuche;
- genaue Prüfung der Fakten, inklusive der Befragung von mehreren Experten mit unterschiedlichen Einschätzungen;
- jeden an der Verantwortung für die Entscheidung beteiligen;
- den ersten Impuls zu einem Thema aufschreiben und erst danach diskutieren;
- Trennung von Informations- und Entscheidungsprozess;
- Einbeziehung von Gegenbeweisen und Gegenpositionen;
- sich selbst und die eigene Meinung offensiv hinterfragen;
- Gruppennormen für alle sichtbar machen und reflektieren;
- Zulassen von vorläufigen Gut-genug-Entscheidungen;
- ausführliche Risikoprüfung der präferierten Entscheidung;
- regelmäßige Neubewertung von Vorgehensweisen und Alternativen;
- detaillierte Ausarbeitung von stringenten Handlungsplänen.

Natürlich helfen auch Stopp- oder Tabuzonenschilder sowie Mikrorollen: Einer schlüpft in die Rolle von »Hofnarr« oder »Advocatus

Diaboli«. Die müssen allerdings konsequent verwendet werden, man muss damit lernen. So war es auch in Thomas' Unternehmen. Das Stoppschild war ein wichtiger erster Schritt.

In den mentalen Modellen zur Entscheidungsfindung sollte auch Künstliche Intelligenz ihren Platz haben. Wo und wie kann sie beitragen? Welche Grenzen hat sie?

Es sollte auch ein Augenmerk auf die Zeit nach der Entscheidung fallen und kleinschrittiges Überprüfen dessen, was die Entscheidung bewirkt, dazugehören. Anders als in der Weltuntergangsgruppe von Dorothy Martin sollte dies jedoch auf der Basis messbarer Daten geschehen.

### DIE DENKKRÜCKE

Wir denken, es ginge um Einstellung und Verhalten. Aber es sind Strukturen, die dem Gruppendenken entgegenwirken.

### DAS NEUE MENTALE MODELL

»Strukturen sind die Lösung.« Wir brauchen deshalb eine kluge, das heißt an sozialpsychologischen Erkenntnissen orientierte Gestaltung von Gruppenentscheidungsprozessen.

### COACHINGBOX

Welche Strukturen kennst du schon? Welche möchtest du einmal in deinem Kontext einbringen?

## 89. Findet den gemeinsamen Nenner

Ziehen sich Gegensätze an? Oder gesellt sich gleich und gleich gern? Wieder einmal finden sich zwei küchenpsychologische Mentalmodelle, die genau das Gegenteil behaupten. Können wir uns deshalb aussuchen, was uns am besten in den Kram passt?

Nein, denn es gilt beides – und zwar gleichzeitig. Es braucht etwas Verbindendes, sonst lässt sich Unterschiedlichkeit nicht nutzen. Wie viel Verbindung und wie viel Unterschiedlichkeit sinnvoll sind, ist jedoch eine Frage des Fokus, den das jeweilige Arbeitsthema verlangt. Der Kontext gibt uns dazu die entscheidenden Informationen.

Gleich und gleich gesellt sich nicht nur gern, sondern auch leichter. Wer Ähnlichkeiten aufweist, versteht sich schneller bei geringerem Kommunikationsaufwand. Auch der Sympathiefunken springt leichter über, wenn Gemeinsamkeiten verbinden – selbst wenn diese nur äußerlich sind. Das Konfliktpotenzial ist ebenso niedriger, wenn gemeinsame Vorstellungen, Einstellungen oder Hintergründe Gesprächs- und nicht nur Sprengstoff bieten. Das ist sinnvoll, wenn Teams an Themen arbeiten, die einen ähnlichen Blickwinkel brauchen, wenn sie also Systeme verbessern oder Dinge optimieren.

Kreativen Lösungen nützt jedoch die Vielfalt. Unsere globalisierte Welt ist eine Welt der Unterschiede, in der Gegensätze sich dann anziehen, wenn es um neue Lösungen geht. Wenn mehrere Personen unterschiedliche und gar komplementäre Blickwinkel einbringen, profitiert die kreative Lösung davon. Aber nur, wenn diese auch im Zentrum steht. Und nur, wenn der kommunikative Rahmen stimmt. Andernfalls ist es deutlich aufwändiger, sich trotz aller Unterschiede zu verständigen.

Wenn Sprachbarrieren so groß sind, dass die Verständigung nur mühsam gelingen kann, geht der Vorteil jedoch schnell verloren. Dabei geht es nicht nur um Landessprachen, sondern auch um Fachsprachen. Stark unterschiedliche Intelligenzniveaus kosten Energie, ebenso allzu deutliche Kompetenzunterschiede sowie sehr verschiedene Levels an Leistungsbereitschaft. Das zeigt sich dann daran, dass der eine sich reinhängt und die andere nur Minimalaufwand betreibt.

So braucht es am Ende Unterschiede und Gleichheit. Fünf Kardiologen aus fünf Kulturkreisen können verschiedene Perspektiven auf einen schwierigen Fall einbringen. Sie sprechen alle die gleiche Fachsprache und haben alle das gleiche Interesse, nämlich den Patienten zu retten. Dieses gemeinsame Interesse ist das zentrale Bindeglied. Das hält auch Sportteams zusammen. Das gemeinsame Ziel überbrückt Unterschiede.

Um besser unterscheiden zu können, sollten wir Zusammenarbeit flexibler betrachten. Stellen wir sie uns nicht als dauernde Fusion, sondern als momentanen Zustand vor, als zeitweises Verbinden und wieder Auseinandergehen. Die enge Beziehung spielt in so fluiden Umgebungen eine untergeordnete Rolle.

Das ist anders in festen Teams, dessen Mitglieder auf Dauer zusammenbleiben. Hier sind die Mitarbeitenden viel fester aneinandergebunden. Dies gilt vor allem auch, wenn das Ziel wenig prägnant ist. Ein Unternehmensziel ist einfach nicht mit einem Bundesligasieg zu vergleichen. Entsprechend macht sich in Unternehmen deutlicher bemerkbar, wenn es keine Gemeinsamkeiten gibt.

Bei Verhaltensweisen können Unterschiede in den sogenannten Big-Five-Eigenschaften stark ins Gewicht fallen. So wird eine ängstliche Persönlichkeit anders agieren als eine, die risikoaffin ist. Ein offener Mensch ist interessierter an Veränderungen als ein weniger offener. Eine deutliche Extraversion und eine klare Introversion machen sich auch im Arbeitsalltag bemerkbar. Die introvertierte Person reagiert vielleicht gestresster auf immer neue Anforderungen und Überraschungen, die extrovertierte findet ständige neue Reize toll. Das ist kein Problem, wenn man das vom anderen weiß. Diese gegenseitige Kenntnis erfordert aber ein Investment in Kommunikation.

Auch Unterschiede in Bildung, Habitus und Lebensalter können ebenso trennen wie verbinden. So haben Menschen in späteren Lebensphasen schon vieles erreicht und sind oft weniger hungrig auf immer neue Erfahrungen. Städter folgen oft einem ganz anderen Takt als Landbewohnerinnen.

Fragt euch deshalb vor der Anwendung eines mentalen Modells immer, um welche Zusammenarbeit es gehen soll: fluide oder stabile. Sucht den gemeinsamen Nenner bei fluider Zusammenarbeit im Ziel und der Professionalität der Beteiligten. Sucht ihn bei stabiler Zusammenarbeit in weiteren, auch persönlich verbindenden Eigenschaften.

Unterschätzt nicht den erheblichen Aufwand für Kommunikation unter unterschiedlichen Menschen.

### DIE DENKKRÜCKE

Gleich und gleich gesellt sich gern – und Gegensätze ziehen sich an. Wir haben zwei gegensätzliche mentale Modelle im Kopf, die aber beide zugleich zutreffen. Jedoch kann der Fokus anders liegen, je nachdem, ob es um fluide oder stabile Zusammenarbeit geht.

### DAS NEUE MENTALE MODELL

»Finde den gemeinsamen Nenner.« Etwas Verbindendes hilft, Unterschiede richtig zu nutzen. Eine gewisse Ähnlichkeit, etwa im Leistungsverhalten, hält zusammen. Eine Unterschiedlichkeit, etwa bezogen auf Expertise, hilft, mehr Blickwinkel einzunehmen.

### COACHINGBOX

Übertrage das auf deine Situation. Welche Arten von Teams habt ihr? Ist es wichtiger, Unterschiede herauszustellen oder Gemeinsamkeiten zu betonen? Denke bei der Lösungsfindung vom Ziel her. Was soll die Lösung sein? Und wie viel enge Zusammenarbeit braucht es dafür?

Differenziere die Formen der Zusammenarbeit nach meinem Modell. Finde dann den kleinsten gemeinsamen Nenner, der eine Verbindung herstellen kann.

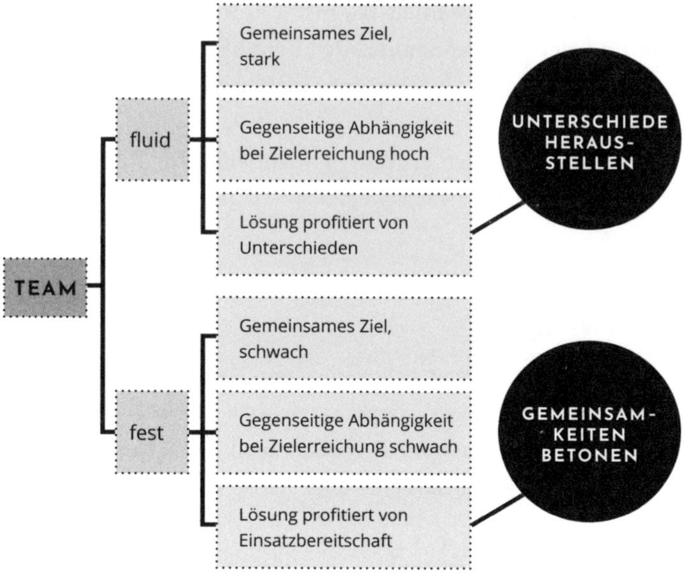


Abb. 38: Fluide oder fest? Um was für ein Team handelt es sich?

## 90. Energiespenden: Die Magie der Batterielader

Kennt ihr das? Nach dem Termin mit einem bestimmten Menschen seid ihr energie- und kraftlos. Ihr fühlt euch ausgezehrt, der Schwung ist weg. Dagegen laden andere Menschen euch regelrecht auf. Ihr taucht ein in ihre Kraft und nehmt sie in euch auf.

Es ist viel zu einfach, das Charisma zu nennen, denn dadurch lenken wir den Fokus nur auf bestimmte äußere Merkmale einer Person, nicht auf die Wechselwirkung in der Beziehung. Aber auf diese kommt es an – nicht so sehr auf bestimmte Eigenschaften. Die aufladende wie entladende Energie ist besonders augenscheinlich bei Führungskräften. Jene Chefs, die Batterien laden, energetisieren. Der Funke springt über.

Nun hat nicht jeder die gleichen Energieladequellen. Und wie immer lässt sich die Welt auch nicht in ein Entweder-oder teilen. Es hängt immer von beiden Seiten sowie weiteren Kontextfaktoren ab. Manchmal sind es weniger Menschen als vielmehr Umgebungen, die Energie saugen. Personen, die normalerweise viel Strahlkraft haben, verlieren sie, wenn die »Luft raus ist« oder »etwas in der Luft hängt«. So wirken oft mehrere Faktoren gleichzeitig auf die eigene Energie.

Die positive Psychologie nennt die Energie, die durch eine fruchtbare Beziehung zu Menschen entsteht, relationale Energie. Sie wächst in Umgebungen, die auch fruchtbar sind. Die Umgebungen sind zwar kein Untersuchungsgegenstand der positiven Psychologie, aber als Nicht-Wissenschaftlerin darf ich die Grenzen der Fachdisziplinen ja mal einreißen und eine Beobachtung mit euch teilen: Das Energielevel bezieht sich nicht nur auf einzelne Menschen, sondern auf ganze Gruppen, Unternehmen und sogar Branchen.

Ich erlebe, dass Unternehmen aus Branchen, die von den digitalen und strukturellen Umwälzungen stark betroffen sind, auch selbst weniger positive Energie haben. Einfach weil sie ums Überleben kämpfen. Immerzu geht es ums Sparen, ums Abbauen. Da macht sich Optimismus viel schwerer breit, denn auch schlechte Stimmung ist ansteckend.

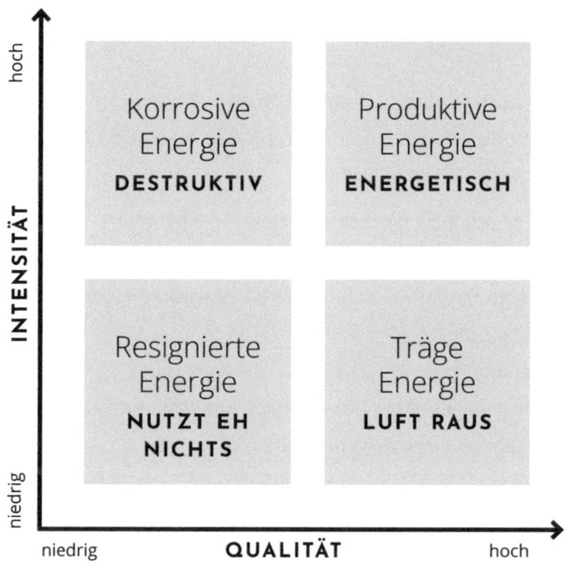


Abb. 39: Relationale Energie

Doch überall gibt es Cluster, die anders ticken. Sich bewusst genau da hinzuwenden, lädt nicht nur die eigenen Batterien auf. Es hilft auch der dringend, wenn nicht sogar zwingend notwendigen Veränderung auf die Sprünge. Die Abbildung 39 hilft dir, dieses Phänomen noch besser zu orten: Such die produktive Energie!

### DIE DENKKRÜCKE

In unseren Köpfen haben wir mentale Modelle zu Charisma oder Ausstrahlung. Die Beziehung wird weniger gesehen. Doch erst aus ihr entsteht eine energetisierende Wirkung.

### DAS NEUE MENTALE MODELL

Relationale Energie könnten wir auch Beziehungsenergie nennen. Der Kontakt mit bestimmten Menschen energetisiert und inspiriert. Wir sollten uns dahin orientieren, wo wir diese Energie für uns finden.

### COACHINGBOX

Wo siehst du in deinem Umfeld Cluster positiver, also produktiver Energie? Wodurch und durch wen ist das beeinflusst? Stell dir Fragen, die bei der Klärung helfen:

- Welche Menschen sind energetisierend für dich?
- In welchem Umfeld werden deine Energien geladen?
- In welchem Umfeld werden deine Energien entladen?
- Wo ist es neutral?
- Wann ist auch nur mal zeitweise die Luft raus?
- Nimm die umgekehrte Perspektive ein: Welchen Einfluss hast du selbst auf den Ladezustand anderer?

## 91. Geteilte Mentalmodelle schaffen Ordnung

Manchmal reicht der Augenschein, um zu erkennen, dass es ein Problem in der Zusammenarbeit gibt. Neulich kam ich in ein Meeting, wo sich ein Teil der Gruppe mit den Stühlen an der Wand »festgeklebt« hatte. Sechs Teilnehmende hatten die Arme verschränkt. Weitere sieben saßen um eine Person herum. Das war sichtbar die Anführerin der einen Gruppe. Die Machtstruktur in der »gegnerischen« Gruppe zeigte sich allein durch die Anordnung im Raum. Sie saß besonders weit von den anderen entfernt, jeden Blickkontakt mit der Widersacherin vermeidend, noch weiter an der Wand.

Es zeigte sich: Hier gab es zwei Teilgruppen innerhalb einer Abteilung – die einen gegen die anderen. Und dieser Haufen sollte sich ausgerechnet über eine bessere Selbstorganisation unterhalten. Na, dann Prost!

Die als Superteam angekündigte Einheit war tief gespalten – ein Symptom für ein verbreitetes Missverständnis namens »Selbstorganisation«. Dieses mentale Modell entstand in den letzten Jahren in den Köpfen vieler Führungskräfte. Einige Jahre überschlugen sich die Meldungen von Chefs, die sich selbst abschafften. Teams sollten sich selbst organisieren, ihre Führungskräfte wurden regelrecht abgezogen. Das Ganze entwickelte sich zu einer Art Glaubensbekenntnis. Auch die begehrten Nachwuchskräfte sollten so gelockt werden. Bloß keine Hierarchie. Oder wenn doch, dann bitte eine flache.

Doch das ist Selbstbetrug oder ein Medienmärchen: Hierarchien sind ein notwendiges Strukturelement. Sie sorgen für Orientierung und schaffen Klarheit. Fehlt diese, entstehen Konflikte. Ja, schlimmer noch, eine Gruppe verliert ihre Arbeitsfähigkeit. Dies ist auch eines der größten Missverständnisse im sogenannten agilen Kontext. Je mehr Eigenverantwortung ein Team hat, desto höher ist der Kommunikationsaufwand. Es kostet viel mehr Zeit, sich selbst zu organisieren. Denn was es dann braucht, sind gemeinsame mentale Modelle über so ziemlich alles, was Zusammenarbeit betrifft: Wie erledigen wir unsere Arbeit? Wie entscheiden wir? Welche Methoden nutzen wir?

Das wird hoffnungslos unterschätzt. Und so sagen vom Mentalmodell beseelte Führungskräfte ihren Teams einfach: »Ihr seid jetzt selbstorganisiert« – ohne die Folgen zu bedenken.

Eine ordnende Struktur entsteht, indem wir den Raum der Möglichkeiten verkleinern. Das kann durch eine Machtposition passieren, die jemand einnimmt. Regeln, also bestimmte verpflichtende Vorgehensweisen und Abstimmungsprozesse, sind aber auch Strukturelemente.

Menschen in Gruppen ordnen sich zwar von allein, jedoch setzen sich ohne strukturierende Elemente Persönlichkeiten durch, die ihre Interessen besonders forsch oder überzeugend vertreten. Alle anderen dagegen geraten in den Hintergrund. Das neue Mentalmodell »flache Hierarchie« ist am Ende also sogar eines, das einer Organisation gefährlich werden kann.

Gerade in unsicheren Situationen brauchen wir jemanden, der befugt ist, Ansagen zu machen, ordnend einzugreifen. Wir müssen wissen, wer am Ende entscheidet. Das kann in vielen Belangen das Team sein – aber nicht in allen. Ist es das Team, dann braucht dieses Entscheidungsstrukturen, um seine Macht auch produktiv zu nutzen. Das heißt keineswegs, dass eine überbordende Bürokratie nötig ist. Aber es muss am Ende klar sein, wer sagt, wo es langgeht.

Die Gruppe, von der ich oben sprach, hatte eines nicht: eine ordnende Kraft. Die Führungsperson hatte sich nicht zuständig gefühlt. »Meine Teams sind ja selbstorganisiert«, so die Überzeugung des Managers. Doch so einfach geht das nicht.

Sich selbst zu organisieren, will gelernt sein. Es fordert einen sinnvollen Zuschnitt des Teams. Das Team muss lernen, sich kennen lernen, es braucht Strukturen und am Anfang sogar mehr Führung im Sinne von Weichenstellung und Richtungsweisung, nicht weniger.

### DIE DENKKRÜCKE

Selbstorganisation ist der Hierarchie überlegen – dieses Mentalmodell herrscht in vielen Köpfen vor. Dabei wird unterschätzt, dass Hierarchie ein Strukturelement ist.

### DAS NEUE MENTALE MODELL

»Gib den Menschen Klarheit.« Das geschieht über geteilte Mentalmodelle über die Art und Weise der Zusammenarbeit und auch der Führung. Diese »shared mental models« wachsen nicht auf Bäumen, sondern müssen erarbeitet werden.

### COACHINGBOX

Welche geteilten mentalen Modelle gibt es bei euch? Sind sie wirklich geteilt? Versteht also jeder dasselbe darunter? Ist es auch sinnvoll, zu teilen? Geteilte mentale Modelle sind keine Vorschriften. Es sind Denkrahmen, die alle verstehen. Sie können sich auf Fragen beziehen wie:

- Wie halten wir uns auf dem Laufenden?
- Was tun wir, um zu entscheiden?
- Welche Vorstellung von Einzel- und Team-Leistung haben wir?

Du siehst: Man muss darüber sprechen!

## 92. Kollektivgefühle stecken an

Was haben La-Ola-Welle und Massenpanik gemeinsam? Warum verlassen die einen eine Veranstaltung mit einer positiven Aufbruchsstimmung – wohingegen das andere Event vor allem dazu diente, den ohnehin vorhandenen Kollektiv-Frust zu mehren?

All diese Beispiele zeigen, dass sich in einer großen Menge von Menschen Gefühle vermehren. Sie können auch überspringen, wenn die Bedingungen für eine »Infektion« gegeben sind. Dazu braucht es eine gewisse Anfälligkeit. Diese ist manchmal allein schon durch den Wunsch nach Zugehörigkeit gegeben. »Ich fühle, weil ich zusammen mit anderen bin.«

Wir können Folgendes festhalten: Gefühle sind leitend. Sie dauern nur wenige Sekunden und werden dann zu Stimmungen. Zudem sind sie nicht auf eine Person begrenzt: Grenzen zwischen mir und dir zerfließen. Wir erkennen außerdem, dass Gefühle ansteckend sind – sie lösen Handlungen aus. Dafür müssen wir nicht einmal gemeinsam an einem Ort sein. So zeigen sich etwa auch an der Börse durch ansteckende Emotionen gesteuerte kollektive Verhalten: Ob Bullen oder Bären los sind, ist weniger bedingt durch Sachinformationen als vielmehr durch virale Gefühle. »Ah, X verkauft, das heißt nichts Gutes für die nächsten Wochen!« X steht hier für einen anerkannten Börsenguru. Der wiederum ist ein kollektiver Akteur, also jemand, der einen großen Einfluss auf die Gefühlsgemengelage hat – im negativen Sinn ein Brandbeschleuniger, im positiven eine Stimmungsbombe.

Die martialische Sprache deutet auf einen Fakt: In Kollektiven schlagen Emotionen leicht ins Extreme aus. Verliert sich die vorherige Ordnung, wird aus der Angst Panik, aus Freude Begeisterung. Dabei können neue Ordnungsmuster entstehen: Die La-Ola-Welle ist dafür ein gutes Beispiel, der tosende Applaus ein anderes.

Gustave Le Bon veröffentlichte 1891 seine Untersuchungsergebnisse in dem Bestseller *Psychologie der Massen*. Die Masse ist dabei mehr als eine Gruppe. Sie kommt zufällig zusammen. Auch sie ist emergent. Dieser Masse gestand er keine besondere Intelligenz zu: Sie ließe sich leicht beeinflussen und folge gedankenlos ihrem Führer. »Die Macht der Worte knüpft sich an die durch sie vorgerufenen Bilder«, schrieb er. In der Masse entstehe, so Le Bon, eine Gemeinschaftsseele. Ja, die Masse sei wie »ein provisorisches Wesen, das aus heterogenen Elementen besteht, die für den Augenblick sich miteinander verbunden haben, genauso wie die Zellen des Organismus durch ihre Vereinigung ein neues Wesen mit ganz anderen Eigenschaften als denen der einzelnen Zellen bilden«.

Le Bon beschrieb diese Kollektivseele als etwas Neues, das sich über den Individuen und deren Verstand erhebt. Er geht dabei noch von einem Verstandeswesen aus und steht damit in der Tradition der Aufklärung als Epoche der Vernunft.

Nun ist inzwischen bekannt, dass Gefühle Handlungen weit mehr steuern als die Ratio. Kollektive Gefühle sind indes kaum Gegenstand der Forschung – obwohl sie den Diskurs um gesellschaftliche Entwicklungen begleiten und Erkenntnisprozesse steuern sowie auch beeinflussen. Sie dienen dabei der Motivation und der Manipulation, der Aufklärung und der Propaganda – und sind somit nicht nur der Schlüssel für individuelle Bewegung, sondern auch um organisationale, politische und gesellschaftliche Bewegungen zu erzeugen.

Die Gemeinschaft aktiviert dabei ein Gefühl, das ein Mensch allein nicht haben kann: das Zugehörigkeitsgefühl. Es ist ein Grundbedürfnis, zu einer Gruppe zu gehören – dies geschieht auch, indem man sich von einer anderen Gruppe abgrenzt. »Zu denen gehöre ich, zu denen nicht.« Und auch dieser Prozess ist emotional ansteckend. Dabei können wir uns ebenso aus Freude und Leidenschaft wie aus Hass und Wut von anderen abgrenzen. Welche dieser Gefühle in Form von Stimmungen Oberwasser bekommen, ist vor allem eine Frage der jeweiligen kollaborativen Akteure.

Gerät eine bisher stabile Ordnung ins Wanken, können sich Gefühle auch ungebremst als Kettenreaktion ins Extreme steigern – und immer ansteckender werden. Menschen, die mit ihren eigenen Emotionen und Handlungen besonders sichtbar sind, spielen dabei eine Rolle: Der Erste, der rennt – die Erste, die stehen bleibt und beruhigt.

Gruppen identifizieren sich mit wenigen Personen. Diese kollektiven Akteure sind Menschen, die etwas verkörpern, für etwas stehen. Das müssen nicht unbedingt auch Führerinnen sein, die Ämter innehaben: Vielmehr stiften sie mit optimistischer Energie Zuversicht, geben Hoffnung und machen Mut – mit negativer Energie schüren sie Angst, verunsichern und vermitteln Aussichtslosigkeit. Sie haben einen mächtigen Einfluss – nicht etwa auf den Verstand, sondern auf das kollektive Gefühl.

Mein Modell inkludiert sieben Aspekte, die bei einer Infektion eine Rolle spielen:

1. **Die Vergangenheit:** In welcher Gefühlslage sind die Menschen aufgrund vorheriger Ereignisse? Gibt es eine verbindende Geschichte oder/und kollektive Traumata?

2. **Die Zukunft:** Was wissen die Menschen darüber (noch nicht)?
3. **Die Situation:** Was passiert oder passiert nicht? Wie ist beispielsweise das Wetter?
4. **Der Kontext:** In welchem größeren Zusammenhang findet etwas statt?
5. **Die Ordnung:** Wie und wodurch entstehen Strukturen?
6. **Der Raum:** Wie nah oder entfernt stehen oder sitzen die Menschen?
7. **Die kollektiven Akteure:** Wer spielt eine sichtbare Rolle?

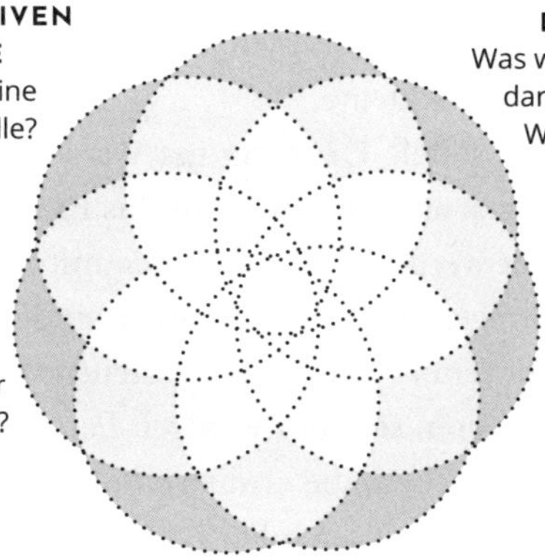


Abb. 40: Faktoren, die die Ansteckung mit Gefühlen beeinflussen

### DIE DENKKRÜCKE

Während wir Individuen pauschal Rationalität zuschreiben, glauben wir in Kollektiven und Gruppen ebenso pauschal an das Irrationale.

### DAS NEUE MENTALE MODELL

»Gefühle sind ansteckend und beeinflussen allgemein Stimmungen.« Dieses Denkmodell hilft uns, den Blick auf ansteckende Gefühle zu richten. Diese haben den größten Einfluss auf kollektives Verhalten und lassen sich bis zu einem bestimmten Grad beeinflussen. So können wir ganz bewusst Bedingungen für eine gewünschte »Gefühlsübertragung« schaffen.

### COACHINGBOX

Schau dir rückblickend ein kollektives Ereignis an, etwa eine Veranstaltung in eurem Unternehmen. Versuche, die Stimmung zu beschreiben: Welche Gefühle waren präsent? Welche Gefühle wären wünschenswert gewesen, beispielsweise Gefühle der Hoffnung und eine Aufbruchsstimmung?

Geh dann die sieben Faktoren durch: Worauf ließe sich am leichtesten Einfluss nehmen? Typischerweise sind dies die kollaborativen Akteure, der Raum, die Ordnung und der Kontext.

# UNTERNEHMEN & ORGANISATION

In den Unternehmen brodelt es, teilweise ist es schon explodiert. Der Fachkräftemangel setzt fast allen zu. Hinzu kommen Strukturbrüche, Energiekrise, Demografiedruck und die Anforderungen an den Klimaschutz. Vieles prallt gleichzeitig auf Wirtschaftsunternehmen ein.

In Verwaltungsorganisationen nimmt der Digitalisierungsdruck zu. Homeoffice wiederum stellt neue Anforderungen an die Führung, denen die bisherigen Strukturen und auch die Menschen nicht immer gewachsen sind.

Es geht also überall um nicht weniger als den Umbau von Organisationsstrukturen. Es sollen neue Formen der Arbeit entwickelt und ein produktiver Umgang mit den Anforderungen gefunden werden. Welche mentalen Modelle zeigen in die eine künftig tragfähige Richtung?

## 93. Raus mit dem Prokrustesbett

Erinnert ihr euch an die Arbeitswelt des letzten Jahrhunderts? Dann ist es wahrscheinlich, dass ihr die Beschleunigung so spürt wie ich. Der Takt wird schneller.

»So langsam wie heute wird es nie wieder werden«, hörte ich einen Manager zu seinen Mitarbeitern sagen. Sein Team muss auf schnell wechselnde Anforderungen reagieren. Der Reflex ist allerdings, diese nach Schema F zu behandeln – auch wenn sie da nicht reinpassen.

»Wenn es nicht passt, wird es passend gemacht!« Die Zahlen sind nicht beeindruckend genug? Mach sie passend! Das Eckige will nicht ins Runde? Kein Problem, dann werden die Ecken eben rund geschliffen.

Dabei werden die Themen unterkomplex behandelt. Mir fällt das oft in Unternehmen auf, die agile Arbeitsweisen »eingeführt« haben. Die Einführung wird als »es wurde beschlossen« und nicht als gemeinsamer Lernprozess behandelt. Mentale Modelle wurden nicht gemeinsam entwickelt, sondern verordnet.

Das ist bei neuen Arbeitsweisen tödlich. Denn wie ich anders arbeite als jetzt, muss ich ja erst lernen. Es gibt ja keinen Chip, den man einfach nur einsetzen muss. Und dann ist da noch die Frage, ob die angedachte Lösung das Problem überhaupt löst. Führen Arbeitsweisen also zu dem gewünschten Effekt? Geht es also überhaupt noch um Problem und Lösung – oder nur noch um die Lösung?

Das führt mich zur Geschichte von Prokrustes aus der griechischen Mythologie. Die Neigung, die Dinge für die eigene Welt passend zu machen, gab es auch damals schon. Auch wenn die Welt vermutlich überschaubarer war.

Prokrustes lebte auf dem Berg Aagalos und betrieb eine Gaststätte, die auf dem Weg nach Athen lag, was viele Reisende vorbeiführte. Prokrustes war gastfreundlich. Er besaß ein Eisenbett, das der Länge und Breite nach genau auf seine Körperformen zugeschnitten war. Höflich überließ er es seinen Gästen, wenn diese anklopften. Damit diese jedoch in sein Bett passten, stutzte er deren Gliedmaßen passgenau zurecht. War jemand noch kleiner als er, streckte er die Körper, bis die Gelenke brachen.

Merkt ihr was? Das Eckige will nicht ins Runde.

Mein Lieblingsbeispiel sind Werte, vor allem sogenannte agile Werte, die viele Unternehmen »eingeführt« haben. »Wir haben den Wert Offenheit eingeführt«, höre ich dann. Oder allgemeiner: »Bei uns wurden agile Werte eingeführt.« Ich sehe dann sofort das Bett von Prokrustes, denn soeben noch hatte ich den Eindruck, dass dieses Unternehmen ziemlich traditionellen Werten folgt. Da passt das eine nicht zum anderen. Das erkennt man an den Entscheidungen, nur sie spiegeln ja wirkliche Werte.

Ich frage dann bisweilen: »Und, wo sind sie jetzt? Kann ich sie sehen?«

Sodann kramen meine Gegenüber Zettel hervor oder verweisen aufs Internet. Natürlich meinte ich genau das nicht.

Neulich versuchte ich, mit der Künstlichen Intelligenz eines E-Commerce-Portals ein Rechnungsproblem zu lösen. Ich kam nicht weiter, der Chatbot verstand mich nicht. Da schaltete sich dann ein Mensch ein, übernahm vom Chatbot und bot mir eine kreative Lösung an. Es wurde also erst Schema F getestet. Als sich das als nicht passend zeigte, schaltete man um.

Anderes Beispiel: »Bei uns wurde ein an der Soziokratie orientiertes Kreismodell eingeführt«, erzählte mir eine Managerin. Das ist eine derzeit moderne Form, sich kollegial und mit wenig Hierarchie zu organisieren. Ich fragte, ob damit denn das Problem gelöst wurde und welches es sei. Man hatte gedacht, durch ein neues Organisationsmodell würden Abläufe effizienter, Anpassungen an neue Märkte würden schneller sein. Aber die vorhandenen Strukturen waren viel stärker. Sie fraßen die neue Organisationsform auf wie ein hungriges Krokodil.

Es sollen eben möglichst alle in das gleiche Bett passen. Das scheint auf den ersten Blick preiswerter. Doch die Folgekosten sind viel höher, wenn das eine nicht zum anderen passt. In einem solchen Fall braucht es kreative Lösungen, die Gleiches gleich und Unterschiedliches unterschiedlich behandeln.

## DIE DENKKRÜCKE

»Was nicht passt, wird passend gemacht« ist ein äußerst hartnäckiges Mentalmodell. Man könnte es auch Schema-F-Denken nennen. Das bringt Standardisierung, wo keine Standards möglich sind.

## DAS NEUE MENTALE MODELL

»Raus aus dem Prokrustesbett« lautet in ein mentales Modell übersetzt: Schaffe individuelle Lösungen, wo der Standard nichts taugt.

## COACHINGBOX

Um Gleiches gleich und Unterschiedliches unterschiedlich behandeln zu können, müssen wir die Bedürfnisse gut verstehen, die zum Beispiel ein Kunde oder eine Mitarbeiterin hat. Geht es wirklich um ein Bett oder ums Übernachten? Steht die Gastfreundschaft im Mittelpunkt oder ist es die Etappe auf der Wegstrecke? Will ich nur mein Pferd unterstellen?

Eine Bedürfnisanalyse kann in solchen Fällen helfen. Ein Instrument dafür ist die Empathie-Karte aus dem Design Thinking. Mit ihr kannst du dich, am besten zusammen mit anderen, den Bedürfnissen annähern.

Abb. 41: Empathie-Karte

## 94. New Work ist kein Ponyhof

New Work gilt als Megatrend in Zeiten des Fachkräftemangels. Und es ist ein eigenes mentales Modell, das für Arbeitgeber in eine Handlungsanweisung übersetzt lautet: »Wir müssen alles möglich machen, um Fachkräfte zu gewinnen und zu halten.«

Es gilt also, erfinderisch zu werden – und Bedürfnisse in den Blick zu nehmen. So wie es die Handwerkermeisterin tat, die sich mit dem Angebot einer 4-Tage-Woche neue Bewerbergruppen erschloss. Unbezahlter Urlaub, Workations im Ausland, Entscheidungsspielräume: Mach es so schön wie möglich. Es muss auch nicht mehr für jeden das Gleiche gelten. Expertinnen können fast alles aushandeln. Doch die aktuellen Denkmodelle greifen zu kurz.

Ein Unternehmen in Hessen hatte »New Work« ausgerufen. Ein besonderes Leckerli für die begehrte Fachkräfteschar war die Freiheit, sich Projekte auszusuchen. Offiziell natürlich im Kundensinn. Doch was ist dieser Kundensinn, wenn es um innovative Zukunftsprodukte geht? Jedenfalls ist er alles andere als klar. Und so entwickelte sich das besagte Unternehmen in eine Richtung, in der Mitarbeitende in erster Linie an individuellen Interessen arbeiteten und die Kundenbedürfnisse dabei recht eigenwillig interpretierten. Dies ist ein Beispiel von vielen, in dem New Work mit »Feelgood« verwechselt wurde.

Das liegt in einem weiteren mentalen Modell, das sich im Zusammenhang mit dem ersten in vielen Köpfen festgesetzt hat: Es wird eine falsche Korrelation hergestellt. Man mutmaßt, dass zufriedene Mitarbeitende automatisch auch für zufriedene Kunden sorgen. Doch ein solcher Zusammenhang konnte außerhalb spezieller Branchen nie generell belegt werden.

Oft wird New Work mit Agilität vermischt. In vielen Köpfen ist beides verbunden, ähnlich oder sogar gleich. Doch das stimmt nicht. Agilität ist schlicht eine Notwendigkeit: Es geht um die Ausrichtung der Prozesse an der Wertschöpfung und Wertstiftung für die Kunden. Dabei stehen Effizienz und Innovation im Vordergrund – nicht aber unbedingt auch humane Bedürfnisse.

Es handelt sich also um zwei getrennte mentale Modelle, die sich zwar immer wieder berühren, aber zu völlig unterschiedlichen Entscheidungen führen können. New Work ist ein Versprechen: Bei uns kannst du flexibel und modern arbeiten. Agilität dagegen ist eine ökonomische Notwendigkeit: Wir müssen im Wettbewerb mithalten. Natürlich brauchen wir dazu Mitarbeitende. Aber die Antwort ist nicht automatisch New Work. Mitarbeitende in anderen Ländern sind vielleicht genügsamer, weniger anspruchsvoll. Der agile Betrachtungswinkel kann auch zu Antworten führen wie: Verlagerung der Produktion, Einbindung von Künstlicher Intelligenz, Verschlankung der Prozesse – um nur wenige Beispiele zu nennen.

Der Wettbewerb ist eben oft auch ein globaler Kostenwettbewerb. Um die New-Work-Freiheit in Deutschland mittelfristig zu erhalten, braucht es eine deutlich überlegene Expertise hierzulande.

In dem Unternehmen, von dem ich eingangs schrieb, war der Blick auf Märkte, Kundenbedürfnisse und Wettbewerbsvorteile verloren gegangen. Der Organisation drohte die Lebensgrundlage wegzubrechen. Die hohe Zufriedenheit der Mitarbeitenden hatte zum ökonomischen Notstand geführt. So eine Schieflage kann entstehen, wenn die unternehmerische Ordnung aus dem Blick gerät. New Work ist in dieser stets nachgelagert: Zuerst das Überleben, dann das gute Leben. New Work ist halt kein Ponyhof.

### DIE DENKKRÜCKE

Es sind viele mentale Modelle über New Work in den Köpfen, die die wirtschaftliche Ordnung und schlichte Notwendigkeiten vergessen. So wird gern von einem Zusammenhang zwischen Mitarbeiter- und Kundenzufriedenheit ausgegangen, der nicht besteht.

### DAS NEUE MENTALE MODELL

»Sieh New Work und Agilität als voneinander unabhängige Themen, die sich aber bedingen.« Der Fokus wird auch abhängig von wirtschaftlichen Notwendigkeiten mal eher hier, mal eher dort liegen.

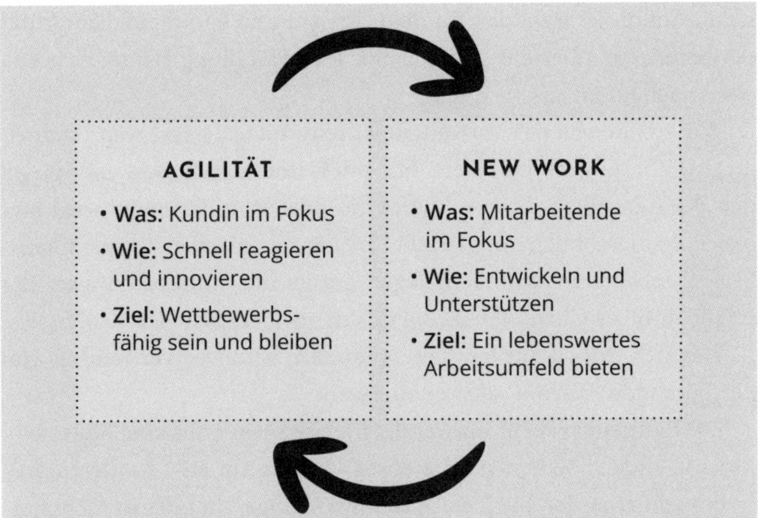


Abb. 42: Agilität und New Work wirken zusammen

COACHINGBOX

Wie erlebst du das in deinem Unternehmen? Wie wirkt die Trennung von Instanzen auf die beiden Themen? Analysiere dein Unternehmen und finde Lösungen, wie Agilität und New Work zusammengehen, aber getrennt behandelt werden können, damit beides im Fokus bleibt. Was ist im Moment aber für euch wichtiger? Möglicherweise gibt es auch bereichsspezifisch Unterschiede?

## 95. Baue flexible Hierarchien

Pyramiden stehen fest auf dem Grund. Sie sind verwurzelt, aber auch Zeichen einer überkommenen Herrschaft. In dieser gibt es nur eine Orientierung: von unten nach oben. Das Bild der Pyramide impliziert, dass oben eine Aussichtsplattform ist, von der alles gesehen werden kann. Auf dieser steht das Topmanagement und entscheidet aufgrund der Sichtweite über das ganze Land. Jede Handlung richtet sich von oben nach unten aus.

Wir arbeiten an der Verfestigung dieses Bildes, selbst wenn sich alles drumherum modernisiert. Für mich sind Serien stets ein Spiegel der Zeit, vor allem die von Netflix produzierten. Diversity wird hier gleich im Drehbuch mitgedacht. In amerikanischen Krankenhaus-Serien rebellieren Krankenpfleger gegen die Entscheidungen der Elfenbeinturm-Chefs. »Speaking up« nennt sich das oder »Unboss«.

Was sich jedoch nur langsam verändert, ist unser Verständnis von der Pyramide. Warum muss es eine sein?

Ein Rang muss nicht notwendigerweise oben oder eine Stufe sein. Es kann einfach bedeuten, dass etwas Vorrang vor etwas anderem hat. Es braucht zwar den Blick auf Zusammenhänge, aber der ist nicht notwendig von oben besser, sondern von dort, wo man die beste Sicht auf ein bestimmtes Thema hat.

Seit einigen Jahren drängen deshalb andere Bilder in die Managementliteratur. Statt starrer Bauwerke herrschen nun Kreise vor, Teams und Teams of Teams. Diese sind so angelegt, dass sie autonom entscheiden können. Ein Kreis handelt wie ein Start-up mit wenigen, aber klaren Regeln und Prinzipien. Gemeinsames Ausprobieren und Lernen stehen im Vordergrund. Das Management entscheidet nur noch über den Kurs, es steuert und schafft Spielräume. Die Ordnung der Kreise entsteht durch ein Regelwerk, an dem sich die Teams bei ihren Handlungen orientieren.

Dabei gibt es inzwischen zahlreiche Konzepte für Kreisordnungen – und leider wieder ein neues Missverständnis: Dass das eine dem anderen immer überlegen sei und es keine Hierarchie mehr brauche. Die Wahrheit ist eine andere: Hierarchie ist ein strukturierendes Element. Ob es nun um Kreise geht oder Pyramiden – es muss klar sein, wie entschieden wird und wer im Zweifelsfall Richtungs- und Weisungskompetenz hat.

Wenn ihr hört, dass Hierarchien abgeschafft werden sollen, sollten eure Alarmglocken schrillen. Wir brauchen sie!

### DIE DENKKRÜCKE

Entweder denken wir bei Hierarchie an eine starre Pyramide oder wir wollen sie am liebsten gleich abschaffen. Doch Hierarchie ist notwendig.

### DAS NEUE MENTALE MODELL

»Baue eine bewegliche Hierarchie, die den Themen angemessen ist.« Das Management steuert und lenkt – die Kunden sind im Fokus.

### COACHINGBOX

Was ist für dich Hierarchie? Welche Formen kann sie haben? Woran erkennst du, dass es eine Ordnung gibt?

## 96. Fische sind da, wo niemand fischt

Lemminge sind kleine Nager. Sie laufen einander hinterher, wo immer es geht. Am Ende fallen sie hundertfach die Klippen runter, der eine dem anderen nach. Kopfloses Hinterherrennen.

Wir suchen nahrhafte Fische da, wo wir andere schon angeln sehen. Doch die dicksten Fische sind nicht an der Angel, sondern im Meer. Somit betreiben wir sinnloses Leerfischen.

Wir neigen dazu, dem Vertrauten mehr Vertrauen zu schenken. Deshalb stürzen wir uns auf das, worauf sich auch andere stürzen. Dass derzeit so viele Influencerin werden wollen, ist eine Folge davon, dass Influencer in den Medien so sichtbar sind. Doch der Teich ist vielfach überfischt, über die zahlreichen abgestürzten Lemminge redet niemand.

Es gibt unzählige mentale Modelle für unternehmerisches Handeln. Sie haben sich in den letzten Jahren stark verändert und differenziert.

So ist an die Stelle eines statischen Drei-Jahres-Business-Plans eine flexible und agile Planung getreten.

Das »Lean Start-up« setzt auf die schlanke Schleife Bauen, Lernen und Messen. Du schaffst also kleine minimal testbare Produkte, lernst und verbesserst durch Daten. Das kann einhergehen mit dem Kühlschrankcheck (siehe Modell 48).

Im Gründungsprozess hilft der Gedanke, dass es keine Irrtümer gibt, die man bereuen sollte – nur solche, aus denen zu lernen ist.

Beim unternehmerischen Weitblicken helfen mentale Modelle wie das der roten und der blauen Ozeane. Die roten Ozeane sind diejenigen, auf denen sich die Wettbewerber im Preiskampf und Standortwettbewerb zerfleischen. Es gibt dort zu viel vergleichbares Angebot. Die blauen Ozeane sind noch unberührt. Auf ihnen schwimmen unrealisierte Chancen.

Der Blue Ocean ist nur dann tiefblau, wenn es einem Unternehmen gelingt, gleichzeitig neuen Wert zu kreieren und Kosten zu senken – das Prinzip nennt sich Value Innovation. Das Ozean-Modell wurde vor zwei Jahrzehnten von W. Chan Kim und Renée Mauborgne entwickelt. Aus ihm ergibt sich eine Managementstrategie, die einzigartige Produkte und Erlebnisse in den Vordergrund stellt. Dienstleistungen sind explizit eingeschlossen, denn diese schaffen immer öfter unternehmerischen Wert.

In den letzten Jahren spielt somit auch Service eine zunehmend wichtige Rolle. Immer mehr kleine Online-Geschäfte entstehen, die auf immer speziellere Zielgruppen zielen. Da sind Journalistinnen, die keinen Verlag mehr brauchen, Sprachlehrerinnen, die eigene Audiokurse vertreiben oder exklusive Dienstleistungen wie die Unterstützung beim Aufbau von Weiterbildungskursen. Die Zersplitterung in immer speziellere Zielgruppen wird in Zukunft weiter zunehmen.

Das alles bringt uns zu einer neuen Perspektive: Lieber 100 Kunden, die dich lieben, als 100 000, die dir nur nachlaufen.

## DIE DENKKRÜCKE

Wir suchen wirtschaftlichen Erfolg da, wo alle ihn suchen.

DAS NEUE MENTALE MODELL

»Fische da, wo niemand ist.« Gehe also deinen Weg, indem du das Suchen nach Nischen in den Vordergrund stellst. Und lern dabei deine Kunden und ihre Bedürfnisse persönlich kennen.

COACHINGBOX

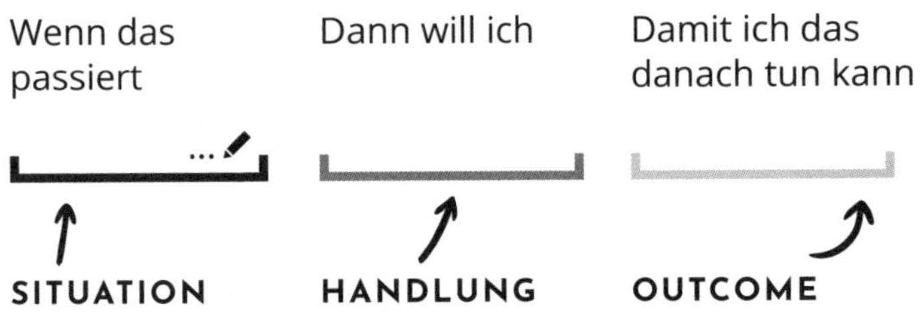


Abb. 43: Unternehmerisch denken

Ob du nun wirklich gründen möchtest oder einfach eine Idee verfolgen willst – um diese zu konkretisieren, biete ich dir ein einfaches Denk-Tool an. Es hilft dir, gezielte Handlungen zu planen. Du kannst es etwa nutzen, um Kundenbedürfnisse zu ergründen.

Beispiel 1: Immer, wenn sich ein Kunde meldet, will ich drei Fragen stellen, um einen Überblick darüber zu bekommen, welche Bedürfnisse im Vordergrund stehen.

Beispiel 2: Immer, wenn ich abends zu Bett gehe, will ich fünf Minuten aufschreiben, welche Ideen ich heute hatte.

## 97. Lebenserwartung steigt mit dem Alter

Schnellboote sind beliebt. Viele Konzerne möchten gern eins sein. Ich sehe und höre das immer wieder. Sie bewundern die junge Start-up-Szene, schauen neidvoll auf die jungen Unternehmen, die sich ohne viel Bürokratie behände auf den Märkten bewegen und mit innovativen Produkten punkten.

Viele denken von jungen Unternehmen, dass diese bessere Chancen hätten, mit ihren neuen Erfindungen zu überleben. Sie schreiben neugeborenen Produkten und Ideen also intuitiv eine längere Lebensdauer zu. Deshalb kopieren große Schlachtschiffe schlanke Software-Buden. Doch das Leben an Bord eines Schnellboots ist überhaupt nicht zu vergleichen mit dem auf einem Tanker. Auch die Besatzung hat eine völlig andere Mentalität.

Ältere und größere Unternehmen sind durch Krisen gegangen. Der Gründergeist hat sich verzogen, Idealismus ist relativierender Erfahrung gewichen. Viele haben Abbauwellen und Wiederaufbauphasen hinter sich. Mit der Zahl überlebter Krisen steigt deshalb die Robustheit und sinkt die Fehleranfälligkeit. Schwankungen und Wellen zwangen ja, sich immer wieder neu auszurichten und anzupassen.

Die verbreitete Annahme, dass Start-ups und dynamische junge Unternehmen einen Vorteil hätten, ist falsch. Nur zwei von zehn Gründungen überleben. Die überlebenden Jungen haben manchmal beim ersten Anlaufen einen Vorteil. Im Meer des Wettbewerbs aber werden sie entweder gefressen und landen im Bauch der Tanker. Jung und dynamisch ist also ein vorübergehender, aber kein dauerhafter Vorteil.

Anders als bei Menschen steigt bei Unternehmen, Produkten, Technologien und Ideen die Lebenserwartung mit der bisherigen Lebensdauer. Es gibt also eine umgekehrte Lebenserwartung, die sich aus den bisherigen Lebensjahren ergibt. Wenn etwas, das in der Gegenwart existiert und genutzt wird, schon lange existiert, wird es mit hoher Wahrscheinlichkeit so lange weiterleben, wie es schon besteht. Demnach bleibt uns das Auto noch 120 Jahre treu. Dahinter steckt mathematische Wahrscheinlichkeitsrechnung und gesunder Menschenverstand, kombiniert in einem mentalen Modell namens Lindy's Law.

Lindy's Law geht zurück auf Albert Goldman und stammt in seiner Urform aus den 1960er Jahren. Lindy war der Name einer New Yorker Künstlerkneipe, Goldman beschäftigte sich mit Kultur und Musik. Er schätzte die Wahrscheinlichkeit von Comedy-Auftritten im gleichnamigen Restaurant Lindy's entsprechend der Häufigkeit vorangegangener Gigs. Je mehr Auftritte, desto wahrscheinlicher ein Fortlaufen der Komikerkarriere in der Zukunft. Später griffen Wirtschaftswissenschaftler die Idee auf und übertrugen sie auf ökonomische Zusammenhänge. Gerade wird die Lindy-Idee gehypt in der Bitcoin-Szene. Wie haltbar ist der Bitcoin, wenn man aus der Brille des Lindy-Effekts darauf schaut?

## DIE DENKKRÜCKE

Wir denken oft, dass Neues überlebensfähiger ist als Altes. Doch es ist umgekehrt. Neue Unternehmen, Produkte und Ideen müssen erst mal schaffen, was alte Unternehmen, Produkte und Ideen schon bewiesen haben: Dass sie sich bewähren und anpassen können.

## DAS NEUE MENTALE MODELL

Je länger eine Idee, ein Produkt oder eine Technologie schon besteht, desto wahrscheinlicher ist ein Weiterbestehen für die gleiche Lebensspanne.

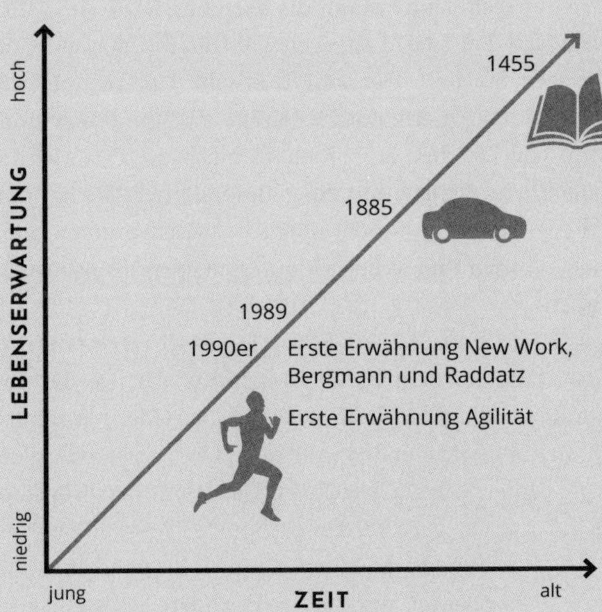


Abb. 44: Lindy-Effekt

COACHINGBOX

Die weitere Lebenserwartung steigt mit dem Alter – das gilt nicht nur für Unternehmen und Produkte, sondern auch für Ideen, etwa die agile Idee oder die Idee, dass Sport gesund ist.

Wo verändert das mentale Modell deinen Blick auf für dich relevante Themen?

## 98. Das Möbiusband-Prinzip

Es ist eine unendliche Schleife. Immer wieder setzen sich die gleichen Kräfte gegeneinander in Bewegung. Es beginnt mit der Leidenschaft. Diese bringt die Kraft des Schaffens und der Schöpfung. Sie baut auf und errichtet. Doch sie kann nicht ewig währen, denn irgendwann ist das Neue in der Welt. Nun kommt die Vernunft. Ratio sorgt für Fortbestand und Halt. Die Macht dagegen will Dämme einreißen und mit dem Bisherigen brechen. Der amerikanische Unternehmensberater David K. Hurst imaginierte die drei Kräfte Passion, Power und Reason in Form von Drachen auf einem Möbiusband. Das Möbiusband ist eine unendliche Schleife mit einer Besonderheit: Sie hat nur eine Kante und eine Seite. Es ist nicht möglich, zwischen unten und oben oder zwischen innen und außen zu unterscheiden. Es gehört also alles zusammen.

Dies inspirierte ihn zu seinem Ecocycle. Dieser vereint die drei verschiedenen Kräfte auf dem Band. Die Urkraft der drei Drachen ist dabei unendlich. Alle sind gleich wichtig, aber jeder hat seine Herrschaftszeit. In ihrem nicht enden wollenden Dreieckskampf agieren sie als Brunnen-Papier-Stein-Schere-Spiel. Das kennt ihr vielleicht noch aus dem Kindergarten, gern wird es auch in der Teambildung verwendet: Eine Gruppe steht der anderen gegenüber. Ihr handelt aus, welche Geste ihr zeigt. Es gewinnt, wer die jeweils andere Seite schlägt.

Der Sieger ist im Spiel festgelegt: Das Papier schlägt den Brunnen, weil es ihn abdecken kann. Das Papier schlägt den Stein, und die Schere das Papier. Vielleicht kennst du das auch mit Löwen, Prinzessinnen und Königen. Oder mit drei Drachen: Leidenschaft, Vernunft, Macht. In der Unternehmenswirklichkeit schlägt der eine Drache den anderen, wenn es um wirtschaftlichen Erfolg geht.

Mit diesem Denkmodell können wir das Verhalten komplexer Systeme besser verstehen. Denn oft fällt es uns schwer zu akzeptieren, dass jede Kraft ihre Zeit hat. Die Ablösung geschieht selten freiwillig.

Wieder und wieder glauben wir an die Erneuerung von innen, mit den gleichen Personen, die zuvor agierten. Doch die Wahrheit ist: Neues braucht auch neue Kräfte.

Im mentalen Modell des Ecocycle stecken noch weitere Botschaften. Er sagt uns, was passiert, wenn die Entwicklung nicht in Form einer Schleife stattfindet: Die Innovatoren landen in der Armutsfalle, weil sie es nicht schaffen, ihre Organisation zu stabilisieren. Und diejenigen wiederum, die sich im Optimieren und Verwalten verlieren, landen in der Starrheitsfalle, überbordender Bürokratie.

### DIE DENKKRÜCKE

»Wir müssen es nur planen.« Die meisten mentalen Modelle zu Unternehmensentwicklung und Change gehen davon aus, dass diese aus sich heraus bewältigt werden können. Erneuerung findet in diesem Denkmodell mit den gleichen Kräften statt wie Stabilisierung.

### DAS NEUE MENTALE MODELL

»Wir brauchen neue Veränderungskräfte.« Jeder fundamentale Change verlangt eine Erneuerung des bestehenden Kräfteverhältnisses. Die innovierenden Kräfte sind nicht die stabilisierenden, die stabilisierenden nicht die, die mit dem Bisherigen brechen.

COACHINGBOX

Wo ist deine Organisation derzeit zu Hause? Wie kannst du das Kräfteverhältnis beschreiben? Woran zeigen sich Leidenschaft, Macht und Vernunft, oder woran zeigt sich deren Fehlen? Wie bist du wirksam? Was ist deine bevorzugte Kraft?

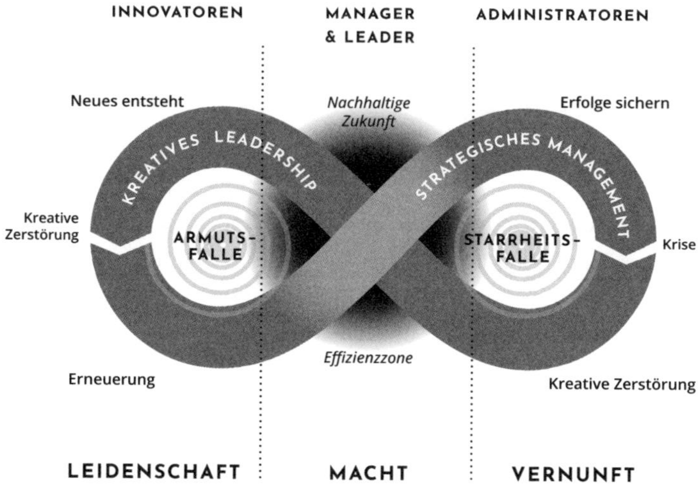


Abb. 45: Ecocycle

## 99. Öfter mal den Verstand anzweifeln

Kürzlich habe ich eine Steuerrückzahlung erhalten. Das war zu erwarten gewesen. Und doch habe ich mir sogleich eine Belohnung dafür gegönnt: ein wirklich teures Dinner. So war die Steuerrückzahlung auch gleich wieder futsch. Dabei hatte ich nur etwas zurückerhalten. Das Geld hat sich nicht vermehrt. Ich belohnte mich – für nichts. Mit Verstand hat das wenig zu tun.

Schaut euch folgendes Beispiel an:

- Du bekommst eine Investitionsmöglichkeit, nennen wir sie A: Du hast eine 70-prozentige Chance, 100 000 Euro zu verdienen, und eine 30-prozentige Chance, leer auszugehen.
- Die Investitionsmöglichkeit B lautet: Du hast eine 90-prozentige Chance, 80 000 Euro zu verdienen, und eine 10-prozentige, mit 0 Euro nach Hause zu gehen.

Wahrscheinlich wirst du B nehmen, weil es dir sicherer erscheint. Dabei hat A einen höheren erwarteten Nutzen.

Die sogenannte Verlustaversion lässt uns höher gewichten, was wir verlieren können. Wenn wir Entscheidungen treffen, streben wir nicht danach, den Nutzen zu maximieren, sondern uns möglichst wenig zu ärgern. Die Gefühle spielen eine größere Rolle als die rationale Abwägung und absolute Zahlen.

Aber wehe, der Verlust ist schon da. Dann gehen wir schneller ins Risiko. »Jetzt habe ich nichts mehr zu verlieren, jetzt erst recht.«

Das Phänomen ist auch aus Spielhöllen bekannt. Dort setzen wir umso mehr ein, je mehr wir in die Miesen rutschen. Manchmal kann das ein erwünschter Effekt sein: Dann nämlich, wenn endlich kräftig investiert wird, weil es nicht mehr schlimmer kommen kann. Diesen Effekt habe ich in der Corona-Pandemie bei vielen Unternehmen beobachtet.

Hinter dem Gesagten stehen verhaltensökonomische Denkmodelle wie die Prospect-Theorie. Sie habe ältere Denkweisen widerlegt, die noch davon ausgingen, dass wir logisch denken. In Wahrheit geht es jedoch mehr darum, sich die Wirklichkeit passend herzurichten als umgekehrt.

Wenn ihr gar nicht erst damit rechnet, dass ihr rational denkt, könnt ihr euch bewusster anzweifeln – und gegensteuern. Denkfehler passieren umso leichter, je weniger Informationen wir zur Verfügung haben. Indem wir uns besser informieren, schaffen wir auch eine bessere Entscheidungsbasis. Die 89-prozentige Reduktion der Faltentiefe bei der Nutzung einer teuren Creme wird relativiert, wenn ihr im Kleingedruckten auf die Zahl der Testpersonen schaut: 12. Und eine 50-prozentige Gewinnchance seht ihr klarer, wenn ihr ganz bewusst 50 Prozent Verlust gegenüberstellt.

Unternehmen können Denkfehlern gegensteuern, indem sie auf Entscheider-Teams setzen, Datenanalysen einbeziehen und Entscheidungen aus verschiedenen Perspektiven vorbereiten. Wird die Bewerberin mit den guten Noten in Mathe die Job-Anforderungen erfüllen? Auch Prognosen jenseits der Zahlenwelt sind fehleranfällig, selbst die von Experten. Wir schneiden damit regelmäßig schlechter ab als eine statistische lineare Regressionsanalyse, also eine Methode, bei der verschiedene Variablen in eine Berechnung einbezogen werden.

So schätzen wir etwas besonders optimistisch ein, wenn die Lieblingsfußballmannschaft am Wochenende gewonnen hat oder die Ferien vor der Tür stehen. Wenn wir das wissen, können wir zumindest mal eine Nacht darüber schlafen. Oder zwei oder drei.

Abb. 46: Prospect Theorie – wir werden umso risikoaffiner, je mehr wir in den Verlust gehen

## DIE DENKKRÜCKE

Der Abschied vom »Homo oeconomicus«, also dem rational handelnden Menschen, fällt schwer. Deshalb erlauben wir uns weiter pseudorationale Urteile. Die sollten wir hinterfragen.

DAS NEUE MENTALE MODELL

»Öfter mal den Verstand anzweifeln!« Das heißt auch: Mehr Informationen suchen, sich nicht auf sich selbst verlassen, verschiedene Perspektiven einbeziehen und Entscheidungen vertagen.

COACHINGBOX

Wir interpretieren Zahlen falsch, liegen aber auch mit Schätzungen meist kräftig daneben.

Diese Übung stammt vom Nobelpreisträger und Autor Daniel Kahnemann. Nimm ein Handy und aktiviere die Zeitstoppfunktion. Stoppe nun blind fünf Zeitintervalle à fünf Sekunden. Du kannst dir gerne vorher anschauen, wie lange fünf Sekunden sind. Aber danach bitte frei schätzen!

Schreib auf, wie groß die Streuung war. Bei mir verging die Zeit sehr schnell: Die Intervalle lagen zwischen 2,62 und 4,78 Sekunden.

Wiederholst du die Übung, wirst du besser werden. Genau darum geht's: Statt sich auf den Verstand zu verlassen, trainiere ihn mit dem Wissen um seine Fehleranfälligkeit. Dann wird er besser.

## 100. Stop starting, start finishing

Ein Sprichwort behauptet, aller Anfang sei schwer. Das stimmt so leider nicht.

Denk nur mal an deine Startvorhaben aus dem Januar der letzten Jahre. Wie viele hast du wirklich beendet oder auch nur weiterverfolgt? Und wie ist das in deinem Unternehmen? Zähle mal, was da alles gleichzeitig läuft und unbedingt fertig werden muss. Wahrscheinlich wird dir davon schwindlig. Und wenn du immer noch gerade dastehst, schau auf die Meetings. Wie viele davon gibt es – und wann wurde die letzte Meetinginventur gemacht, bei der ihr Termine gestrichen habt, anstatt neue hinzuzufügen?

Nein, oft ist der Anfang leicht, zu leicht. Ein neues Projekt ist schnell verordnet, ein Verantwortlicher bald gefunden. Neue Rollen und Verantwortlichkeiten kommen einfach zu den alten dazu. So wächst der Berg an Arbeit immer weiter an – und mit ihm verschwindet der Fokus.

Gründe, immer wieder mit etwas Neuem zu beginnen, liefert nicht nur das neue Jahr. »Die anderen machen das auch« ist ebenso beliebt. Und irgendwann landet auch dieses Vorhaben im Berg der nicht umgesetzten Dinge. Immer mehr Anfänge, immer weniger Enden.

Nicht selten arbeiten Menschen parallel in verschiedenen Projekten. In einigen Unternehmen sollen es acht und mehr sein. Doch Multitasker sind dreimal langsamer. Das Gehirn kann nichts gleichzeitig tun, auch wenn es sich das einbildet. Wer sich auf acht Aufgaben gleichzeitig konzentriert, wird kaum eine fertigstellen.

Die Lösung ist ein harter »Cut«. Fragt euch nicht, was ihr alles anfangen könnt, sondern womit ihr aufhören wollt. Das bezieht sich auf persönliche Vorhaben, aber auch auf Projekte.

Habt mehr Mut zum Beenden! Wer Zweige abschneidet, stärkt den Baum. Der regelmäßige Beschnitt sollte auch im Unternehmen dazugehören. Denn jedem Ende wohnt ein Zauber inne.

## DIE DENKKRÜCKE

Es gibt viele mentale Modelle, die auf das oben Gesagte einzahlen: »Viel hilft viel« beispielsweise. Dahinter steckt aber auch die Angst davor, Nein zu sagen oder Dinge zu beenden.

## DAS NEUE MENTALE MODELL

»Fang an, Dinge zu Ende zu machen« bedeutet auch, sich auf die wirklich wichtigen Dinge zu konzentrieren. Es heißt, Nein und Ja zugleich zu sagen. Nein zu immer mehr – und ja zum Fokus.

COACHINGBOX

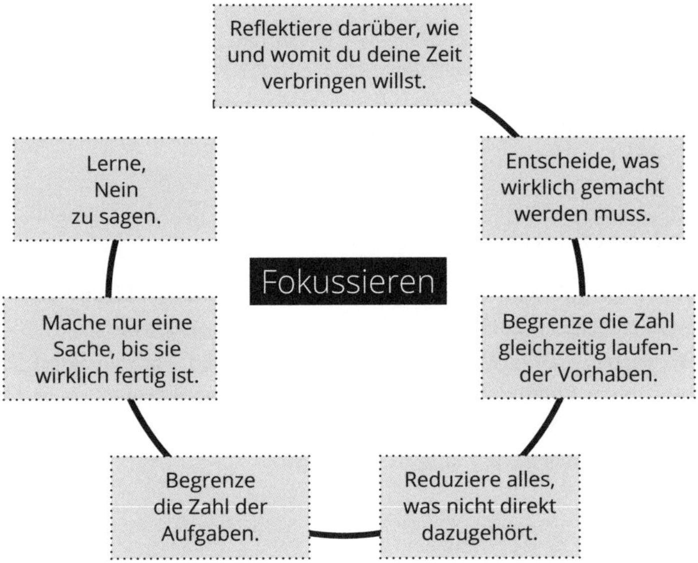


Abb. 47: Fokussieren

Wie geht Fokussieren? Die Abbildung 47 zeigt es dir. Es beginnt mit der Frage, was wirklich gemacht werden will – also mit Priorisierung. Der nächste Punkt: Damit wir nicht alles priorisieren, müssen wir begrenzen, was gleichzeitig laufen darf. Eine Sache? Zwei? Viel mehr nicht.

Danach geht es ums Reduzieren und die Frage: Was kann weg? Was ist die maximale Zahl gleichzeitiger Aufgaben, die du verfolgen kannst?

Lerne, Nein zu sagen. Auch zu deiner inneren Stimme, die dir immer wieder sagt, was noch alles zu tun ist.

# WEITERFÜHRENDE LITERATUR UND QUELLEN

Hier findet ihr ausgewählte Lesetipps sowie einige weiterführende Links, die in den jeweiligen Modellen benannt sind.

## Vom Modell lernen


Hollins, Peter (2019): *Mentale Modelle, 30 Denkwerkzeuge*, Eigenverlag

Rutherford, Albert (2019): *Learn to think in systems*, Eigenverlag

Shane, Parrish (2019): *The Great Mental Models*, Vol. 1, Farnam Street

Trenton Nick (2020): *Think in Models: A Structured Approach to Clear Thinking and the Art of Strategic Decision-Making*, Mental and Emotional Abundance Book 7 (English Edition)


## Komplexität & Verstehen


Cipolla, Carlo (2011): *The Basic Laws of Human Stupidity*, Bologna

Kolker, Robert (2021): *Hidden Valley Road: Im Kopf einer amerikanischen Familie*, München: btb

Taleb, Nassim Nicholas (2018): *Antifragilität. Anleitung für eine Welt, die wir nicht verstehen*, München: dtv

Greenberg, Riva (Hrsg.) mit u. a. Dave Snowden (2020): *Cynefin – Weaving Sense-Making into the Fabric of Our World*, Cognitive Edge

Max Tegmark (2019): *Leben 3.0. Mensch sein im Zeitalter künstlicher Intelligenz*, Berlin: Ullstein

Willemse, Joop/von Ameln, Falko (2018): *Theorie und Praxis des systemischen Ansatzes*, Wiesbaden: SpringerNature


## Klar denken und klug handeln


Ahn, Woo-Kyong (2022): *Klar denken*, Berlin: Argon (Hörbuch)

Barry, Johnson (2011): *Polarity Management*, HRD Press

Kurzweil, Ray (2012): *How to creative a mind*, Duchworth Overlook

Rifkin, Jeremy (2022): *Das Zeitalter der Resilienz*, Frankfurt: Campus

Sterzer, Philipp (2022): *Die Illusion der Vernunft*, Berlin: Ullstein

Gigerenzer, Gerd (2021): *Klick. Wie wir in einer digitalen Welt die Kontrolle behalten und die richtigen Entscheidungen treffen*, Gütersloh: Bertelsmann

### Quellen

Petereit Dieter (19.6.2022) in tln3: *Googles umstrittene KI soll sich einen Anwalt genommen haben*, letzter Aufruf 25.02.23

Klaiber, Hannah (24.6.2022) in tln3: *»The Dress«: Wie ein Meme die Neurowissenschaften vorangebracht hat*

Wason-Aufgabe im Video (englisch): https://www.repetico.de/card-59175959

## Fortschritt & Innovation

Eagleman, David (2018): *Kreativität. Wie unser Denken die Welt immer wieder neu erschafft*, München: Siedler

Minto, Barbara (2021): *The pyramid principle. Logic in Writing and Thinking.*

## Erfolg & Führung

Clear, James (2022): *Die 1%-Methode*, München: Goldmann

Edmondson, Amy (2020): *Die angstfreie Organisation*, München: Vahlen

### Quellen

Fuster, Thomas in der *NZZ* (21.4.2021): Von wegen Leistung. Es ist vor allem der Zufall, der unseren Erfolg bestimmt.

## Lernen & Entwicklung

Fatzke, Reinhard (Hrsg.): *Jean Piaget. Meine Theorie der geistigen Entwicklung*, Weinheim: Beltz

Hofert, Svenja (2019): *Mindshift. Mach dich fit für die Arbeit der Zukunft*, Frankfurt: Campus

Oakley, Barbara: »Learning how to learn«. Kostenloser Kurs bei Coursera.org

Tschachner, Wolfgang, Storch, Maja et al. (2022): *Embodiment: Die Wechselwirkung von Körper und Psyche verstehen und nutzen*, Göttingen: Hogrefe

### Quellen

Video Sir Ken Robinson bei der Bundeszentrale für Bildung Mediathek: https://www.bpb.de/mediathek/video/158066/ken-robinson-bildung-voellig-neu-denken/

## Job & Karriere

Gratton, Lynda (2022): *Redesigning Work: How to Transform Your Organisation and Make Hybrid Work for Everyone*
Rath, Tom (2020): *Life's great question. Discover how to contribute to the world*, Silicon Guild

## Persönlichkeit & Psychologie

Haidt, Jonathan (2013): *The righthous mind. Why good people are devided by politics and religion*, Penguin
Hofert, Svenja (2017): *Hört auf zu coachen*, München: Kösel
Hofert, Svenja (2017): *Psychologie für Coaches, Trainer, Personalentwickler*. Weinheim: Beltz
Kölsch, Stefan (2022): *Die dunkle Seite des Gehirns*, Berlin: Ullstein
Kross, Ethan (2022): *Chatter. Die Stimme in deinem Kopf*, München: btb
Rose, Nico (2021): *Management Coaching und Positive Psychologie*, München: Haufe

### Weitere Infos

Zu WOOP: https://woopmylife.org/de/home#
Zum Test der Moral Foundations: https://moralfoundations.org

## Gruppen & Zusammenarbeit

Hofert, Svenja/Visbal, Thorsten (2021): *Teams und Teamentwicklung*, München: Vahlen
Mpahlwa, Luyanda/Doppler, Klaus: *Die Logik der Anderen*. Frankfurt: Campus
Stahl, Eberhardt (2017): *Dynamik in Gruppen*, Weinheim: Beltz

## Unternehmen & Organisation

Hofert, Svenja (2022): *Agiler führen*, 3. Auflage, Wiesbaden: SpringerNature
Schermuly, Carsten C. (2021): *New Work. Gute Arbeit gestalten*, München: Haufe